"中国语文丛书"编辑说明

《中国语文》杂志创刊以来,陆续刊登了有关语言文字等方面的文章或资料。为了便于读者参考,我们按方面或专题把一部分文章或资料整理编辑,不定期地陆续出版了单行本,总称"中国语文丛书"。

《中国语文》篇幅有限,有些有价值的稿件无法在上面刊登。为了弥补这一缺憾,我们把一些稿件编入这套丛书,让它们能够与读者见面。

"中国语文丛书"的编辑方针和《中国语文》一样,主要是推进语言文字的研究和教学工作。具体到每一本,因为方面或专题不同,有的比较专门一些,有的则比较普及。

希望广大语言研究工作者继续给我们批评和帮助,使这套丛书的内容得以改进,逐渐充实起来。

中国语文杂志社

2007年4月

"中国语文丛书"编辑说明

《中国语文》杂志创刊以来,陆续刊登了有关语言文字等方面的文章或资料。为了便于读者参考,我们按方面或专题把一部分文章或资料整理编辑,不定期地陆续出版了单行本,总称"中国语文丛书"。

《中国语文》篇幅有限,有些有价值的稿件无法在上面刊登。为了弥补这一缺憾,我们把一些稿件编入这套丛书,让它们能够与读者见面。

"中国语文丛书"的编辑方针和《中国语文》一样,主要是推进语言文字的研究和教学工作。具体到每一本,因为方面或专题不同,有的比较专门一些,有的则比较普及。

希望广大语言研究工作者继续给我们批评和帮助,使这套丛书的内容得以改进,逐渐充实起来。

中国语文杂志社

2007 年 4 月

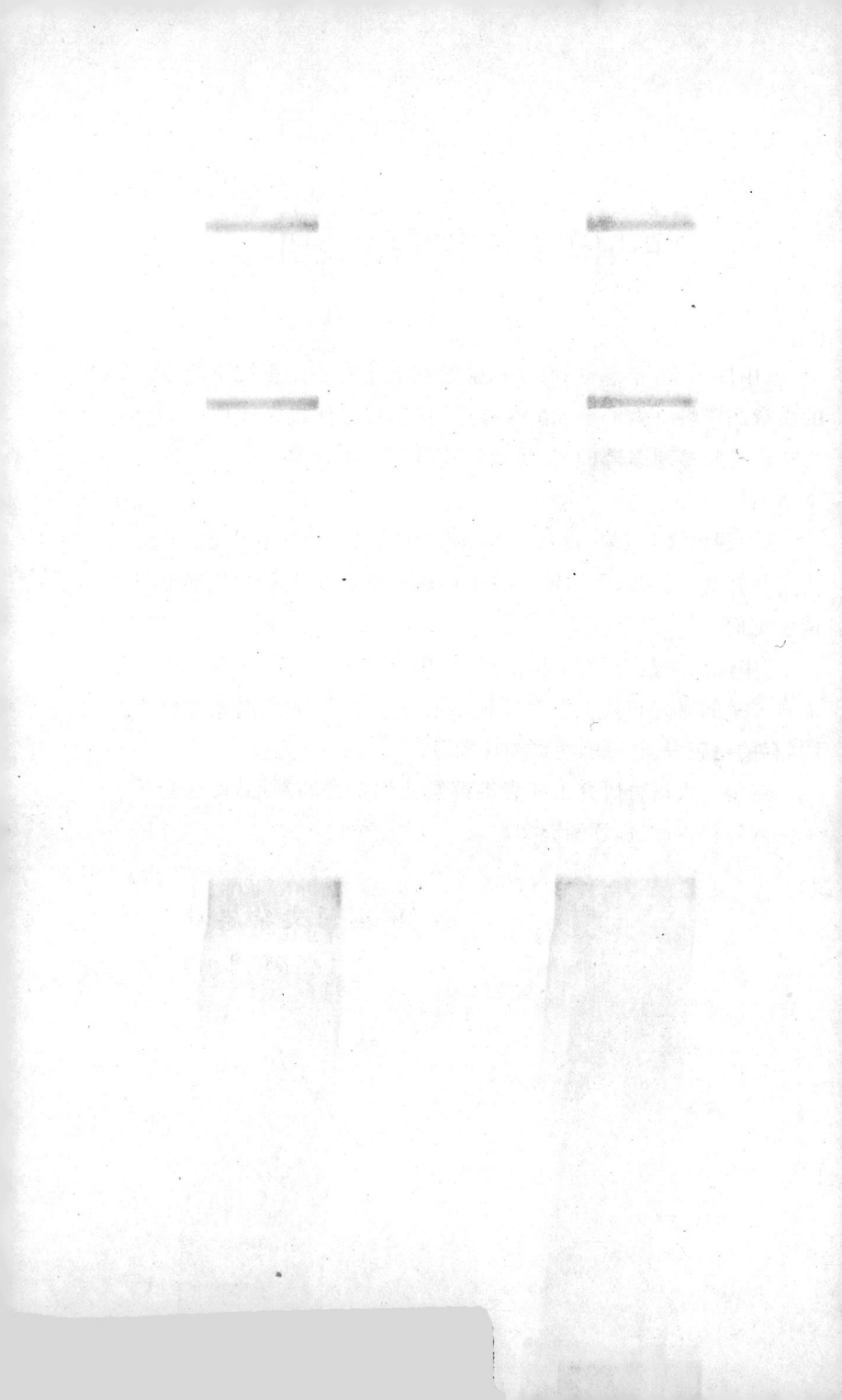

目 录

并列结构的句法限制及其初步解释 …………………… 刘丹青 1
汉语动结式的句法构造和补语小句的内部结构
　　……………………………………… 司马翎　沈　阳 22
对举形式的句法语义特点及其教学 …………… 铃木庆夏 38
A－不－A疑问算子与量化副词的辖域 ……… 胡建华 54
现代汉语"不"和"没"的体貌选择 ………… 陈　莉　潘海华 61
语气副词"偏偏"的主观语义及相关句式考察 …… 杨霁楚 79
"都"的逻辑语义与"都"字句的信息结构 …… 黄瓒辉　石定栩 96
语气副词"并"的语法功能与否定 ……………… 胡　勇 110
汉语全称限定词及其句法表现 …………………… 曹秀玲 119
"一律""一概"的认知视点差异 …………………… 李宇凤 131
动词及物性的语用变化
　　——对两组涉手动词的考察 ………………… 张伯江 144
非买类动词的购买义用法 …………… 尹世超　董丽梅 162
从"嫁娶难题"引发的两个问题 ………………… 张宝胜 183
汉语主句现象进入关系从句初探 ………………… 唐正大 194
一类"条件隐于加语"现象 ………………………… 高增霞 217
从"A/V了许多"看汉语概量化程度补语的演化动因、
　　格式鉴别及其互补关系
　　——兼论汉语补语的性质及程度补语的分类与系统
　　………………………………………………… 张谊生 233
同形异构体V＋N的复合化及其整合效应 ……… 吴为善 252

1

韵律引发词汇化的个案分析 ……………………	张国宪	266
从连读变调看句法结构的松紧度 ……………………	柯　航	284
从语言类型学看模态动词的句法地位 ……………………	陆丙甫	306
必然/非必然关系表达式的结构研究 ……… 龙　涛	马庆株	315
语用数 ……………………………… 陈振宇	刘承峰	335
附录………………………………………………………		356
后记………………………………………………………		359

CONTENTS

Syntactic constraints on coordination and some preliminary explanations ·············· *Liu Danqing* (1)

The syntactic analysis of resultatives in Chinese and the internal structure of the resultative small clause ·············· *Rint Sybesma*, *Shen Yang* (22)

Syntactic and semantic features of the coordination expression: interpretation and teaching ············ *Suzuki Keika* (38)

The A-not-A Q-operator and adverbs of quantification ·············· *Hu Jianhua* (54)

The aspectual selections of Chinese negation markers *bu*(不) and *mei*(没) ··············· *Chen Li*, *Pan Haihua* (61)

Subjective meaning of the constructions with modal adverb *pianpian*(偏偏) ················ *Yang Jichu* (79)

The semantics of *dou*(都) and the information structure of sentences with *dou*(都) ··············· *Huang Zanhui*, *Shi Dingxu* (96)

Modal adverb *bing*(并): function and negation ·············· *Hu Yong* (110)

Chinese universal determiners and their syntactic representations ················ *Cao Xiuling* (119)

The perspective difference between *yilü*(一律) and *yigai*(一概) ·············· *Li Yufeng* (131)

Frequency effects on transitivity in Chinese: a case study on two pairs of manual action verbs ························· *Zhang Bojiang* (144)

The emergence of purchasing interpretation on verbs without lexical buying meaning ·················· *Yin Shichao*, *Dong Limei* (162)

Two issues arising from verbs *jia*(嫁)and *qu*(娶) ·················· *Zhang Baosheng* (183)

A discussion on the embedded main clause phenomena in Chinese relative constructions ··· *Tang Zhengda* (194)

A type of simple sentence with conditional interpretation of a complex sentence ················ *Gao Zengxia* (217)

Predicate phrases with quantificational resultative *xuduo* (许多):the developing motivation, quantificational degrees and distinguish ············ *Zhang Yisheng* (233)

The compounding and conceptual-blending effect of the constructional homonymity "V+N" ················ *Wu Weishan* (252)

Prosody triggering lexicalization: a case study ·················· *Zhang Guoxian* (266)

Tone sandhi and integrity degree of syntactic structure ·················· *Ke Hang* (284)

Syntactic status of modal verbs: a typological perspective ·················· *Lu Bingfu* (306)

Expressions on the inevitability ·················· *Long Tao*, *Ma Qingzhu* (315)

Pragmatic numbers ······ *Chen Zhenyu*, *Liu Chengfeng* (335)

Appendix ·················· (356)

Postscript ·················· (359)

并列结构的句法限制及其初步解释[*]

刘 丹 青

○ 并列结构:不能自由替换的向心结构

并列结构是结构语言学意义上的向心结构(参看布龙菲尔德1980:239—240),其整体句法功能应与其中的任何一个并列肢相同。例如,"工人和农民"和"工人"有同样的功能。[①]

事实上,并列结构的句法功能远非这么简单,它们的出现常受到两个方向的限制。一种是并列限制,即很多句法位置能自由容纳某一语类却排斥该语类的并列式。比较:

(1) a. **小明丢了帽子,小伟丢了帽子** → b. **小明小伟都丢了帽子**

(2) a. **你去唱,你去跳** → b. ***你去唱跳** | c. ?**你去唱和跳**

(1)中的"小明"和"小伟"可以合成单句中的并列短语,而(2)中的"唱"和"跳"却难以合成单句中的并列短语。文献对这类限制已有所涉及(如储泽祥等2002),但专门的讨论还不够。另一种是挂单限制,即某些位置可以接受并列短语,却不能接受其中的单个并列肢。如(引自刘丹青1982):

(3) a. 上面沾了**红一块绿一块**的油彩。→ b. *上面沾了**红一块**的油彩。

---

[*] 本文系国家社科基金重点项目03AYY002的成果之一,初稿及会议报告得到沈家煊、陆丙甫、张谊生、储泽祥、邓思颖等先生及唐正大、陈玉洁等课题组成员的指正,一并致谢。尚存问题均归笔者。

(4) a. 星星们**你碰我我碰你**的黑空中乱动。→ b. *星星们**你碰我**的黑空中乱动。

这类无法挂单出现的并列成分的向心结构身份已被怀疑,文献中常用有别于并列结构的名称来名之,如"对称格式"(刘丹青1982)、"对举格式"等。②本文只讨论并列限制,梳理一下这种句法限制的一些常见类别,然后对这些限制背后的原因做些初步的探讨。

"并列"的概念在汉语语法学中比较模糊(参看马清华,2005,"绪论")。本文以此对应 coordinate,着重取其句法含义,在短语层级大致相当于"联合",不涉及复句层面上位的"联合复句"和下位的"并列复句"的纠葛。并列可细分为三类:原型(狭义)、非原型(广义)和边缘。非原型的并列包括递进、选择等关系(在汉语复句体系中被归入联合而非并列)。边缘的并列包括连动、同位等。③排除非原型和边缘的并列后,剩下的就是原型的并列(必要时称"等立")。用排除法来界定原型并列,是因为原型并列其实也不同质,次类不少,如马清华(2005,§2.1.4)提到的"并合、交合、微递进、微转折、对比"等等。虽然有些小类被马书看作是并列复句的类别,其实也存在于短语层面的原型并列,如"沉着而坚强"(微递进)、"聪明而懒散"(对比)等。

本文主要关注原型的并列,兼及非原型并列,不考虑边缘并列。

一 并列结构的词类限制

1.1 虚化程度对并列的制约

不同的词类构成并列结构的功能相距悬殊,最大差别体现在虚词和实词之间,总体上,虚化程度越高,越难以并列。比较:

(5) a. 果树的上面(和)下面～b. 果树上下～c. *果树上和下/*果

树的上和下

(6) a. 大门的里面(和)外面 ～ b. *大门里外／*大门里和外／*大门的里和外

(7) a. 大门的上面(和)外面 ～ b. *大门上外／*大门上和外／*大门的上和外

(5a)和(5b)似乎显示不管是"上面"和"下面",还是"上"和"下",都是可以并列的。可是,(5a)可以加并列连词"和",而(5c)显示(5b)是无法加"和"的,不管前面是否有"的"。这提示我们(5b)的"上下"并非句法并列,否则不能解释为什么不能加"和"。(6)则显示,(5b)那样的并列无法类推到同一语义范畴的"里外"等其他词语。(5b)只是"上下"作为一个复合词的特例用法,而作为句法组合的并列结构不应如此不能类推。(7)进一步证明"上下"只是个词汇特例,同样有并列关系的"上外"无论在哪种句法环境里都完全不成立。这种限制是句法性的,因为语义上同义的"上面和外面"完全成立。

"里面"和"外面"能自由并列是因为它们仍然是方位名词,而"上、下、里、外"等虚化为方位后置词,作为名词已经去类化了(decategorized),随之难以并列。"大门上下"、"大门内外"可以说,这是因为"上下"、"内外"已经词汇化为复合词,而且它们恰好具有后置于名词的功能,但它们不能化为自由的并列短语。"里外"虽也成词,但该词就不具备"上下"、"内外"的后置功能,只能用在"里外不是人"之类句法环境中。而"下上、上外、下里、上里、上内"等因不成词,都没有机会出现。再来比较意义上与"上下"同类而且能后置的"左右",其词汇化体现为挂单限制,比较:

(8) a. 大门左右 ～ b. *大门左／*大门右(可以说"大门左边/大门右边")

足见"左右"也不是"左"和"右"的临时组合。

不过,理论上并不能断言实词都能并列而虚词都不能并列。

例如英语的前置词(介词)就可以并列,如:

(9) You can travel by bus ***to and in*** Beijing.
(10) There were lots of tourists ***in*** and ***outside*** the museum.

限制并列的虚化临界点(即虚化到什么程度不能再并列)因语言而异,难以据此比较不同语言间相关词语的虚化程度,但是可以据此在一种语言内部测试虚化程度。

英语很多虚词都能并列。连词的并列如 What should we do ***before and when*** you arrive?(在你到达前和到达时我们该做些什么?)只有虚到后缀之类形态要素才不能规则化地并列,如 bigger or biggest(更大或最大)不能并列成 bigger-or-est。而汉语无论介词(前置词)还是连词都不能如英语般并列。如英语 to travel ***to and in*** Beijing 就无法按字面直译为"**往和在**北京旅行",而要将句子分拆为两个并列谓语,说成"往北京旅行和在北京旅行"。汉语助词、语气词等更虚化的成分更难并列(助词连用和语气词连用都不是并列)。甚至实词内部较虚化的词项也不能并列,如副词中接近虚词的单音副词"就、也、才、只、可、太、很、都"等都没有并列的功能。更早时汉语连助动词都难以并列。王力(1985[1943]:353)将下面这种"可能式的排偶"或可能助动词和非助动词的并列都归为"欧化的语法":

(11) 我**不能**,也**不该**离开他。
(12) 你仍然像在特别包厢里看戏一样,本身**不曾**,也**不必**参加那出戏。

其实这些句子是靠了"不"的某种帮助才增强并列能力的,单音助动词就很难并列:

(13) *我能、也该离开他。

以上初步观察表明,在词类方面,英语是并列结构宽松型语言,汉语是并列结构限制型语言。英语要虚到词内的形态成分才不能并列,而汉语只要开始虚化就难以并列了。

语法化程度及与之相关的音节数目对并列的限制,主要是一种句法的限制,意义相近的词语并列功能可以很不相同,比较:

(14) a. *小张很或太敏感。～ b. 小张非常或过于敏感。

(15) a. *他常并只喝绿茶。～ b. 他经常并仅仅喝绿茶。

这些限制有字数因素在起作用,但不是单纯的韵律限制,因为状语位置并不排斥三字组合,如"大家**一窝蜂**喝绿茶"。上面是带连词的并列,而不带连词时变成层次不同的副词连用,结构和意义都改变了,不再是并列,如"他常只喝绿茶"。再看有源流关系的词类,因为虚实不同,并列能力就不同,即使它们字数相等,比较:

(16) a. ***往并在**北京旅行(比较(9)) ～ b. (请你)看并开这款新车

汉语前置词都来自动词,至今仍保留一些动词性,但作为介词已不能并列,如上面的"往、在",而同样单音节的"看、开"因为是动词就可以并列。这也说明不是纯韵律限制。

1.2 名词和动词并列功能的差异

即使在最实的两大词类——名词和动词中,并列功能也有显著差异,动词并列受着更多限制。我们将主要比较最能反映它们固有属性的各自常规句法位置的情况。名词的常规句法位置是作论元,主要是主语、宾语及介词宾语,而动词的常规句法位置是作谓语(参看莫彭龄、单青 1985,Croft 2000)。在词类的常规句法位置,汉语名词作为论元的并列远比动词作为谓语核心的并列自由。

在论元位置,名词既可以直接组合(一些语义、字数方面的限制条件参看储泽祥等 2002:25—30),也可以加并列连词(比直接组合自由得多):

(17) 铁(和)不锈钢都能做炒锅 ｜ 我买了些家具(和)电器 ｜ 对嫌犯和服刑人员也要讲人权

而在谓语位置,汉语动词的并列很受限制。谓语位置相对自由的是构成作为边缘并列类的连动句,但单个动词的组合仍较受限制,因为连动句更常见的是动词短语的组合,如"他走过去买份报纸看～*他走买看"。① 边缘并列不是本文关注的重点。

除了连动句外,谓语位置的并列有直接组合、依靠停顿和使用连词几种情况,下面我们就直接组合和使用连词两种情况分别考察。

动词间不停顿直接组合做谓语的情况,带有很强的词汇化倾向。单音词的组合几乎限于词汇化的凝固组合,双音动词的组合相对自由一些,但仍比论元位置双音名词的组合受更多限制。储泽祥等(2002:77-95)对动词并列的组合能力有较为细致的考察,从其描写和分析不难看出这些并列的词汇化性质或倾向。$V_{1单}+V_{2单}$的并列,储书的举例有:

> (18) 争抢、死伤、接送、欺瞒、赔赢、涂抹、擦抹、拆洗、捆绑、揉搓、搂抱、接听、剪裁、耙梳、拼争、捏摸、抢揽、挑拣、收买、搅割、挑送、翻挖、揪扯

例句中举到的还有"分拆(稿件)、刨挖(墓穴)"等。不考虑某些疑义,暂且认为这些组合都是并列关系,显然其中大部分组合的两个字不能换位,如:

> (19) *抢争、*伤死、*送接、*瞒欺、*抹涂、*绑捆、*抱搂、*拣挑、……

另一些两字组虽然语序不固定,但其本身能否成立恐怕汉语母语人语感有异,如"搅割、赔赢、捏摸"。作为句法组合的并列结构虽然有一些受语义制约的语序,但原则上是可以自由换位的,不应该出现如此大比例的固定语序。更重要的是,不能换位的例子不必有语义理据,如"接送"不说"送接"(对小孩上学先送后接还更符合象似性),"搂抱"不说"抱搂"。储书指出,"这种组合凝固性强"、"有不少以并列式复合词的身份被收进了《现代汉语词典》"。这些都显示了它们的词汇化性质或倾向,难于看作真正自由的句法组

合。至于单音动词组成更多项的并列,更是严格局限于高度词汇化的组合,不能随意换位,如:

(20)鬼子进村烧杀抢掠/ *杀烧掠抢/ *掠烧杀枪/ *抢杀烧掠……

事实上汉语常用动词可以拼出大量有理据却不合格的例子,如:

(21)*唱跳/ *跳唱:*他们在歌舞厅～。(他们在歌舞厅唱唱跳跳)

(22)*借送/ *送借:*我以前～他很多东西。(我以前送他很多东西,也借他很多东西)

(23)*打吵/ *吵打:*你们别在教室里～。(你们别在教室里打啊吵的)

(24)*写画/ *画写:*退休以后他每天在家～。(退休以后他每天在家写写,画画)

(25)*说骂/ *骂说:*他们老在背后～老张。(他们老在背后说老张,骂老张)

双音节动词在谓语位置的直接并列组合比起单音节动词来要自由得多,但本质上仍是不自由的。再参考储泽祥等(2002)的观察。储书归纳的 $V_{1双}+V_{2双}$ 式的第一条特点就是"结构匀称、凝固性强"。这两句话都反映了双音动词并列结构的凝固性——就是某种程度词汇化。结构允称,表现为"一般来说,V_1V_2 构成成分相同"(储书79页),即动宾加动宾(挺胸叉腰)、并列加并列(腐化糜烂)、偏正加偏正(胡编乱造)。虽然也有一些结构不对称的"混合式"(设计安排|出生长大),但是"以相同成分组成的并列形式占绝对优势,混合式的数量不多"。凝固性强,作者归结为形式上与成语相同。实际也表现出词语固定、语序固定等特点。并列结构作为句法结构理论上不应对词内结构有限制。试比较名词,"司令军长警卫一起合影",主语包含动宾、偏正、并列三种复合词,丝毫不影响其并列。而词内结构、成语之类则有对称倾向。此外,绝大多数双音动词的并列限于两个双音词构成四字格,所以像成语,而句法的并列既不应限制并列肢的数目,理论上也不应限制音节的

数目。即使有某种韵律限制,但选择范围不会如此狭小。再来比较名词。像上举例子假如再扩展成"司令军长参谋长警卫队长一起合影",并列肢增至4项,字数也有2、3、4三种,组合仍然完全成立。这于动词是很难存在的。由此可见,动词在其常规位置上的直接并列受到严重制约,而名词在其常规位置上的并列要自由得多。由于名词双音化程度远比动词领先,能独用的单音节名词在名词中的比例远不如单音动词在动词中的比例(刘丹青1996),但只要是能单用的单音名词,其直接并列的能力就比单音动词强得多,也可以用于不同音节间的并列,还可以用于超过两个词的并列,不像动词基本上限于两单成双的并列,如"**雨衣伞**都带上"、"房间里面**人狗鹦鹉**一起在叫"、"我买了**桃苹果香蕉梨哈密瓜**"。

再看带标记的并列。对名词来说,并列结构带标记就如猛虎插翅,句法上、韵律上甚至语义上的限制都获得极大的放宽,比如可以说"请听**袁隆平和杂交稻**的故事"、"**魏晋风度及文章与药及酒**之关系"(鲁迅篇名)等等。而对汉语动词来说,并列结构带标记却是遇虎拦路:汉语普通话缺少一个连接动词的泛用(不带其他意义)的并列连词。印欧语的泛用并列连词通常适合于名动形各个词类和各种短语、小句,如英语 and,德语 und,法语 et,俄语 и [i]。有些语言则有专用于动词或谓词的泛用并列连词,如朝鲜语中用于每个并列动词之后的后置连词 ko(柳英绿1999:13)。其实普通话缺乏泛用的动词并列连词不反映汉语共性,广州话的"同埋"和老派上海话的后置连词"咾"[lɔ](详刘丹青2003:238-251)及其苏州话同源词"勒"[ləʔ]都可以用于各种词类、短语和复句,包括动词并列,如:

(26) 你同埋我｜唱同埋跳｜听啲音乐,同埋睇下电视(听些音乐,看一下电视)

(27) 侬咾我｜唱咾跳｜听眼音乐咾,看看电视普通话的"并"(及文言色彩的"且")实为轻递进连词,如"你可以躺着休息并思考"、"会议讨论并通过了决议"、"他有时间且愿意帮忙",因而没有条件成为泛用的动词并列连词。语法书上多说动词的并列可以用"并",造成它与名词短语的"和"(举"和"赅"跟、同、与",下同)等分庭抗礼的印象,实际上这是错觉。并列连词"并"的使用频率极低,与"和"不可同日而语。我们统计王小波《黄金时代》,全文净字数3.2万多,无一例用"并"作并列连词(有一例"并且",作分句连词)。再统计老舍《骆驼祥子》,净字数超过13.5万,只有一次用"并"连接动词性谓语:

(28) 好像刺开万重的黑暗,透进**并**逗留一些乳白的光。(6章)

普通话中其他的并列动词连词,都是离原型并列更远的连词,表达选择、转折等非原型的或边缘性的并列关系,除了递进义更强的"并且"外,还有"或(者)"(选择)、"而"(轻转折)、"一方面,(另)一方面"(对比、列举)等。一些本来可以不加连词的原型并列式谓语,加了相对中性的"并"之后合格性反而大降:

(29) 小明在房间里不停地开灯(*并)关灯。
(30) 老王昨天又在公园里打拳(??并)舞剑。
(31) 他们要去农村调查(*并)研究。
(32) 他感冒不爱吃药,就一个劲儿喝水(??并)睡觉。

连接并列动词的连词还可以是"和",但"和"用于动词时要受很大限制。朱德熙(1982:157)甚至认为"由'跟、和、与、及'等连词连接谓词性成分造成的联合结构却是体词性的"。实际情况不是这么绝对,但用"和"等连接的并列结构的确丢失了很多动词性(详参储泽祥等,2003)。用"和"连接的大多是论元位置而非谓语位置的动词,它们在相当程度上已经名词化,例如"工作和休息都很重要"、"你就负责打扫和整理"。这些情况已不属于本文关注的对象。"和"在谓语位置上连接并列动词的用例不是绝对没有,但大体上是一种由欧化句法带来的有条件的书面表达,在口语中不多见。

由于泛用的动词并列连词的阙如,而直接组合又受到严格的词汇化的限制,因此普通话动词的并列就成为很受限制的短语结构,即使能够并列也常带来去类化效应,如带"和"组合难以用作谓语。于是,单个动词难以自由扩展为并列短语,动词并列结构的功能又很不同于单个动词,很不符合向心结构的理想属性,跟名词并列的相对自由形成对照。

并列手段还可以是停顿。然而,并列名词间的停顿不会改变名词组合的论元地位,而并列动词间的停顿却会改变其句法地位。因为汉语是主语省略较自由的语言,意义上可以推导出的主语可以不出现,因此单句和复句的界限比较难划。经过上个世纪50年代单复句问题的讨论,语法论著一般将被停顿隔开的谓语处理为分句,这应是最有操作性和一致性的分析法,否则单复句的界限还要难定。如(33)就被吕冀平(1985:114)分析3个分句的复句:

(33) 车上的人跳下来,绕到车后,帮忙推车。

据此,停顿难以作为汉语构成并列动词短语的基本手段。而且,单音动词间实际上也很少用停顿来并列,比较:

(34) a. *他对犯错的下属骂、吼、打、关。
　　　b. 他对犯错的下属责骂、吼叫、殴打、关押。
　　　c. 他对犯错的下属又骂、又吼、又打、又关。
　　　d. 他对犯错的下属会骂、会吼、会打、会关。
　　　e. 他把犯错的下属骂了、吼了、打了、关了。

这正证明被停顿隔开的动词谓语要有分句的性质,而单音动词独立成句的能力很低。此外,(34b—e)这种并列,是共享主语的并列,同样的情况用于共享宾语就困难,如:

(35) a. *他洗了、炒了、吃了一些菜。
　　　b. ??他会赚、会花很多钱。

这里的差异在于,(34b—e)的停顿后各谓语是承前省主语,可以理解为有一个回指句首主语的空宾语；而(35)的前面几个谓语是蒙后省宾语，前面没有先行词，这种没有先行词的空宾语难以满足分句的论元结构。可见用停顿隔开的并列谓语在汉语语感中确实是被当作分句对待的。而名词的并列作为短语内部的成分就没有这种限制，"他的家属、朋友、同事"是共享前面定语的名词并列，"家属、朋友、同事的事情"是并列定语共享后面的核心名词，都很自然。

二　音节的限制

上面讨论的词类限制中已经涉及音节的限制，这儿再聚焦一下音节限制问题。

谓语位置上动词直接并列所受限制明显是单音动词大于双音词。这里，音节数当然是一个有效因素，但还不是唯一因素。"$V_单+V_单$"所构成的二字组本是普通话中非常自由灵活的韵律单位，不存在限制二字组出现在谓语位置的规则，因此这一限制肯定还别有他因。

单音动词的直接并列更像是一个韵律词构成的现象。根据冯胜利(2005:7)，"汉语的标准韵律词一般均取双音节形式。由于汉语的合成词必须首先是一个韵律词(冯胜利 1996)，所以汉语的合成词必取韵律词的音步形式"。韵律词是一种韵律和词法句法界面的现象(参看冯胜利 2000，第二章)。韵律词虽然与词汇词、句法词不是处处吻合，但它之所以被称为"词"，就是因为它对应的基本上是汉语中的词(主要是合成词)。上文的观察显示，单音动词的并列有强烈的词汇化倾向。结合韵律词理论来说，它基本上是一个严式韵律词的构成过程，因此既有韵律的严格限制，排斥超过两个单音动词的并列，也有构词的(远比短语构成严格)要求，基本上不是一种短语的并列。说它是"严式韵律"，是因为它比一般的韵律词更受限制。按照冯胜利(2000:78，2005:7)，三音节单位也能构成由"超音步"充当的"超韵律词"，包括词法词如"总统府"和句法词如"小雨伞"。而单音动词并列强烈排斥这种"超韵律词"，基本上只允许单单成双的形式。另一方面，韵律词允许相当多的自由临时组合，如"小树、小鱼、小猫、大猪、大熊、大鸟"等，而单音动词的直接并列如前所述，基本上只允许很凝固的组合，很多意义上合法的并列都受到排斥。

那么，为什么双音节动词的直接并列比单音节动词自由、更接近短语结构一些？这是因为动词的典型词长是单音节和双音节(刘丹青1996)，双音词加入并列结构，必定组成短语级单位，而且"大于三音节的组合，譬如四音节形式，必然是两个音步(因此是两个标准韵律词)的组合"(冯胜利2000:78)。既然双音动词的并列在韵律上已不是构词单位，就更容易摆脱词汇化的限制而按照构成短语的方式运作了。

句法上单、双音动词的地位应当是平等的，而事实却是单音动词因韵律原因而受到句法规则的"歧视"，被迫按词汇化运作。我们知道，动词的双音化进程远慢于名词，单音动词的出现频率仍占优势(刘丹青 1996)。对单音动词的严格限制意味着最典型最活跃的一大批动词在并列功能上很受限制。这是一种非常显眼的类型现象。

不过，双音动词的直接并列也只是相对自由，它仍受韵律的制约。理论上，双音词并列可以有两个词、三个词到 N 个词参与，也允许字数不同的动词间的并列，而事实却是绝大多数都限于两个双音词构成的四字格，这一种格式压倒所有其他可能格式的总和，而双音词与单音词的直接并列几乎不可能。这些显示非"$V_双$＋$V_双$"四字格的双音动词并列仍受到音节数这种韵律因素的强烈制约和限制。

再简要看一下形容词。形容词常规句法位置是定语。对直接并列的限制也主要见于单音形容词,两个单音形容词在定语位置很难并列。汉语确有"矮胖(的)男人"这样的例子,可是它无法类推,仿之造出的"矮瘦/胖矮/瘦矮/高胖/胖高(的)男人"都不成立,显然,"矮胖"只是个凝固词项。双音形容词的并列要自由一些,如"矮小瘦弱的男人、肥胖矮小的男人、聪明调皮的孩子、调皮聪明的孩子"等都能成立。可见形容词并列也存在着对单音词的"歧视"。另一些貌似并列的结构实际上是层层叠加的非并列定语,如"大红苹果"的层次是"大[红[苹果]]"。当然双音形容词仍受字数的一定制约,例如两字组只能与两字组并列,"矮小瘦的/瘦矮小的男人"、"皮聪明的/聪明皮的孩子"都是不合格的组合。

三 句法位置

上文对此已有所涉,这里专门探讨一下句法位置的差异对并列限制的影响。

3.1 动词的原型句法位置是作谓语,其他位置则是次要位置。上文提到,动词用泛用连词"和"连接在谓语位置限制受限,而在论元位置则很自由。再如:

(36) a. (第一首歌和预选赛时的表现一样,)**唱和跳**都不整齐。(网络)

  b. **做过这事和喜欢这事**大不一样。(王小波《黄金时代》)

(37) a. 要以一种冷静的态度去面对**推销和降价**。(网络)

  b. 我打着请一位老学究,专为**教汉文**,跟讲一点儿经书。(《京语会话·荐举》)

(38) 那时我……对**每次亲吻和爱抚**都贯注了极大的热情。(《黄金时代》)

谓语位置和论元位置的并列功能差异与名词动词之间的并列功能差异是对应的。在论元位置,动词起指称作用,功能趋同名词,因而可以自由采用名词的并列手段。这种并列动词还可以用指示词限定(如(38)的"每次")或用名词性的同位语来复指,如"他同时从事**教书和演出**这两项工作",都清楚体现其指称性。此外,在定语位置动词也可以自由地用"和"连接并列成分,如"**钓鱼和游泳**的人很多"、"要挣出**吃和穿**的花销"。这仍是向名词而非向形容词靠拢,因为定语位置上的名词也用"和",而形容词多用"又 **A** 又 **B**"(口语)或"**A** 而 **B**"(书面)连接。

动词的直接并列,也是在论元位置上要自由得多。下面这些网上或文献语料中的并列式单音动词都很难改置谓语之位:

(39) 米蛋鱼价格回落**吃穿用**上海人日均花销近 7 亿元(新闻标题)

(40) a. XXXX 独家推荐**吃穿用玩**。(广告)

　　 b. 海南省最新调查显示:石油涨价影响**吃穿用行**(报)

(41) **听读抄背**不同于**听说读写**,它不是四种英语技能,而是四个学习程序。(报)

3.2 主语和宾语同属论元位置,句法描写中常归为同类句法功能,语法书中不乏某某成分"可以作主宾语"或"不能作主宾语"等语。实际上,主语和宾语存在着种种句法上的不对称表现(参看沈家煊 1998,第 9 章)。材料显示,并列结构在主宾语位置所受限制也不同,宾语位置的并列更受限制。我们首先是在 1998 年进行的吴语区句法调查的宁波话中发现的。其发音人特别排斥宾语位置的并列,将调查蓝本例句中宾语位置的并列结构换用复句来表示,甚至将并列肢改放在动词前充当对比性受事话题,如:

　　普通话　　　　　　　　　宁波话(括号中为字面直译)

(42) a. 我买了一些**桌子和椅子**。b. 我买眼桌凳买眼矮凳。(我买些桌子买些凳子)

　　　　　　　　　　　　　　c. 我桌凳也买眼,矮凳也买眼。

　　　　　　　　　　　　　　　(我桌子也买些,凳子也买些)

(43) a. 老王昨天已经碰到过**我和他**了。b. 老王么子已经**我**也碰着**其**也碰着过哎。

(老王昨天已经**我**也碰着了**他**也碰着过了)

这两个调查问卷中仅有的可拆分并列式宾语句(宾语意义上可以拆成两个独立的NP),发音人都避开了并列宾语的形式。⑤虽然宁波话有强烈的话题优先倾向,VO结构不太发达,但从(42b)拆成两个VO句看,说话人改句式的目的是避免宾语位置出现并列结构而不是回避VO。当遇到主语并列的蓝本句,宁波说话人却总是提供并列主语句,有时只提供并列主语句,有时在提供并列主语句的同时再补充拆成分句的表达。如:

(44) a. 〈普〉老王和老张都是我的同事。
　　 b. 〈甬〉老王老张和总是我同事。(老王老张都是我同事)
(45) a. 〈普〉桌子和凳子都坏了。
　　 b. 〈甬〉桌子矮凳和总弄坏咪。(桌子凳子都弄坏了)
　　 c. 〈甬〉桌子也弄坏咪,矮凳也弄坏咪。(桌子也弄坏了,凳子也弄坏了)

宁波话口语中主语明显比宾语更能容纳并列结构的现象,并非吴语独有,类似倾向也存在于北京话/普通话。我们就此考察了两种北京话/普通话语料。一是成书于20世纪10—20年代的北京话教材《京语会话》(该书用"跟"而不用"和"作连词),二是王小波中篇小说《黄金时代》(1994年,主要用"和"作并列连词)。下面列出《京》书中用"跟"连接的并列短语和《黄》书中用"和"连接的并列短语在小句主语和宾语位置上的出现次数,顺便列出其他位置上的出现次数,结果如下:

《京》NP跟NP:主语27,宾语12(另兼语5,表语1,介词宾语5,定语4,谓语1)
《黄》NP和NP:主语41,宾语13(另介词宾语5,定语6)

在《京》中,带连词的并列成分在主语位置的用例是宾语位置用例的2.25倍(27:12);在《黄》中则更达3.15倍(41:13)。可见,主语和宾语句法上都是能接受并列结构的位置,但北京话或普通话的实际语篇中,主语远比宾语更容易接受并列结构,这跟宁波话的倾向一致。

四 并列关系小类

并列功能的强弱,还跟并列关系的小类有关。上节刚刚谈到的主语比宾语更容易并列的情况,说的其实是原型并列或者说等立关系的情况。有趣的是,同样是在吴语的调查材料中,表选择的并列成分却在宾语位置比在主语位置自由。这是在吴语的大面积调查中发现的。调查蓝本句中有两个分别在主语和宾语位置使用"还是"的选择问句。对于主语取选择问的"**老王还是老陈**先退休?"一句,12个吴语点13位发音人中,有6位使用了改变结构的句子,大多是将句子拆分成复句,也有的是将主语改造成等立话题,然后用疑问代词主语复指话题来表达选择问(即苏州的(47b)和(48),(47a)则保留了选择问主语的句式)。有8位(包括两种用法都用的苏州)发音人使用了蓝本的选择问主语句式。改变结构的例句为:

(46) 上海发音人A:老王先退休还是老陈先退休?

(47) 苏州:(a. 老王还是老陈先退休?) b. 老王勒老陈,啥人先退休?(老王和老陈,谁先退休)

(48) 无锡:老王搭老陈,啥人先退休?

(49) 绍兴:老王先退休还是老陈先退休?

(50) 乐清大荆:老王先退休还是老陈先退休?

(51) 温州:老王退休先还是老陈退休先?

当蓝本句在方言中有自然的对应句时,发音人一般会优先采用跟蓝本句一致的句式。现在有多位发音人改变句式,说明选择问形式的主语很受排斥。而保留蓝本句式的发音人只是接受蓝本句的说法,不排除在实际口语中仍会避免让选择问形式充当主语。与之形成对比,蓝本中在宾语位置使用选择问形式的"你想要**大号还**

是小号"一句,12个点的13位发音人全都保留了蓝本句的并列结构,没有人改说为复句。这说明宾语位置对选择问形式的容纳度远大于主语位置。至于陈述句的选择结构,即用"或(者)"连接的主宾语句,由于问卷缺少可比较的例句,暂未获得足以概括的语料。就选择并列问题,我们也回头考察了北京话/普通话的情况。整体上汉语选择连词主要用于谓语位置,用于主宾语的例子要少得多,因此我们统计了篇幅更大的老舍《骆驼祥子》,结果如下(谓语未统计):

或(者):主语5,宾语17(另介词宾语9,定语9)

还是:主语1,宾语4(另表语6)

书中选择陈述句例子较充足,主宾语之比为5∶17,宾语是主语的3.4倍。选择问例子较少,主宾语之比为1∶4,宾语是主语的4倍。这个统计数字与吴语的调查结构非常一致。这些事实说明,并列关系的小类对并列结构的接受性有显著影响,等立和选择所受的句法位置限制正好相反,借鉴沈家煊(1997)的标记模式,可以构建如下匹配模式:

	主语	宾语
等立	无标记	有标记
选择	有标记	无标记

这一模式综合反映了句法位置和并列小类对并列结构的限制模式。

五 对并列结构句法限制的初步解释

并列结构在汉语的使用中受到种种限制,虽然它属于向心结构,却经常不能自由地替换其所含的并列肢。对这些现象和因素,有些用我们已有的认识已经能找到初步解释,有些则还需要进一步探讨。下面略说几点已经可以想到的解释。

汉语的名词和动词在典型词长上有差距,名词的典型词长是

2—3字,而动词的典型词长是1—2字。这种格局的使因之一是汉语句子在论元和谓语核心的长度方面有不同的限制,谓语核心强烈排斥长的单位,即使出现长的单位也会降低其向心力包括及物性,如丧失或减弱带宾语的能力(参看刘丹青1996,Lu & Duanmu 2002[1991])。这一原因也构成了动词难以直接并列的原因之一,因为并列会导致词长增加,降低核心的向心力。普通话动词带连词并列的能力因为缺少泛用连词而极受限制,却是一个多少有点偶然的现象,因为吴语粤语都不缺这种连词,动词带连词并列也相当自由。至于普通话为什么长期容忍这种重要连词的缺位,仍有待解释。不过近年的语料中用"和"连接的谓语动词并列式有增多趋势,这是"欧化"、还是方言影响,抑或普通话本身的需求促成,还需要专门的考察。

单音节动词比双音动词更难直接并列,这似乎与上面的词长解释不符。关于这一点,上文已经借用韵律词理论做了解释。"$V_单+V_单$"构成的两字组是典型的汉语韵律词长度,这使得单音动词的并列被纳入词的层级,受到词汇化的限制。而$V_双+V_双$不受此限。

汉语的主语位置有强烈的有定性要求,但也允许出现某些无定主语。徐烈炯(Xu 1997)的研究表明,随着名词修饰语的增加,也就是名词短语信息量的增加,会带来指称性的增强,从而使无定主语句的可接受性增加。用陆丙甫(2004)的术语来说就是定语增加导致"可别度"的增加,而可别度高的成分有前置的倾向,更适合主语位置。在这点上,添加并列肢和添加修饰语的作用是近似的,都有增加可别度的效应,从而更适合主语位置。而宾语位置的自然取向是定指度低的成分(科姆里1989:158),不欢迎会增加指称性或可别度的手段。这解释了并列(等立)成分在宾语位置比在主语位置更受限制的现象。另一方面,在选择问句中,选择问短语

(A还是B)是疑问焦点,自然更适合宾语的尾焦点位置,而主语位置则欢迎话题、排斥焦点,这很好地解释了选择问并列短语在主语位置比在宾语位置更受限制的现象。至于陈述句中的选择类并列结构,跟等立类并列结构的指称-信息功能正好相反,选择类并列短语非但不增加名词短语的指称性,反而因其不确定性而降低其指称性和可别度,因而受主语位置排斥。这也解释了选择性短语在主语位置比宾语位置更受限制的现象。

从本文所观察到的情况来看,对并列结构的限制主要来自词性、句法位置这些句法条件的制约和音节数目这些韵律条件的制约,它们的背后还有指称和信息结构这些话语篇章因素的制约。这与我们以往研究所认识到的汉语的语用优先的类型特点(刘丹青1995)和语法中语音平面重要的类型特点是一致的。

附 注

① 基于这种认识,语法书在叙述句法规则时往往是不区分并列结构和其组成部分的,例如说某个句法位置可以用"名词性成分",就同时包括了名词语的并列结构。

② 朱德熙(1982:36)把"你一句我一句"等结构归入"并立式复合词",仍属"联合结构",并就此说"联合结构的语法功能跟它的组成成分的语法功能不一定一致"。说它们是"复合词"可以避开向心结构的矛盾,因为复合词功能上偏离其核心很正常,如动宾式的"司令"是名词。但这些结构难以都看作词,有很多是可以临时构造的,如"红一块绿一块"之类。朱先生井注意到这类结构的表义特点:它们意义上不是实指,而是比况性的。不过刘丹青(1982)所讨论的逆向限制的对称格式还有不少例子是实指的,如"穿着件短不够短、长不够长的棉袄","复合词"或"比况性"都不能概括这类情况。

③ 连动和同位在句法上仍然可与作为基本句法关系之一的并列关系归为一类。上引布龙菲尔德书明确将 co-ordinative(并列性)和 serial(连动性)归为向心结构的一个大类(另一大类是偏正)。当然有部分连动式更靠拢偏正(参看高增霞 2005:114-115)。与连动对应的顺承复句和与同位很接近的解说复句都被视为联合复句。

④ 某些藏缅语连动更加自由,是比汉语更典型的连动自由型语言,见 Matisoff(1991)。

⑤ 该发音人也说过一个并列宾语句。在对应蓝本句"那些东西已经交给了老王和老张"时说了"该眼东西啦我已经拨老王老张咪"。(直译:这些东西我已经给老王老张了)这里有其他句法语义条件的制约:1)该双及物行为的客体作了有定性话题,整体性强,作为接受者的并列宾语倾向于充当一个整体,难以拆分成"拨老王,拨老张"两个分句;2)此句宾语是生命度高的与事宾语,即使在宁波话中也难以话题化。

参考文献

布龙菲尔德(Leonard Bloomfield 1933) 1980 《语言论》,袁家骅等译,商务印书馆。
储泽祥等 2002 《汉语联合短语研究》,湖南大学出版社。
冯胜利 2000 《汉语韵律句法学》,上海教育出版社。
—— 2005 《汉语韵律语法研究》,北京大学出版社。
科姆里(Bernard Comrie 1981) 1989 《语言共性和语言类型》,沈家煊译,华夏出版社。
陆丙甫 2004 《汉语语序的总体特点及其功能解释》,《庆祝〈中国语文〉创刊50周年学术论文集》,商务印书馆。
高增霞 2006 《现代汉语连动式的语法化视角》,中国档案出版社。
刘丹青 1982 《对称格式的语法功能及表达功能》,《语文知识丛刊》三,北京市语言学会编,地震出版社。
—— 1995 《语义优先还是语用优先——汉语语法学体系建设断想》,《语文研究》第2期。
—— 1996 《词类与词长的相关性——汉语语法的语音片面丛论之二》,《南京师大学报》第2期。
—— 2003 《语序类型学与介词理论》,商务印书馆。
柳英绿 1999 《朝汉语语法对比》,延边大学出版社。
吕冀平 1985 《复杂谓语》,上海教育出版社。
马清华 2005 《并列结构的自组织研究》,复旦大学出版社。
莫彭龄 单青 1985 《三大类实词句法功能的统计分析》,《南京师范大学学报》第2期。

沈家煊　1997　《形容词句法功能的标记模式》,《中国语文》第4期。
——　1999　《不对称与标记论》,江西教育出版社。
王　力　1985[1943]《中国现代语法》,商务印书馆。
朱德熙　1982　《语法讲义》,商务印书馆。
Croft, William　2000　Parts of speech as language universals and as language-particular categories. In Petra Vogel & Bernard Comrie (eds.) *Approaches to the Typology of Word Classes*. Berlin: Mouton de Gruyter.
Lu, Bingfu & San Duanmu　2002　Rhythm and Syntax in Chinese: A Case Study, *Journal of the Chinese Language Teachers Association*. Vol. 37, No. 2. Originally a IACL conference paper submitted in 1991.
Matisoff, James　1991　Areal and universal dimensions of grammaticalization in Lahu. In Elizabeth Traugott & Bernd Heine (eds.) *Approaches to Grammaticalization*, Vol. II, Amsterdam: John Benjamin Publishing Company.
Xu, Liejiong　1997　Limitation on subjecthood of numerically quantified noun phrases: A pragmatic approach. In Xu (ed.) *The Referential Properties of Chinese Noun Phrases*. Paris: Ecole des haude Studes en Sciences Sociales.

汉语动结式的句法构造和补语小句的内部结构*

司马翎 沈 阳

〇 引言

本文将简要介绍"小句理论（SCT）"和采用该理论分析汉语结果补语结构（动结式）的基本原则和操作程序，主要涉及补语小句分析中值得注意的两个问题，即结果补语结构中 NP 的句法语义性质和 VP 的句法构造形式。同时本文还将提出结果补语小句内部结构的假设：小句的内部没有"时（tense）"，但同时却可能甚至必须包含一些功能性成分，如"体（aspect）"，而"了"是补语小句中"体投射"的中心词，因此补语小句的谓语动词要先通过向小句内"体结构（AspP）"的中心词"了"位置的移位来建立整个句子的"T 链条"，这才能保证句子得到完整的时态解释。

---

* 本文是荷兰莱顿大学和北京大学合作项目"汉语结果补语研究"和教育部"十五"规划博士点项目"汉语特殊动词和复杂动词论元结构研究"（项目批准号：01JB740003）研究成果的一部分。该项研究得到荷兰国家科学会（NWO）、荷兰莱顿大学汉学院、荷兰国际亚洲研究院（IIAS）和中国教育部、北京大学汉语语言学研究中心的资助；论文写作中得到黄正德、郑礼珊、蔡维天等的补充和指正；在第十四次现代汉语语法讨论会上宣读后，也得到不少与会学者的批评和建议；谨此一并致谢。

一 "小句理论"和汉语结果补语结构分析

采用"小句(small clause)"来分析汉语的结果补语结构,是 Rint Sybesma(1992/1999)在 Hoekstra(1988)提出的"小句理论"的基础上逐步完善发展起来的。这种句法分析理论的基本假设是:汉语结果补语结构中的主句谓语动词表达一个非状态性的动作行为,该动作行为内部没有作用的范围和到达的终点;但同时这个动词又带有一个由简单主谓结构构成的小句性补语,这个结果补语小句则为没有终点的动作行为提供作用的范围和到达的终点。通俗地说就是:这种结构中的主句动词表示动作行为,而补语小句则表示致使结果,二者合起来表示一个完整的"动作-结果"事件。

汉语的结果补语结构包括及物性结构和不及物性结构两类。不及物的结果补语结构没有外部论元(external argument),而只有一个作为补语的内部论元(internal argument)。这个内部论元就表现为一个"小句(small clause)"。以(1)为例:

(1) 阿 Q 唱哭了。

根据补语小句分析,(1)中主要动词"唱"表示一个开放性的动作行为("唱"的动作行为没有内部终点),同时"唱"这个动作行为又导致了"阿 Q 哭"这个终点结果。这个句子在语义上可以整体分析为:有一个"唱"的动作事件和一个由"唱"所造成的"阿 Q 哭"这样一个结果事件。而这个句子在句法上就可以分析为:主句谓语动词"唱"带有一个表示结果的补语小句"阿 Q 哭"。这个结果补语小句包含有自身的主语成分"阿 Q"和谓语成分"哭",但没有时态(tense)。如(2a)所示(暂时不考虑其中的

"了"):

(2) a. 唱[sc 阿 Q 哭]　　→　　(b. 阿 Q_i[唱 [sc t_i 哭]])

由于补语小句没有时态,不是完整的句子结构,因此小句中的各种实体性成分(论元结构的组成成分)都需要分别移出,以便获得句法的允准。如(2b)所示:小句的主语"阿Q",就需要前移到句子的大主语位置以获得"格(case)"指派;而小句的谓语动词 R"哭"则最终也需要前移到主句谓语动词 V⁰"唱"的位置上,并与之合并为一个动结式复合动词(verb compound)"唱哭"。这样才生成(1)这个句子。下面(3)是这个结构生成过程的简化树形图(同样暂时不考虑其中的"了"):

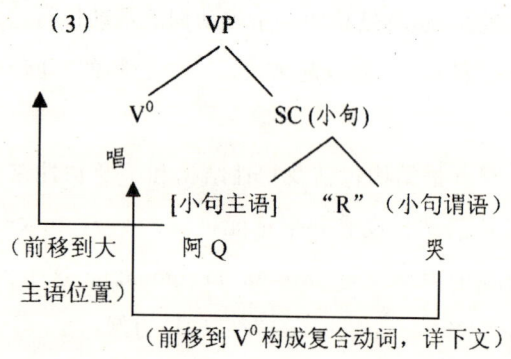

及物的结果补语结构与不及物的结果补语结构最主要的区别在于,在及物性结构中存在一个包含外部论元的短语结构层。根据 Chomsky(1995),这个句法层次可以称为"vP(小 VP)"。这个层次的主要作用是为"VP(谓语动词 VP)"表达的事件提供一个作为"引发者"或"致使者(causer)"的外部论元。及物性结果补语结构(4a)的底层结构如(4b)所示,而(5)则是这个结构生成过程的简化树形图(同样暂时不考虑其中的"了"):

(4) a. 小 D 唱哭了阿 Q。
    b. [_{vP}小 D [_{VP}唱 [_{SC}阿 Q 哭]]]

(5)

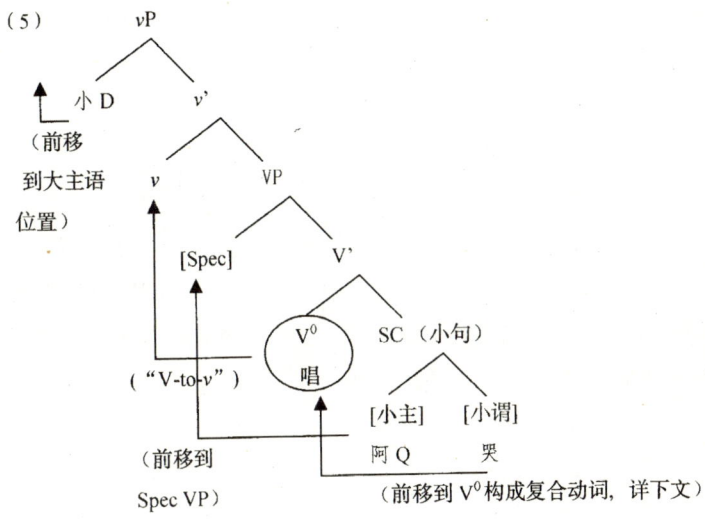

　　(5)中的 VP 层与(3)中的 VP 层完全相同：主要动词"唱"表示一个动作事件，作为动词补语的小句"阿 Q 哭"则表明这个事件的终点结果。在(5)中主要是多了一个由 vP 层提供的引发"唱"这一事件的外部致使论元"小 D"。这个句子在语义上可以整体分析为：有一个由"小 D"引发的"唱"的事件，而这个事件造成的结果是"阿 Q 哭"。或者不严格地说，这句话的意思就是"(小 D)唱歌致使阿 Q 哭"。

　　跟(3)的情况相同，由于小句没有时态，所以小句中的各种实体性成分（论元结构的组成成分）都需要分别移出以便获得句法允准。小句主语"阿 Q"由于在小句内无法获得格，所以必须前移到最邻近的能被句法允准的位置。在(3)中这个最临近的位置是句子的大主语位置，而在(5)中，由于 v^0 的存在，这个最邻近的位置则是 VP 的 Spec 位置。①而(5)中前移到句子大主语位置的成分，则是在 vP 的 Spec 位置生成并且作为事件引发者或结果致使者的外部论元"小D"。与(3)相同,(5)中小句的谓语动词"哭"也需要先移到主要动词 V^0 "唱"的位置上,并与之合并为一个动结式复合动词"唱哭",并且最终一起前移到 vP 的中心语 v^0 位置上。这样才生成了(4a)这个句子。

二 汉语结果补语结构中 NP 和 VP 的性质

采用"小句理论"分析汉语的结果补语结构,有几个问题需要进一步讨论:一是结果补语结构中 NP(包括小句的主语名词和主句的主语名词)的语法性质问题,二是结果补语结构中 VP(主句 VP 结构)的构造形式问题。

2.1 关于结构中 NP 的语法性质

"补语小句分析"的一个重要原则或假设就是,补语小句中的主语名词只跟小句的谓语动词有句法和语义的联系,而跟主句的谓语动词并没有直接的联系。

比如前面(1)不及物结果补语结构"阿Q唱哭了",表面上看好像其中"阿Q"跟主句谓语动词"唱"也会有某种联系,至少有语义上的联系,即"阿Q"就是"唱的人"。其实这只不过是受到人们头脑中关于现实世界百科知识的影响(Hoekstra 1988),即当人们听到由于"唱"这个动作行为而导致"阿Q哭"的结果时,一般总会联想到"唱的人"就是"阿Q"。但根据补语小句分析,小句的主语"阿Q"和主句的谓语动词"唱"在句法结构和语义角色上应该没有任何联系。[②]换句话说,前面的(1)和下面的(6)在句法结构和语义关系上没有什么本质的不同。比较:

(6)肚子笑疼了。(肚子$_i$[笑 [$_{sc}$ t$_i$ 疼了]])

如果说对于(1)"阿Q唱哭了"中"阿Q"与"唱"是不是有句法和语义的联系还有争议的话,那么对于(6)"肚子笑疼了",则毫无疑问其中的小句主语"肚子",只可能与小句谓语"疼"有句法和语义的联系,而与主句谓语动词"笑"并没有任何关系。

在及物的结果补语结构中,补语小句的主语跟主句谓语动词也没有句法和语义联系。不仅在(4)"小 D 唱哭了阿 Q"这样的句子中,很明显"阿 Q"既不是主句动词"唱"的主语(施事),也不是"唱"的宾语(客体),而且在下面(7)中也是同样的情况。比较:

(7)小 D 打死了阿 Q。(底层结构:小 D 打 [$_{SC}$阿 Q 死])

也就是说(7)中的主句谓语动词"打"与补语小句的主语"阿 Q"并没有句法和语义联系,或者说小句主语"阿 Q"只与小句谓语"死"有句法和语义的联系。至于感觉上好像"阿 Q"就是"打"的宾语(受事)或者说就是被"打"的那个人,那也同样只不过是人们头脑中一种百科知识的联想。从严格的句法和语义分析上说,"阿 Q"和"打"也应该是没有联系的,即(7)和(4)的分析应该完全一样。

关于前面(4)"小 D 唱哭了阿 Q",还需要指出一点:即不但其中补语小句的主语"阿 Q"跟主句谓语动词"唱"没有句法上和语义上的联系,而且这个句子的表层大主语"小 D"跟主句的谓语动词"唱",从严格的句法和语义分析上说,或者要跟(1)做相同分析的话,二者也应该没什么联系。因为"小 D"是在 vP(小 VP)的 Spec 位置生成的,语义角色也并非是"唱"这个动作的发出者(施事),而只是事件的"引发者"或"致使者"。同样如果把"小 D"理解为就是"唱的人",或者说即使极大可能就是"小 D"在"唱",这也无非是受人们头脑中百科知识的影响,二者在句法和语义上也并没有必然的联系。用另一个例子来说就是,(4)和下面(8)也应该没有什么不同。因为(8)中的表层主语"这篇文章"和"这首歌"就并不是主句谓语动词"写"和"唱"的句法主语和施事论元。比较:

(8) a. 这篇文章写酸了我的手。

b. 这首歌唱哭了阿 Q。

2.2 关于结构中 VP 的构造形式

前面提到不及物结果补语结构中的 VP 结构,如(1)"阿 Q 唱哭了",其中只包含一个主要动词和一个内部论元(补语小句),没有外部论元。补语小句的主语前移到主句的主语位置,才生成了(1)这个句子。不妨再看一下这个例子(即(2)):

(9) a. 唱 [$_{SC}$阿 Q 哭] → (b. 阿 Q$_i$[唱 [$_{SC}$t$_i$ 哭]])

从结构变化形式上看,这种 VP 结构有点像非宾格结构(unaccusative),因为后者也没有外部论元,只有内部论元,而且内部论元同样既可以后置作宾语,也可以前移作主语(至于(9)是不是非宾格结构,下面还要讨论)。当然,对(9)作另一种分析似乎也未尝不可,即"阿 Q"本来就是全句的大主语,并且从主句动词"唱"获得论元指派,同时根据论元准则,补语小句的谓语"哭"则需要指派另一个论元成分,而这个成分则是一个空代词 Pro。[③] 这种分析最大的不同点是认为"阿 Q"并不是前移的补语小句的主语。如(10)所示:

(10) 阿 Q 唱[$_{SC}$Pro 哭]

由于篇幅限制,这里不能更多讨论(10)这种看起来同样是补语小句的分析可能存在的问题。但至少采用本文(9)的分析有这样几个优点:

首先一个优点是,采用(9)的分析,可以统一处理汉语中(1)"阿 Q 唱哭了"和(6)"肚子笑疼了",而(10)则显然无法用同一种办法来处理(6)。而且许多研究证明,(9)的分析不仅适用于汉语的结果补语结构,而且也适用于对其他语言的分析,并且不需要做太大的技术调整,而(10)的分析则同样很难做到这一点。

其次的一个优点是,根据(9)的分析,汉语所有不及物的结果补语结构,如(1)和(6),都没有外部论元。这就很容易进一步去说明不及物结构(1)"阿 Q 唱哭了"与及物结构(4)"小 D 唱哭了阿

Q"的区别和联系。因为实际上后者的结构中就包含了前者的结构，或者说前者的结构形式就是后者的核心结构。换句话说，由于及物结构(4)是在原本没有外部论元的不及物结构(1)的基础上，通过增加短语层来为动作事件提供外部论元，这也就使得汉语中不及物结果补语结构和及物结果补语结构的区别和联系变得简单明了。

  第三个优点是，采用(9)的分析，可以很容易把汉语的结果补语结构跟相关的汉语"把"字句的分析联系起来(Sybesma,1992/1999)。因为实际上汉语的结果补语结构如(4)变换成"把"字句，只需要在(5)的基础上，在"v^0"处插入轻动词(一般所说的汉语中的介词)"把"，而不再对"唱哭"进行"V－to－v"操作，这样不需要更复杂的移位操作就可以轻易实现。④ 例如：

  (11)小 D 把阿 Q 唱哭了。

  前面说汉语结果补语结构的 VP 似乎可以分析为非宾格结构。这方面也有汉语其他方言的一些证据。比如 Matthews、Xu and Yip(2005)就提供了潮州揭阳方言中许多相关结构的例子，他们认为下面(12)(原文(81))中的标记成分"给他"(方括号内)就明确表明这个结构是非宾格结构。例如：

  (12) kai   tou   [k'eʔi]   tsiaʔ   kau   t'iã-si
    个   肚子   给他   吃   到   疼－死
    '肚子给吃疼死了'

  汉语普通话结果补语结构好像也有类似的事实。比如不少研究都发现，有些结果补语结构(包括"把"字句)中，可以或必须出现一个前动词(pre-verb)"给"。例如：

  (13)小 D 把阿 Q 给唱哭了。

  不过需要特别注意包含"给"的句子在语义上的差异。比如如果说在(1)"阿 Q 唱哭了"这个句子中，究竟是谁(是阿 Q 本人还是其他某个人)"唱"还不是很清楚的话，那么如果句中加上一个

"给",如下面(14),那么"唱"的人就几乎不可能是"阿Q自己"了。换句话说,当句子中出现"给"时,这个句子就类似于被动结构(passives),即表明结构中还存在另一个未在句中出现的施事成分。比较:

(14)阿Q给唱哭了。

这样说来,如果假设(1)其实是分别对应两个不同底层结构的"歧义"结构,那么其中应该只有一个才是真正的非宾格结构。Sybesma(1999)曾认为,(1)(亦即前面的(9)和下面的(15a))应该是与(15b)相同的结构,而后者就是典型的非宾格结构。[⑤]比较:

(15) a. 阿Q唱哭了。　　(可分析为:阿Q$_i$[唱 [$_{SC}$ t$_i$ 哭]])
　　　b. 阿Q跳在桌子上。(可分析为:阿Q$_i$[跳 [$_{SC}$ t$_i$ 在桌子上]])

但毕竟(15a)和(15b)有两个方面的不同,如(16)所示:一是(15b)中不能插入前动词"给",二是在(15b)不能增加一个 vP(小VP)层来提供一个外部论元。比较:

(16)a. *阿Q给跳在桌子上。　　b. *小D跳阿Q在桌子上。

由此可见,Sybesma(1999)的分析似乎只能说明(1)的一种结构形式(即没有或不能加上"给"的结构形式),而不能说明(1)与(14)相对应的另一种结构形式(即已经或可以加上"给"的结构形式)。尽管目前对于(14)的底层结构形式究竟是什么样的还不是很清楚,[⑥]但有一点还是可以看出来的,即(1)和(15b)的结构形式虽然有某些相似之处,但又并不完全相同。[⑦]如(16b)所示,后者至少并不具有"不及物结构-及物结构"的交替对应形式。

三　汉语结果补语小句的内部结构

最后要讨论一下汉语结果补语小句的内部结构形式,其中也包括"了"在结果补语结构中的位置和作用。这实际上也是对前面讨论问题的进一步深化和细化。

"小句"一般定义为"词汇性的主谓短语",虽然其中也要受到一些功能性投射的控制,但肯定不是一个时态性(tense)结构(即不是 TP)。我们之所以要承认在小句中也包含一些功能性的投射,其中有一个原因与 Abney(1987)的研究结果有关。他证明所有的词汇投射(L(exical)－Projection)都要受到功能投射(F(unctional)－Projection)的控制。如果 Abney 的看法是正确的,那么显然小句就不应该仅仅是一个词汇性主谓短语。现在看来,小句和完整句子结构最重要的区别,就在于小句结构没有"时态",这也正是"小句"中要有个"小"字的原因。那么小句的内部结构究竟是怎么样的呢?我们也可以从汉语结果补语结构的一些现象来看。

包括前述 Sybesma(1992/1999)和沈阳(1997)的分析在内,目前一般都承认汉语结果补语结构的底层基础语序是[V－NP－R],但表层语序则是[V－R－NP]。上面的分析假设,这是通过 NP 和 R 分别发生移位来实现的。现在要进一步讨论的问题是:这些成分究竟为什么要移位,这些成分移位的过程又到底是怎样的。

先说小句内的成分为什么要移位。Stowell(1991)曾针对这一类问题提出过一个"谓语指称条件 PRC(Predicate Reference Condition)"。该条件可以表为:"一个谓语的中心成分必须被一个指称范畴所管辖。"Stowell 认为语言中的指称范畴有两个:D(冠词成分)和 I(屈折成分)。名词短语要受 D 成分的管辖,而谓词短语则主要是受 I 成分的管辖。按照这一原则,如果一个谓语(比如补语小句的谓语)没有被 I 管辖,那么这个谓语成分就必须发生移位,也就是要与受管辖的主要动词"合并(merge)",以便能接受指称范畴 I 的管辖。Stowell 提出的方案可以用(17)的图形来说明:

(17)

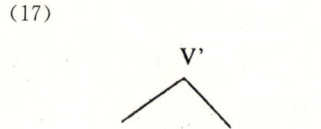

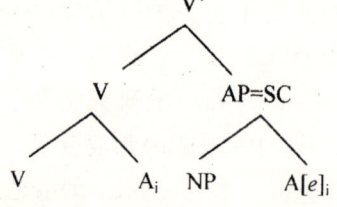

```
           V'
          /  \
         V    AP=SC
        / \   /  \
       V  Aᵢ NP  A[e]ᵢ
```

注意在(17)中小句(SC)还是一个没有任何功能性投射的纯粹词汇结构。而根据 PRC,任何谓语成分都必须接受 I 指称范畴的管辖,因此小句的谓语就必须前移到主要谓语动词位置与之合并。Hoekstra(1992)曾把这个意思重新表述为:任何一个从属性谓语结构必须与主要事件结构中受管辖的谓语动词合并,由此这个从属性的谓语成分才能得到时态的解释。这一个观点用 Guéron and Hoekstra(1995)的另一种说法就是:句子中任何涉及谓语结构的成分,包括"时"成分、"体"成分,也包括谓语动词本身(即当谓语动词在词汇上为"空"时),都必须由一个"T 链条(T-Chain)"相互连接,如果没有这个 T 链条来连接或者这个 T 链条中断,整个句子的事件就无法得到时态上的解释,结构也就不合法。这也就是为什么没有时态的小句内的各种实体性成分必须移位(移出小句)的直接动因。

再说小句内的成分如何移位。前面关于汉语结果补语结构的各种树形图中都说小句的谓语是直接移位到主句动词 V^0 的位置,即与主句动词 V^0 合并成一个复合动词。但那时还没有考虑怎么处理结构中的"了",比如前面(1)"阿 Q 唱哭了"中的"了"。Sybesma(1997/1999)主张把这个"了"看作是包含在小句中的"体投射(aspectual projection)"的中心成分(head)。之所以采用这种处理,部分是由于目前为止大量研究成果已证明了这一点,部分也是基于我们自己对"时(tense)"和"体(aspect)"二者不同性质的区分,即"时"成分处于 VP 之外(高于 VP),而"体"成分处于 VP 之内(低于 VP)。这样就不妨假设,如果汉语结果补语结构的补语小句中必须包含某些功能性的投射,那么这个投射就只是"体投射"。"了"不仅正是这种体投射的中心成分,而这个位置也就正是补语小句的谓语动词所首先要移至的位置。下面(18)就是包含了 AspP(以"了"为中心成分)的小句结构中谓语动词移位过程的树形图:

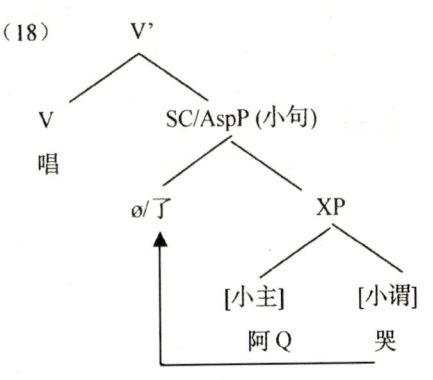

(18)
```
          V'
         /  \
        V    SC/AspP (小句)
        唱   /      \
           ø/了      XP
                   /   \
                [小主] [小谓]
                 阿Q    哭
```

如图(18)所示,小句的谓语动词"哭"并不是直接前移到主句动词 V⁰"唱"的位置,而是首先前移到 AspP 的中心成分位置,也就是先跟"了"结合成"哭了"。在这一步之后,"哭了"才又继续向前移位跟主句动词 V⁰"唱"合并成为一个复合动词,即"唱哭了"整体去作 VP 的中心成分。之所以要加上小句谓语动词前移到 AspP 的中心成分位置这一步中间站,实际上也就是为了实现前述整个句子"T 链条"的相互连接,以便使句子得到完整的时态解释。

上述小句内部谓语动词移位形式的操作,不仅仅是一种理论假设,实际上也可以得到大量语言事实的支持。中国的少数民族语言壮语和汉语广东话就都有相关例子,确认这种为了建立"T 链条"而形成的小句谓语的移位形式是存在的。

比如壮语中也有与汉语类似的结果补语结构,但壮语与汉语有一个重要的不同点就是,壮语的体标记成分"了(lo)"处于句子

33

的末尾,而并不是紧挨着动词。值得注意的是,壮语中表示结果的补语动词总是先向这个体标记成分靠拢,而不是先移向主句谓语动词。请观察下面(19)例子中的补语动词"死(dai)、完(leu4)、哭(daej)"的位置(其中(19c/d)引自覃晓航(1995))。例如:

(19) a. de　　haeb　　duz　　gaeq　　gou　　dai　　lo
　　　　它　　咬　　只　　鸡　　我　　死　　了
　　　　'它把我的鸡咬死了'

　　b. ku1　rja3　pwan3　rw1　(tu2)　ku1　leu4　lo
　　　　我　写　本　书　"的"　我　完　了
　　　　'我把我的书写完了'

　　c. boux　vunz　de　banj　duz　ngwz　dai　lo
　　　　个　人　那　摔　只　蛇　死　了
　　　　'那个人把蛇摔死了'

　　d. dahmeh　ndaq　dahnuengx　daej　lo
　　　　母亲　骂　妹　哭　了
　　　　'母亲把妹妹骂哭了'

同样有对比价值的现象是,当壮语结果补语结构中出现另一个时体标记成分,如动词后情态标记成分"得(ndaej)",而结构中没有句尾的体标记成分"了(lo)"时,可以发现表示结果的补语动词却是紧挨着"得",即处于小句主语另一边的位置。请注意表结果的补语动词"死(dai)、完(leu4)"在(19a/b)中的位置和在(20)中的位置。比较:

(20) a. de　　haeb　　ndaej　　dai　　duz　　gaeq　　gou
　　　　它　　咬　　得　　死　　只　　鸡　　我
　　　　'它能咬死我的鸡'

　　b. ku1　rja3　ndaej　leu4　pwan3　rw1　(tu2)　ku1
　　　　我　写　得　完　本　书　"的"　我
　　　　'我能写得完我的书'

下面两组广东话的例子(引自Cheng and Sybesma,2003)也可以证明同样现象。其中表示结果的补语动词"起、出、走",要么与相当于普通话"了"的"zo"相连接,要么与处于句尾的"来"相连接。尽管目前还不能完全解释这些现象的具体原因,但至少有一点是清楚的,在近代汉语中,像"来"这样的成分原本是可以作为体标记的。比较:

(21) a. keoi　　lo-zo　　li-seung syu　　hei-lei
　　　 他　　　拿了　　这箱书　　　　起来
　　b. keoi　　lo-hei-zo　　li-seung syu
　　　 他　　　拿起了　　　这箱书
　　意思都是:'他把这箱书抬上来了'
(22) a. keoi　　lo-zo　　di-cin　　ceot-lei
　　　 他　　　拿了　　些钱　　　出来
　　　'他把钱拿出来了'
　　b. keoi　　lo-zau-zo　　bun-syu
　　　 他　　　拿走了　　　本书
　　　'他把书拿走了'

上面的例子似乎都可以证明前面提出的假设,即汉语普通话结果补语小句的谓语动词,也必须首先通过向小句内 AspP 的中心成分"了"位置的移位来建立整个句子的"T 链条",从而保证句子得到完整的时态解释。

附　注

① 参看 Sybesma(1992/1999)。
② 马希文(1987)和沈阳(1997)也都持这种分析。
③ 详细的讨论可参看 Huang(1992),Sybesma(1992/1999)。
④ 关于"把"字句的分析另可参看唐艳艳(2005)和彭国珍(2006)。
⑤ 参看 Mulder and Sybesma(1992)。
⑥ (1)与(14)对应的结构形式可能属于"中动结构(middles)"。
⑦ 对(15b)结构(包括相关的处所义双宾结构)的分析,将另文专门讨论。

参考文献

马希文 1987 《与动结式有关的某些句式》,《中国语文》第6期。

彭国珍 2006 《汉语动结式分析的几个句法语义问题》,北京大学博士论文。

沈 阳 1997 《名词短语的多重移位形式及"把"字句的句法构造和语义解释》,《中国语文》第6期。

唐艳艳 2005 《从SC理论看现代汉语"把"字句的生成》,北京大学硕士论文。

覃晓航 1995 《壮语特殊语法现象研究》,民族出版社。

Abney, Stephen 1987 *The English Noun Phrase in Its Sentential Aspect*. Doctoral dissertation, MIT.

Cheng, Lisa L. S. and Rint Sybesma 2003 Post-verbal 'can' in Cantonese (and Hakka) and Agree. *Lingua* 114.

Cheng, Lisa L. S. 2005 Verb-copying in Mandarin. Ms. Universiteit Leiden.

Chomsky, Noam 1995 *The Minimalist Program*. Cambridge, Mass.: MIT Press.

Guéron, Jacqueline and Teun Hoekstra 1995 The temporal interpretation of predication. *Small Clauses*, ed. Anna Cardinaletti and Maria Teresa Guasti, 77—107. San Diego, Cal.: Academic Press.

Hoekstra, Teun 1988 Small clause results. *Lingua* 74.

Hoekstra, Teun 1992 Aspect and theta theory. *Thematic Structure: Its Role in Grammar*, ed. Iggi Roca, Dordrecht: Foris.

Huang, C.-T. James 1992 Complex predicates in control. *Control and Grammar*, ed. Richard Larson, Sabine Iatridou, Utpal Lahiri, and James Higginbotham. Dordrecht: Kluwer.

Matthews, Stephen, Huiling Xu and Virginia Yip 2005 Passive and unaccusative in the Jieyang dialect Chaozhou. *Journal of East Asian Linguistics* 14.

Mulder, René and Rint Sybesma 1992 Chinese is a VO language. *Natural Language and Linguistic Theory*, 10/3.

Stowell, Tim 1991 Small clause restructuring. *Principles and Parameters in Comparative Grammar*, ed. R. Freidin. Cambridge, Mass.: MIT Press.

Sybesma, Rint 1992 *Causatives and Accomplishments: The Case of Chinese ba*. Doctoral dissertation, Universiteit Leiden.

Sybesma, Rint 1997 Why Chinese verb-*le* is a resultative predicate. *Journal of East-Asian Linguistics* 6/3.

Sybesma, Rint 1999 *The Mandarin VP*. Dordrecht: Kluwer.

对举形式的句法语义特点及其教学*

铃木庆夏

在汉语教学实践中我们非常需要一个让学生理解对举形式的教案。下面介绍一个中级水平的学生在课堂上提出来的例子(对举形式记为[　][　])。例如:

(1)王老师的课题不是一个关在房间里就完成的课题,所谓民俗,也就是在一个地方长期形成的风尚、习惯之类的东西,人们常说,[千里不同风],[百里不同俗],有的地方甚至一河之隔,在民俗方面会有很大的区别,[……](范小青:接待)

该生已经掌握基本语法,一般的句子,靠词典都能读懂。但面对上面的句子,他却说:"每个词语的意思都明白,就是看不懂整体上说的是什么意思。"外国学生的困惑使我们认识到对举形式的语法问题亟待解决。但到目前为止,很难找到能够回答这一问题的研究文献。[①]于是,本文考察对举形式在汉语语法系统中应有的地位,并揭示如何回答教学中所提出来的问题。

一 对举形式的句法特点

1.1 对举形式的句法实现

对举形式[②]往往与语法学家们长久以来所描写的语法规则或

---

* 本文在铃木庆夏(2001、2003)的相关部分的基础上改写而成。在写作过程中得到杉村博士文先生的悉心指导,并在此次讨论会上承蒙与会学者的宝贵意见。在此致以诚挚的谢意。

语法规律(为行文方便起见,将它称为"既有语法")背道而驰。概括如下:

(一)按照既有语法,不成词语素只能充当词法成分(构词成分),然而以对举形式出现时,却可直接充当句法成分。例如(下例画线部分):

(2)[……],想到[囤里有<u>米</u>]、[橱里有<u>衣</u>],总算像家人家了[……](高晓声:陈奂生上城)

(3)自己家中[<u>上</u>有老][<u>下</u>有小],若一齐被搬进匪巢,哪里还有退路?(孙方友:绑票)

单纯方位词常在对举形式中成对出现,如"<u>上</u>有政策,<u>下</u>有对策"、"顾<u>前</u>不顾<u>后</u>"等。

(二)按照既有语法,词与词的组合要受到一定的组合规则或规约的制约,但是这种制约在对举形式中常失去其效力。例如:

(4)<u>急性</u>好治,<u>慢性</u>难治(朱德熙1985:20)

区别词不能直接充当主宾语("*急性好治"、"急性病好治"、"急性的好治"),但进入对举形式之后可直接充当主语而构成主谓关系。

"挑战"、"服务"等动词不能同表示动作对象的宾语直接构成述宾关系("*挑战电脑"、"向电脑挑战"),但进入对举形式后即可直接构成述宾关系。例如:

(5)人脑<u>挑战</u>电脑,电脑<u>挑战</u>人脑。(《北京晚报》1995)

(6)改革金融政策,<u>服务</u>四化建设。(郭继懋1999)

指示词"这"、"那"在无上下文的情况下不能直接充当宾语("*你问<u>这</u>"、"你问<u>这</u>,做什么?"吕叔湘1999:657),但进入对举形式时可直接充当宾语。例如:

(7)阿香有事没事的就缠着他[做<u>这</u>][做<u>那</u>],[……](曹志星:裙子)

(8)小兵便趿拉着姥姥的一双大鞋,[忙<u>这</u>][忙<u>那</u>]。(石钟山:片警杨杰的一天)

这些对举形式中"这"、"那"是虚指,不具有具体的指示对象。

39

语法规约上所形成的工具宾语的一类,其内部结构为偏正关系(如:"吃大腕"、"*吃腕")。如下面的词组虽然单独不成立,进入对举形式却可成立:

(9)我吃碗,你吃盘子。(杉村 1985)
(10)你吃刀叉,我吃筷子。(王希杰《这就是汉语》语言学院出版社 1992:78)

性质形容词直接充当定语所构成的名词性偏正词组也是受到语法规约的制约。下面的名词性词组虽然单独不成立,进入对举形式却可成立。

(11)有一匹白马,真是一条龙,a{[高腿][狭面]},b{[长腰][秀颈]},雪白雪白。(汪曾祺:职业)
(12)他有二十四五岁的样子,[细胳膊][细腿],[……],一看就不是当兵的材料。(全勇先:昭和十八年)

(三)按照既有语法,词组若自主成句时要受到一定的组合制约的限制,也就是带有一定的成分或语法范畴。但词组以对举形式出现时,便可不受语法常规的制约而构成句子形式。

双宾语句中,名词一般带有数量词,否则不能单独成立(朱德熙 1979),但进入对举形式时可以不带数量词:

(13)他送我糖,我送他茶叶。
(14)他卖我书,我卖他画儿。(朱德熙 1979)

被动句中,动词一般与结果补语同现(如:"椅子让小王拉倒了"),否则不能单独成立;而隐含结果义的动词(如:"打")虽然可以不带结果补语,但这时需要与表示动作完成的"了"同现(如:"小李被小王打了"),否则不能成立("*小李被小王打"——木村 1992),但进入对举形式时:

(15)穷人家的孩子,养得不那么金贵,[……];a{[上房揭瓦],[偷鸡摸狗]},b{[让事主打],[让互不服气的半大小子们打],[让喝多了酒的老爹打]……}几乎没有不留下痕迹的。(陈建功:前科)

形容词谓语句中,形容词一般与表示某种程度的副词同现,否

则不能单独成立,但进入对举形式时可以单独出现:

(16)屋里黑,外头亮。
(17)今儿冷,昨儿暖和。(朱德熙1956)
(18)他[武功好],[力气蛮],无人敢惹,[……](谈歌:绝唱)

至此可见,在对举形式的实现与既有语法间的冲突之中可看出其结构规律是成系统的。

1.2 对举形式中往往不出现表示事件、事物的个别性和具体性的语言成分

将观察视点投入按照既有语法该出现的成分,我们会发现,对举形式中不会出现的成分也有规律可循。归纳如下:

(一)对举形式中往往不会出现表示一个事件或一个事物的个别性、具体性的语言成分。比如,例(13)(14)中不出现数量词。再如下例(19)(20)中不出现指示语(deictic)成分:

(19)这人是靠倒卖衣裳发财的。从福建石狮贩了衣服,拆掉原来的商标,换上名牌。[一百元买进],[三百元卖出]。(汪曾祺:小芳)
(20)而且这还是一种不讲经济效益的赔本买卖——[高价买进],沿途增值,[平价卖出],卖得越多越赔钱,[……](赵大年:活鱼)

此例画线部分没有出现"来"和"去"。"来"和"去"是各有"起点""终点"语义特征的成分,"买进来"、"卖出去"有助于叙述动作行为的具体结果。再者,"来"和"去"是引进发话者这一要素的指示语成分,含有发话者对于外部世界的观察视角的主观性。"买进"、"卖出"同"买进来"、"卖出去"比较起来,就显得放弃了对动作行为过程的具体叙述,而且还抛弃了发话者对该事件设定的观察立场的申明。"买进"、"卖出"倾向于理解为抽象事件的客观描述。

(二)对举形式中往往不会出现表示一个事件处于哪一个进展阶段的时态成分或时间性成分。比如,例(15)。再如:

(21)"要注意交通安全,要做到:一、[红灯停][绿灯行],黄灯亮时等一等;二、过马路要走人行横道,……"(贾鲁生:乞丐漂流记)

41

对举形式中动词通常以光杆形式充当谓语,若将上例(19)(20)包括进来描写的话,还可以说对举形式中往往不出现表示事件结果或程度的补语成分。

(三)对举形式中往往不会出现表示一个状态所处程度的副词。比如,例(16)—(18)。再如:

(22)地质队那边[流动性大],[条件差],他可不忍心让儿子跟着妈东跑西颠的,怎么办?(陈建功:京西有个骚达子)

另外在此还要指出:例(7)(8)中,指示词"这"、"那"放弃了其实指性,该对举形式不叙述一个具体的、个别的事件;例(5)—(10)是和既有语法的制约发生冲突的形式,其内部都是述宾结构,而述宾结构有利于给某种现象起名字(杉村博文 2006),而且也不叙述一个具体的、个别的事件。综上所述,对举形式的实现与不出现表示事件、事物的个别性和具体性的语言成分互有联系。

二 采用对举形式的语义动机及其句法后果

2.1 对举形式不叙述故事情节的具体进程

在话语结构中对举形式与非对举形式呈现出如下关系:非对举形式叙述故事情节的具体进程;对举形式则不叙述故事情节的具体进程,只描写故事构件的情况或状态。例如:

(23)1995 年 7 月 1 日,我从家乡襄樊出发,开始踏上了徒步万里长江的征途。我凭着一根木棍和若干张地图,还有一包简单的行李,从长江的源头格拉丹东雪山的脚下,开始一步一步地沿长江两岸行进。在途中,我战胜了高原缺氧的反应,穿越无人区的原始大森林,a{[爬雪山]、[攀悬崖]、[涉激流]、[过沼泽]}。b{[冬天顶风冒雪]、[夏天日晒雨淋]},经常 c{[夜宿荒野]、[渴饮泉水]、[饿食野果]},d{[与野猪对峙]、[与恶狗搏斗]、[与泥石流抗争]}。我共计走破了八双鞋。从荒无人烟的上游,走到工业发达的下游。(胡建强:独步长江)

(24)伯乐成了相马高手后名声大振,获得了国家一级相马师的专业技术职称,成了相马界的权威人士。他通过给大家挑选千里马发了财,

娶了一个漂亮媳妇,[出有车],[食有鱼],日子过得挺滋润。(来卫东:伯乐算命记)

上例(23)(24)中,非对举形式负责叙述故事情节"从长江源流走到河口"、"伯乐功成名就"的一个个进程;对举形式则不然,它不参与叙述故事情节的具体过程。对举形式只提示出象征着该故事情节的部分情况或状态,用来描写故事情节的代表部分(比如:"爬雪山"、"攀悬崖"等都代表"从长江源流走到河口"构件部分)。仅就故事情节的进程来讲对举形式可谓是冗余成分。因此,即使将对举形式从话语中删掉(记为[　　][　　],下同),虽然语言表达的描写性和冗余度明显下降,但故事情节也不会受到影响。

2.2 对举形式突出被前景化的焦点

值得注意的是,当发话者的注意(attention)从故事情节转移到故事构件的情况或状态时,发话者会将故事构件的情况或状态前景化,而把故事的进程背景化。这时,为了确立故事进程中被前景化的焦点所在,发话者会尽量避免涉及与前景无关的事情,以突出前景情况。基于这种语义动机所形成的对举形式中,往往会不出现表示事件、事物的个别性和具体性的成分或语法范畴。因此,其内部结构极为简单,常见的组织方式如下:

(一)简洁的主谓结构,例如:例(18)"**武功好,力气蛮**"、例(21)"**红灯停,绿灯行**"等。再如:

(25)[……]但财主说[**门不当**],[**户不对**],不准成亲。(胡建强:独步长江)

一般来说,非对举形式主谓结构的焦点是无标的,并位于句末(end-focus),非对举形式叙述"什么**怎么样**"("武功**好**,……"、"红灯**停**,……")。而在对举形式主谓结构表示的是"**什么**怎么样",其焦点是有标的对比焦点,位置于上面黑体字部分。可以说,对举形式起着把句子焦点设定于主语部分的作用。

(二)以光杆形式充当述语、宾语所构成的述宾结构,例如:例(23a)"爬雪山、攀悬崖、涉激流、过沼泽",例(7)—(10)等。再如:

(26)当他们逃至渡口时,船工说男女不能同渡,[渡男不渡女],[渡女不渡男],意在勒索巨金。(胡建强:独步长江)

这些对举形式中的对比焦点在宾语部分。例(23a)的"克服了**雪山**、克服了**悬崖**、克服了**激流**、克服了**沼泽**"中,发话者的注意焦点放在"被设计为认知上的图"(杉村博文 2000)的光杆名词之上(以及功能上相当于名词宾语的成分之上,如:上例"渡<u>男</u>不渡<u>女</u>"等)。

(三)由上述两个结构关系合并而成的主述宾结构,例如:例(2)"囤里有米、橱里有衣"、例(3)"上有老,下有少"等。再如:

(27)[……]我们家都爱猫,[他画猫],[我养猫]……(刘心武:花星和我)

(四)以话题化方式的简洁的主谓结构,比如:

(28)**困难**咱们克服,**幸福**他们享受。(沢田 1974)

(29)过门之后,[<u>家</u>让你当]、[<u>事</u>让你管],领来工资全交给你,花几毛零钱都得跟你张手讨。(浩然:新婚)

经过话题化所构成的主谓结构放弃了无标的词序 S—V—O,而形成有标的词序 O—S—V。对发话者来说,采用话题化的主谓结构,在确立故事进程中被前景化的焦点所在时是非常有利的。第一,像"当<u>家</u>"、"管<u>事</u>"等无标的词序中"象征着行为、现象"的宾语部分(杉村博文 2000)经过话题化提升到句首位置,会使其"认知上的图"更加显著;第二,其所构成的结构就是对举形式主谓结构,如上所述,主语部分正是有标的对比焦点所在位置,有利于加强其焦点所在。

(五)形容词以光杆形式充当定语的简洁的定中结构,例如:例(11)(12),以及:

(30)男的是个细高条,[<u>高</u>鼻]、[<u>长</u>脸],微微驼背,[……](汪曾祺:露水)

上例中的名词性词组不表示个别的、具体的事物,它表示的是一种类名(朱德熙 1956;张敏 1998;小野秀树 2004),不管有无对比项它都具有分类性(小野秀树 2004)。我们可以说,这种结构是出于为某种事物取名而形成的。

2.3 破格对举形式与合格对举形式

在这一节中讨论合乎既有语法而且能够单独成句的对举形式,借以更加明确地揭示不合乎既有语法的对举形式之句法语义特点。为行文方便起见,在这一节中将前者称之为"合格形式",将后者称之为"破格形式"。下例对举形式(31a)(32a)都是合格形式。例如:

(31)相传清代时,鹤庆县青年蒋宗汉在丽江一家财主家当长工。a{[财主的女儿爱他英俊聪明],[他也爱小姐美丽善良]},两人情投意合。但财主说 b{[门不当],[户不对]},不准成亲。两人便决定私奔。当他们逃至渡口时,船工说男女不能同渡,c{[渡男不渡女],[渡女不渡男]},意在勒索巨金。(胡建强:独步长江)

(32)他感到很困乏,肩臂酸痛,浑身没有一点儿力气。这一天,a{[正班干了八个小时],[加班干了三个小时]},总归十一个小时。十一个小时 b{[搬砖头]、[耍瓦刀]},没有停歇片刻,能不累吗?(浩然:新婚)

理所当然,我们能够由合格形式得到"具有个别性和具体性的事件"之语义解释。例(31a)主语成分"财主的女儿"、"他"是实指,具有具体的指示对象。这与同一个话语结构中(31b)"门"和"户"、(31c)"男"和"女"有所不同。(32a)"整班干了八个小时,加班干了三个小时"在该话语结构中对应于一个个别的、具体的事件,它所描述的是,一个在外部时间流逝过程中具有明确的起点与明确的终点的有界事件;而(32b)"搬砖头、耍瓦刀"所描述的则是不具有明确起点与明确终点的无界事件。

破格形式之所以不合乎语法,正是由于它不能解释为具有个别性、具体性的事件,而只提示出描写对象的存在,即从存在/非存在而言的存在。破格形式只是把故事情节构件部分作为一种抽象的事件类型提示出来,虽然破格形式中发话者的注意焦点有所突显,但其注意量并不多。也就是说,发话者从故事情节的进程中提取或确定该故事的部分构件,但这并不意味着发话者对对举部分加以详细地描述。这直接反映在合格形式和破格形式的描述疏密度(granularity)③的不同上。破格形式的疏密度不仅低于合格形式,还低于非对举形式。

综上所述,当发话者把自己的注意从故事情节转移到故事构件的情况或状态时,为了确立故事进程中被前景化的焦点所在,并且为了提示事件类型或事物类型,发话者会尽量避开涉及叙述事件、事物的个别性和具体性的语言成分,因此构成内部结构简单的破格对举形式。这种语义动机阻止了表示事件、事物的个别性和具体性的成分出现,也造成了与既有语法相抵触的结果。下面我们继续讨论破格对举形式,以下简称为对举形式。

三 可视为现代汉语语法形式之一的对举形式

3.1 "典型事例"与"典型归纳"

研究中发现,对举形式皆具有"典型例示"的结构特点和"典型归纳"的结构意义。对举形式一般由两个代表结构意义的典型事例并列而成。例如:

(33)他是过惯苦日子的,现在开始好起来,又相信会越来越好,他还不满意么?他满意透了。他a{[身上有了肉],[脸上有了笑]};有时候半夜里醒过来,想到b{[囤里有米]、[橱里有衣]},总算像家人家了,[⋯⋯](高晓声:陈奂生上城)

(34)他拉骡子去定边驮盐,一走一月两月,家里她里外忙活,[冬种麦子],[夏插糜谷],空闲下来,就拿了针在村里串门。(贾平凹:土炕)

在例(33a)中,"身上有了肉"和"脸上有了笑"都代表"对生活感到满意"这一事件的两个象征性典型事例;也就是说,"身上有了肉,脸上有了笑"归纳出"对生活感到满意"。例(34)"冬种麦子"和"夏插糜谷"也都代表"家里她里外忙活"这一事件的两个象征性典型事例;"冬种麦子,夏插糜谷"归纳出"家里她里外忙活"。当发话者采用对举形式时,所要表达的侧重点并不在于对举形式内部所有词语的简单相加,而在于概括两个典型事例为一个归纳性事件。对举形式隐含着"典型例示"的归纳性意义。这种归纳性意义,我们称之为**典型归纳**。

在话语结构中,对举形式隐含的典型归纳借由非对举形式来表示。在某些话语结构中由非对举形式将典型归纳明示出来(上例画线部分);在另一些话语结构中则不直接进行语言化,而由非对举形式的连贯来把它暗示出来。例如:

(35)〔……〕他继承的是一屁股债务,唯一可执行的权利是在卖房契上盖个章,自己扫地出门,把房产全部还了账。他[肩不能担],[手不能提],虽说能写笔毛笔字,画两笔工笔花鸟,要指望拿这换饭吃可远远不够。(邓友梅:双猫图)

(36)"穿这个,这,合适吗?是穿这种裙子的年纪吗?你想想自己多大岁数了?"[……]

"不错,二十九。减去十岁,二十九,还差一个月呢。[我偏要穿红],[我偏要穿绿]!〔……〕"(谌容:减去十岁)

收话者可从对举形式的上下文归纳出,"肩不能担"、"手不能提"都代表"不能靠体力劳动吃饭";"我偏要穿红"、"我偏要穿绿"都代表"多鲜艳的衣服都要穿"。

3.2 "典型归纳"及其语义推导方式

上述的"典型归纳"并不能脱离话语结构等任何周围环境而理解;只有依靠一定的周围环境才能够理解。只看单独存在的"身上有了肉,脸上有了笑",能够得到的典型归纳有可能是"病治好,恢复了健康";而不一定是"对生活感到满意"。只看"冬种麦子,夏插糜谷",可以得到的典型归纳可能是"她一年四季都种庄稼";但不一定是"家里她里外忙活"。在没有具体语境支持的情况下,超出一个对举形式字面意义的语义解释可以有几种不同的理解。

将这种对对举形式所进行的语义解释过程表示如下:

图1

典型归纳　　家里她里外忙活　　她一年四季都种庄稼

典型例示　冬种麦子　夏插糜谷　冬种麦子　夏插糜谷

再举一个对举形式的例子:"对他这么个[姥姥不疼]、[舅舅不爱]的单身汉来说……"(杉村2002),有几位汉语母语者说:"自己不用这种对举形式,但能理解它要表达的意思是什么。它要说的是'谁都不喜欢'"。我们对此可以解释:收话者在该对举形式的理解过程中,根据自己的认知环境参照某种信息和知识(如:参照"姥姥和舅舅无疑是疼爱外孙子的"等认知框架(frame)),把"姥姥不疼、舅舅不爱"看成两个典型事例,并对此进行联想概括(如:"连姥姥和舅舅不喜欢的"单身汉),从而归纳出"谁都不喜欢"。这也就表明,汉语母语者持有生成并理解对举形式的语法知识。

将这种语义推导方式加以一般化,图示如下:

图2

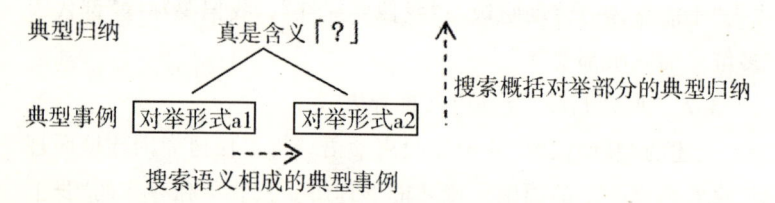

典型归纳　　真是含义「?」

　　　　　　　　　　　　　搜索概括对举部分的典型归纳

典型事例　对举形式a1　对举形式a2

　　　　　搜索语义相成的典型事例

对举形式的理解过程为求得各个示例的典型归纳。对举形式是反映出这种语法知识的语言形式。我们认为应该将对举形式看成一

48

个语法形式并可以把上图看作对举形式语法意义的可视化。

3.3 "典型事例"的结构依据

对举形式作为一个语法形式,其外部形式为树形(tree diagram)之间的同型性与简洁性。树形同型(isomorphism)保证焦点位置的明确化。由非对举形式与对举形式的比较可看出,对举形式的形成条件是对比焦点的明确化。而对比焦点只有在所对举的树形之间具有同型性与简洁性时才显得明确。例如:

(37)改革金融政策,为四化建设服务

(38)改革金融政策,服务四化建设

例(37)是把例(6)"改革金融政策,服务四化建设"根据既有语法改写的,此树形与例(38)的相比,树形的方向、广度和深度都复杂得多。例(37)的焦点则没有例(38)那么明确,而且还带有些被理解为连谓结构的趋向,即"改革金融政策,以便为四化建设服务"。因此,不能完全排除把此形式当作从属关系来理解的可能性,也不能完全确定它表示的是两个典型事例。由此可见,树形同型是典型事例的结构依据。

不过,树形同型在合格对举形式的例子中也是有的。例如:

(39)你用刀叉吃饭,我用筷子吃饭

(40)你吃刀叉,我吃筷子

例(39)是把例(10)"你吃刀叉,我吃筷子"根据既有语法的制约所改写的对举形式。这两个对举形式皆为树形同型。可是相较之下,例(39)还带有可理解为个别或具体的事件之趋向,不能完全排除当作特定的行为去理解的可能性。而例(40)所表示的是事件的抽象类型。我们可以说,典型事例的结构依据是树形同型与树形简洁。[④]

3.4 对举形式及其教学实践

在汉语教学中该如何回答学生所提出来的疑问?我们采取的

方法既简单又直观。表示如下：

意义	时间
形式	光+阴

意义	极少
形式	凤毛+麟角

意义	总算像家人家了
形式	囤里有米+橱里有衣

意义	到处看
形式	左看+左看

意义	家里她里外忙活
形式	冬种麦子+夏插糜谷

我们给学生例示这种表格，说明形式和意义之间的关系，然后给学生解释例(1)"千里不同风，百里不通俗"表示的是"一个地方一个情况"或"风俗习惯因地方而异"。这样，学生就能够了解该如何对对举形式作出适当的语义解释。

在指导对举形式时，将词法层次与句法层次合起来说明的话，学生比较能够理解。因为中级水平的学生已有一定数量的词汇，当然也包含着不少联合式复合词，如"树木、呼吸、来往、买卖"等。此外，"根据典型例示的典型归纳"这一结构意义还能见于其他并列结构。比如"无依无靠"、"胡思乱想"等并列式复合词（朱德熙1982:36）；"门当户对"、"花红柳绿"等成语；"龙生龙，凤生凤"、"省钱买老牛，贪钱买次货"等谚语。上述教案虽然简单朴素，但可应用的层面相当广泛。

附 注

① 本文定稿之前，陈一先生惠赐他的论文，谨此致谢。笔者据此得知有些学者专门研究对举形式，但以下文献尚未到手，没有拜读：周殿龙(1990)《对称规律——解决汉语语法难题的一把钥匙》，《山西师范大学学报》第1期；赵立云(2005)《现代汉语对举格式探讨》，东北师范大学硕士论文；资中勇(2005)《现代汉语中的对举结构》，《湖南人文科技学院学报》第1期。

② 本文将对举形式定义为：两个（或三个以上的）字数相等或相近、结构相同相似、语义相成相联的表达形式。

③ Croft(1991:163—165)。疏密度在此是指，发话者对描述对象进行编

码时所描述的详细程度。

④ 有一种看法认为,对举形式的实现条件是音节数目相同的两个分句。不过,仅就音节数目来讲的话,对举形式的结构依据与其说是音节数目相同,倒不如说是音节数目的减少。这已有例句为证,如例(19)(20)。

参考文献

陈　平　1988　《论汉语时间系统的三元结构》,《中国语文》第 6 期。

陈　一　2006　《对举表达式的再分类及其意义》,第十三届中国语言学会提交论文。

储泽祥　1999　《"连用"手段下的多项 NP》,《中国语文》第 2 期。

邓守信　1986　《汉语动词的时间结构》,《第一届国际汉语教学讨论会文选》北京语言学院出版社。

龚千炎　1994　《现代汉语的时间系统》,《世界汉语教学》第 1 期。

郭继懋　1999　《试谈"飞上海"等不及物动词带宾语现象》,《中国语文》第 5 期。

郭　锐　1997　《过程和非过程——汉语谓词性成分的两种外在时间类型》,《中国语文》第 3 期。

贺　阳　1994　《汉语完句成分初探》,《语言教学与研究》第 4 期。

胡建华　石定栩　2005　《完句条件与指称特征的允准》,《语言科学》第 5 期。

黄南松　1994　《试论短语自主成句所应具备的若干语法范畴》,《中国语文》第 6 期。

金廷恩　1999　《汉语完句成分说略》《汉语学习》第 6 期。

竟　成　1996　《汉语的成句过程和时间概念的表述》,《语文研究》第 1 期。

孔令达　1994　《影响汉语句子自足的语言形式》,《中国语文》第 6 期。

李　泉　2006　《试论现代汉语完句范畴》,《语言文字应用》第 1 期。

李向农　1993　《毛泽东著作中句法类化现象》,邢福义主编《毛泽东著作语言论析》,河北教育出版社。

刘丹青　1982　《对称格式的语法作用及表达功能》,北京市语言学会编《语文知识丛刊》第三辑。

刘劼生　2000　《表示事件的"数＋N"结构》,《世界汉语教学》第 1 期。

陆俭明　1988　《现代汉语中数量词的作用》,《语法研究和探索(四)》,商务印书馆。

51

陆俭明 2005 《对外汉语教学与汉语本体研究的关系》,《语言文字应用》第1期。

陆俭明 王 黎 2006 《开展面向对外汉语教学的词汇语法研究》,《语言教学与研究》第2期。

吕叔湘主编 1999 《现代汉语八百词(增订本)》,商务印书馆(1980《现代汉语八百词》)。

任 鹰 2005 《现代汉语非受事宾语句研究》,社会科学文献出版社。

沈家煊 1995 《"有界"与"无界"》,《中国语文》第5期。

—— 1995 《不对称和标记论》,江西教育出版社。

袁毓林 1996 《话题化及相关过程》,《中国语言》第4期。

王 静 2001 《"个别性"与动词后量成分和名词的语序》,《语言教学与研究》第1期。

温端政 1985 《谚语》,商务印书馆。

徐通锵 1997 《有定性范畴和语言的语法研究——语义句法再议》,《语言研究》第1期。

殷志平 2002 《不能成句的主谓短语》,《汉语学习》第6期。

张国宪 1993 《论对举格式的句法、语义和语用功能》,《淮北煤师院学报》第1期。

张 敏 1998 《认知语言学与汉语名词短语》,中国社会科学出版社。

朱德熙 1956 《现代汉语形容词研究》,《现代汉语语法研究》,商务印书馆1980。

—— 1979 《与动词"给"相关的句法问题》,《现代汉语语法研究》,商务印书馆1980。

—— 1982 《语法讲义》,商务印书馆。

—— 1985 《语法答问》,商务印书馆。

Aihara, Shigeru 相原茂 1985 「"亲嘴"の"嘴"は誰のもの?」『明治大学教養論集』176号

Chao, Yuen Ren 1968 *A Grammar of Spoken Chinese*, The University of California Press.

Croft, William 1991 *Syntactic Categories and Grammatical Relations: the Cognitive Organization of Information*. University of Chicago Press.

Kimura, Hideki 木村英樹 1992 「BEI受身文の意味と構造」『中国語』6月号 内山書店

Okochi, Yasunori 大河内康憲 1969 「重畳形式と比況性連合構造」『中国語の諸相』(1997 白帝社)

――――― 1983 「描くための言葉」『伊地智善継・辻本春彦両教授退官記念中国語学・文学論集』,東方書店

――――― 1985 「量詞の個体化機能」『中国語学』232号

Ono, Hideki 小野秀樹 2004 「名詞句における形容詞の属性付与と様態描写」『現代中国語研究』第6期,朋友書店

Sawada, Keiji 沢田啓二 1974 「提前と文の構造」『中国語学』220号

Sugimura, Hirofumi 杉村博文 1985 「道具目的語の形成」『中国語学』232号

――――― 2000 「目的語の意味」『中国語』7月号 内山書店

――――― 2002 「辞書になくても……」『中国語』8月号 内山書店

――――― 2006 《"VN"形式里的"现象"和"事例"》《汉语学报》第1期

Suzuki, Keika 鈴木慶夏 2001 「対挙形式の意味とシンタクス」『中国語学』248号

――――― 2003 「現代中国語における文法範疇としての典型例示」『中国語学』250号

A—不—A 疑问算子与量化副词的辖域*

胡建华

一 VP 嫁接

Law(2006)注意到,A—不—A 疑问算子(Q-operator)可以出现在时间和地点副词的前后,但却不能出现在频度副词(本文称之为量化副词(adverbs of quantification))之后:

(1) a. 你明天看不看书?
　　b. 你是不是明天看书?
(2) a. 你在家看不看书?
　　b. 你是不是在家看书?
(3) *你常常看不看书?

例句(3)显示量化副词"常常"与时间和地点副词不同,似乎会阻断 A—不—A 疑问算子取宽域(taking wide scope)。如果 A—不—A 疑问算子出现在量化副词的前面,则句子可以接受:

(4) 你是不是常常看书?

实际上,A—不—A 疑问算子的这一特点与 wh 疑问算子"为什么"相似。"为什么"也不能放在量化副词的后面,如(5a)所示:

(5) a. *他常常为什么看书?(此处"为什么"不作"为了什么"解)
　　b. 他为什么常常看书?

---

* 本文系国家社科基金一般项目"量化辖域的句法—语义接口研究"(05BYY045)的阶段性成果。

Law（2006）指出，方式副词和量化副词一样，也不能比 A－不－A 疑问算子取更宽的辖域：

(6) *他乱跑不跑？

以上例句显示，A－不－A 疑问算子不能处于量化副词或方式副词的辖域之内，但可以处于时间或地点副词的辖域之内。Law (2006)认为副词应该根据其是否与谓语关联分为两类。方式副词和量化副词与谓语关联，而时间和地点副词不与谓语关联。与谓语关联的副词是 A'约束语，不能出现在 A－不－A 疑问算子前面；而不与谓语关联的副词不是 A'约束语，可以出现在 A－不－A 疑问算子的前面。根据 Law (2006)的分析，A－不－A 疑问算子先嫁接在 VP 上，然后移到[Spec, CP]。由于量化副词或方式副词是潜在的 A'约束语，因此会阻断移位后的 A－不－A 疑问算子对自己语迹的约束，从而造成句子的不合格。

Law（2006）的分析会预测其他的疑问副词也不能出现在量化副词的辖域之内，但实际上除 A－不－A 和"为什么"之外，其他的疑问副词可以出现在量化副词的辖域之内：

(7) a. 他常常在哪儿看书？
　　b. 他常常什么时候去图书馆？
　　c. 他常常怎么跳舞？

以上例句显示，量化副词不会对除 A－不－A 和"为什么"之外的其他疑问算子形成阻断效应(intervention effect)。

另外，Law（2006）所划分的与谓语关联的副词实际上具有不同的句法特性。请看以下例句：

(8) a. 他常常不跳舞。
　　b. *他乱不跑。

以上例句说明量化副词"常常"并不一定与谓语动词关联，因为它可以出现在"不"的前面；而方式副词"乱"则必须紧靠谓语动词，因为它不能出现在否定词"不"之前。除了以上例子，以下例句中疑

55

问副词"怎么"的解读也说明量化副词不与谓语直接关联。

  (9) 他怎么乱跑?
    有两种解读:
    a. 他以何种方式乱跑?
    b. 他为什么乱跑?
  (10)他怎么常常跳舞?
    只有一种解读:
    a. *他以何种方式常常跳舞?
    b. 他为什么常常跳舞?

当"怎么"出现在"常常"前面时,"怎么"只能得到"为什么"的解读,无法得到方式疑问词的解读(参看蔡维天,2006),这是因为"常常"的句法位置在 VP 之上。这也就是说量化副词"常常"不是 VP 嫁接语(adjunct),并不与谓语关联。

二 INFL 嫁接

  我们认为"常常"的句法位置比较高,应该在 INFL 之上。由于这一原因,它自然可以出现在作为 VP 嫁接语的疑问词"怎么"之前(如例句(7c)所示);同时也由于这一原因,"怎么"出现在"常常"前时,就不是处于 VP 嫁接语位置,而是处于一个高于 INFL 的位置,因此只能作"为什么"解读。与"常常"不同,方式副词属修饰、限定动词的 VP 嫁接语,应紧靠动词,不能被"怎么"与动词分开。

  (11) *他乱怎么跑?

另外,当"怎么"出现在方式副词前时,如果没有显性成分标记 INFL,"怎么"既可以嫁接到 VP,又可以浮游到 INFL 之前,其解读便有歧义(如例(9)所示)。

  考虑到例(7)中的情况,我们认为 A－不－A 疑问算子以及疑问词"为什么"不能出现在量化副词之后可能不是一个 A'约束问题,因为如果是量化副词的A'约束造成例(3)和(5a)的不合法,例(7)中的句子也应该由于同样的原因不合语法。另外,我们认为否定词"不"是VP嫁接成分,当在"不VP"之前加量化副词"常常"时,量化副词并不直接与VP关联,而是与INFL关联。在这种情况下,例句"他常常不跳舞"与例句"他乱不跑"不同,前者没有违反任何句法限制,自然合乎语法,而后者中的方式副词由于VP被"不"否定后无事件可修饰,自然不合法。

我们认为A－不－A疑问算子是嫁接到INFL上的算子(Huang 1982),而不是Law(2006)所说的那种嫁接在VP上的算子。例(3)之所以不合法,一个原因是A－不－A疑问算子不是在INFL上形成的,违反A－不－A疑问算子的形成条件;而(5a)不合语法也与"为什么"所处的位置有关。疑问算子"为什么"在句法生成过程中,必须嫁接到INFL前面,而在(5a)中"为什么"却出现在INFL嫁接成分"常常"的后面,由于"为什么"所处位置低于INFL,句子自然不合语法。例(3)和(5a)不合法的另一个可能原因是A－不－A疑问算子和"为什么"可能都是INFL关联成分,而量化副词也是INFL关联成分,量化副词因此对A－不－A疑问算子和"为什么"形成阻断效应,阻止具有相同特性的疑问词在LF提升(Rizzi 1990)。根据这一分析,凡是不与INFL关联的疑问副词在LF提升时就不会被量化副词阻断。由于这一原因,例(7)便符合语法。

时间/地点副词与量化副词不同,这类具有话题性的副词,其作用是为相关事件提供一个时间/地点框架。由于具有话题性的副词本身可以合拼到句首或CP系统之内,所以A－不－A疑问算子和"为什么"出现在时间/地点副词之后并不证明这两个疑问算子占据的位置不是INFL之前的句法位置。如此,句子自然也不会不合语法。

A—不—A疑问算子和"为什么"不能出现在方式副词之后的原因基本相同。实际上,方式副词的句法位置不仅比量化副词低,比否定副词也要低。例(6)和(8b)不合语法就是因为A—不—A疑问算子和否定副词所处的位置违反了相关的语序限制。

方式副词是VP嫁接成分,当A—不—A疑问算子对INFL进行操作时,如果INFL取零形式,VP的嫁接成分可以向INFL提升,以方便A—不—A疑问算子对INFL进行操作。

(12)他乱不乱跑?

三 在INFL和VP之间

程度副词与方式副词不同,可以出现在否定副词前,但却不接受A—不—A疑问算子的操作,如下所示:

(13)他很不高兴。

(14)*他很不很高兴?

程度副词和形容词词组的这种关系与量化副词"都"和VP的关系相似。"都"可以出现在否定副词之前,但也不接受A—不—A疑问算子的句法操作,如下所示:

(15)他们都不去。

(16)*他们都不都去?

在这点上,"常常"与"都"不完全相同:"常常"可以与A—不—A疑问算子直接结合。

(17)他常不常跳舞?

我们认为"常常"的这一特点正与其是INFL嫁接语有关。由于这一原因,A—不—A疑问算子可以直接对"常常"进行操作。

A—不—A疑问算子和"为什么"也不能出现在程度副词和"都"之后。

(18) a. *他很高不高兴?
b. *他很为什么高兴?

(19) a. *他都买不买呢子的衣服?
　　　b. *他都为什么买呢子的衣服?(此处"为什么"不作"为了什么"解)

程度副词和量化副词"都"的这种情况与方式副词的情况不完全相同,因为程度副词和量化副词"都"虽然不可以出现在 A－不－A 疑问算子和"为什么"之前,但却可以出现在否定副词的前面。这说明程度副词和量化副词"都"可以占据高于 VP 的句法位置。虽然如此,这两个副词仍是处于 INFL 之后的成分(胡建华 2006)。以"都"为例,"都"可以出现在"常常"的后面,但不能出现在"常常"之前。

(20) ?他常常都一个人下乡。
(21) *他都常常一个人下乡。

我们认为在 INFL 之下、VP 之上有一个表述谓(predication)的功能语类 Pr(Bowers 1993),Pr 的补足语在汉语为 VP 或 AP,其动词中心语 V 或形容词中心语 A 会向上提升至 Pr,而程度副词和量化副词"都"是 PrP 的嫁接语。我们把 INFL 关联成分和 Pr 关联成分都看作是具有 P 特征(谓词特征)的成分,这类含 P 特征的显性成分不仅会阻断 VP 向 INFL 的提升,也会阻断 A－不－A 疑问算子与疑问词"为什么"在 LF 的提升,因为后两者也含 P 特征。也正由于程度副词和量化副词"都"是 PrP 嫁接成分,A－不－A 疑问算子无法通过合法句法操作生成例句(14)和(16)。恰恰又由于程度副词和量化副词"都"是 PrP 嫁接成分,应处于 INFL 前的 A－不－A 疑问算子和疑问词"为什么"便不应该处于程度副词和量化副词之后,这就进一步解释了(18)和(19)中的例句为什么不合语法。

参考文献

蔡维天　2006　《重温"为什么问怎么样,怎么样问为什么"》,第十四次现代汉语语法学术讨论会,上海财经大学。
胡建华　2006　《焦点与量化》,汉语形式与功能国际研讨会,解放军外国语学院。
徐烈炯　刘丹青　1998　《话题的结构与功能》,上海:上海教育出版社。
Bowers, John　1993　The syntax of predication. *Linguistic Inquiry* 24, 4: 591—656.
Huang, C.-T. James　1982　*Logical Relations in Chinese and the Theory of Grammar*. Doctoral Dissertation, MIT, Cambridge, Massachusetts.
Law, Paul　2006　Adverbs in A-not-A Questions in Mandarin Chinese. *Journal of East Asian Linguistics* 15: 97—136.
Rizzi, Luigi　1990　*Relativized Minimality*. The MIT Press.
Tsai, W.-T. Dylan　1999　The Hows of Why and the Whys of How. In Francesca Del Gobbo and Hidehito Hoshi (eds.) *UCI Working Papers in Linguistics* 5, 155—184.

现代汉语"不"和"没"的体貌选择*

陈 莉 潘海华

一 引言

现代汉语普通话有两个基本的否定词:"不"和"没"。以往的研究有些着重分析其中一个否定词的用法,有些着重分析两者的区别。前者如 Huang (1988)、Ernst (1995)以及 Lee & Pan (2001)围绕有关"不"的两个基本事实的讨论:即"不"和完成体标记"了"的不相容性以及"不"和"V 得"结构的不相容性,分别如下例所示:

(1) a. 我吃了木瓜。
　　b. 我不吃木瓜。
　　c. *我不吃了木瓜。
(2) a. 他跑得很快。
　　b. 他跑得不快。
　　c. *他不跑得快。

后者如 a) Wang (1965)和吕叔湘(1985)关于两个否定词不同词性的论述:他们都认为"不"是副词,"没"是动词(Wang 认为"没"也可以是助动词)。b) Pan & Lee (2005)和胡建华(2006)关于两

---

* 本文的研究得到了香港政府 RGC Competitive Earmarked Research Grant (CERG)的部分资助,项目号分别为 CityU 1501/05H 和 CityU 1290/03H,在此表示感谢。

个否定词不同句法位置和不同否定辖域的讨论:Pan & Lee 认为"不"和"没"都是焦点敏感算子,但"没"的句法位置高于"不";在有焦点的情况下,两个否定词的辖域是其局部 m-统制的范围(local m-commanding domain),在没有焦点的情况下,两个否定词的辖域就是毗邻的非名词性的短语(the adjacent [-NP] phrase)。胡建华(2006)关于两个否定词的句法位置的看法和 Pan & Lee (2005)类似,他认为"没"是在 vP 外进入句法生成的,嫁接在体貌成分上;"不"是在 vP 内进入句法运算的,选择最底层的 VP 进行操作;关于否定辖域,胡建华认为,否定词的辖域是 vP。c) Lin (2003)关于两个否定词不同体貌选择(aspectual selection)的讨论。他认为"不"选择状态性谓语(stative predicates),"没"选择事件性谓语(eventive predicates)。

在以上各家讨论汉语否定词的基础上,本文将继续探讨"不"与"没"的特性及区别。我们认为"不"和"没"的分布不同是因为两者需要选择不同体貌类型的谓语,其中"不"选择状态性谓语,而"没"选择阶段性谓语(stage-level predicates)。虽然都是从体貌选择的角度来分析"不"和"没",Lin(2003)采用的是状态性(stative)/事件性(eventive)这一对特征,认为"不"和"没"成互补分布;而本文则同时采用状态性/事件性和个体性(individual-level)/阶段性(stage-level)这两对特征,我们将证明,两对特征才能解释"不"和"没"真正的区别。

我们行文如下:第二节介绍谓语的两套不同的体貌分类系统,即状态性/事件性的分类和个体性/阶段性的分类。第三节提出并证明我们的主要论断:"不"选择状态性谓语,"没"选择阶段性谓语,有些看似具有事件性的谓语也可以和"不"相容是因为这些谓语有一个空的情态助词(empty modal)。第四节总结全文。

二 谓语的两种体貌分类

2.1 状态性谓语和事件性谓语

Vendler(1967)根据动词的时间特征把它们分为状态(state)、活动(activity)、完成(accomplishment)和瞬间实现(achievement)动词四类。Simith(1991)认为这种分类应该是对整个谓语进行的分类,并从瞬间实现动词中分出单活动体(semelfactive)动词。这些不同类型的谓语是由3对特征来区分的,它们是[静态/动态](static/dynamic),[持续/瞬间](durative/–durative),[有结果/无结果](telic/atelic)。只用第一对特征,即静态还是动态,就可以分出状态性谓语和事件性谓语这两类,其中事件性谓语可再细分为活动、完成、瞬间实现和单活动体。

状态性谓语和事件性谓语的分类,无论在英语还是汉语中都能找到有必要对其进行区分的事实根据。如英语中,几乎所有的事件性谓语都可以用于进行时,而状态性谓语通常就不能用于进行时,例如:

(3) a. John is writing a letter.
    b. ??John is being sick.

再如汉语中,根据Chu(1983)的研究,只有事件性谓语可以和进行态的体标记"在"连用,状态性谓语则不行,例如:

(4) a. 他在踢球。
    b. *他在漂亮。
    c. *他在知道那件事。

根据Lin(2003),"不"和"没"分布的不同也是状态性和事件性谓语需要区分的又一证据,例如:

(5) a. 他不聪明。
    b. *他没聪明。
    c. 他没赢那场比赛。

d. *他不赢那场比赛。

但是有些状态性谓语既可以和"没"连用,又可以和"不"连用,如"饿"、"在家",还有个别状态性谓语只能和"没"而非"不"连用,如"他没病①",因此我们认为 Lin (2003)的观点值得商榷。

2.2 个体性谓语和阶段性谓语

Milsark (1974)把形容词谓语分成描述对象(object)、种类(kind)和个体阶段(stage of individual)三类,Carlson (1977)对形容词谓语也作了同样的分类,并进一步把全部谓语分为个体性谓语和阶段性谓语两类。个体性谓语表达个体的相对持久的性质,而阶段性谓语则表达暂时的某一阶段的性质,一个阶段可以看作是个体在特定的时间与地点上的切片。比如"聪明"指的是某人一贯的特点,一般情况下,他/她不可能昨天还是聪明的今天就愚笨了;而"醉"指的则是暂时的酒精过量的状态,谁也不会一直醉下去。

Diesing (1992)认为两种谓语的主语在句法结构中生成的位置不同:个体性谓语的主语在 IP 的标志语位置[Spec, IP]生成,而阶段性谓语的主语在 VP 的标志语位置[Spec, VP]生成。根据映射假设(mapping hypothesis) (Diesing 1992),VP 外的成分会映射到限定部分(restrictor),VP 内的成分会映射到核心域(nuclear scope),核心域的自由变量由一个存在量词约束,这种运算叫做存在封闭(existential closure)(蒋严 & 潘海华 2005),而 VP 之外的自由变量则被其他更高的算子约束,比如一个空的泛算子(generic operator)GEN。所以相同类型的主语在两种谓语中的解读就会不一样,比如汉语光杆名词作主语,在个体性谓语中取全称解,而在阶段性谓语中则取存在解,分别如下所示:

(6) a. 苹果富含维生素 A。　　(全称解)
    b. 苹果熟了。　　　　　　(存在解)

Kratzer(1995)提出两种谓语的论元结构的差异，认为阶段性谓语比个体性谓语多出一个额外的 Davidsonian 论元，这个事件论元的位置是提供给时间或处所状语的。由于它的存在，时间或处所状语才能自由地出现在阶段性谓语里。相反，由于个体性谓语中不存在这个额外的论元，因此就不能带时间或处所状语。例如：

(7) *他在学校热爱祖国。

"热爱祖国"是持久而恒定的，是个体性谓语，缺少 Davidsonian 论元为处所状语"在学校"提供位置，所以这个句子不合法。

Chierchia(1995)认为两类谓语都会引入一个事件论元，只不过个体性谓语中的事件论元被 GEN 约束了，而阶段性谓语中则没有这样的 GEN。他同时总结英语中个体性谓语的六个特征，这里我们列出其中适合汉语个体性谓语的特征，并作示例：

A. 通常不与时间或处所状语连用，如(7)；
B. 光杆名词做主语，在个体性谓语中取全称解，而在阶段性谓语中则取存在解，如(6)；
C. 当句中没有其他变量(如无定词组等引入的变量等)时，量化状语跟阶段性谓语比跟个体性谓语更相容，例如：

(8) a. *他常常会古筝。
　　b. 他常常弹古筝。

汉语的两种类型的谓语还有其他不同的语法分布。Yeh(1993)把汉语的状态性谓语按照能否与"着"连用分为两类：和"着"相容的是阶段性的状态谓语(stage statives in Yeh's term)，如(9)a，和"着"不相容的是个体性的状态谓语(individual statives in Yeh's term)，如(9)b：

(9) a. 高兴、热、悲伤、害怕、病、痛、忙、饿、喜欢、爱等。
　　b. 像、聪明、善良、有才气、好客、诚实、紫、有、是、在等。

Yeh认为"着"在汉语中表结果体(resultative aspect),指示事件发生之后产生的状态,比如"墙上挂着一幅画",这是"挂画"这个事件终点之后的结果状态。表结果体的"着"的持续性、状态性使得它能够和具有同样性质的阶段性的状态谓语连用。阶段性的状态谓语虽然表示一种状态,但相对于个体性的状态谓语来说,在可变性这点上具有更大的自由度,它允许状态的变化,例如"病"是一种状态,但可以是暂时的状态,总有恢复健康的一天,因此它是阶段性的状态谓语。

Paris(1995)提出两种不同类型的谓语在汉语中的另一个句法表现。汉语述补结构中的宾语可以移到动词之前,而且可以进一步形成"$NP_1+de+NP_2$"的领属结构,如下面一组例子,补语是描述性短语"很流利",述补结构的宾语可以前移:

(10) a. 他说法文说得很流利。
　　 b. 他法文说得很流利。
　　 c. 他的法文说得很流利。

但如果将上组句子中的"流利"换成表结果的"很累",宾语就不能提前了,例如:

(11) a. 他说法文说得很累。
　　 b. *他法文说得很累。
　　 c. *他的法文说得很累。

以上示例所表现的句法差别通常就被简单地归为是表结果的述补结构和描述性的述补结构的差别,但事实表明,并不是所有的描述性述补结构都能实现宾语的前移:

(12) a. 他过马路过得很快。
　　 b. *他马路过得很快。
　　 c. *他的马路过得很快。

(10)中的"很流利"和(12)中"很快"同为描述性补语,但前者允许宾语前移,后者则不允许,原因是前者所在的谓语是个体性的,而后者所在的谓语是阶段性的。Paris(1995)实际上给出了一种分辨个体性谓语和阶段性谓语的方法:表结果的述补结构都不能作宾语提前,而对于描述性的述补结构来说,能够作宾语提前的谓语是个体性的,不能作宾语提前的谓语是阶段性的。

个体性和阶段性实际上是从谓语表达的性质有无情状的变化这个意义上来说的,此变化可以随着时间或空间的改变而发生,体现在论元结构上就是阶段性谓语比个体性谓语多出一个事件论元。

2.3 两种分类的异同

把谓语分为状态性/事件性和个体性/阶段性这两类,有充分的事实根据和解释需求。这是因为,一方面每一种分类都能找到一组成系统的句法和语义的差别作为支持,另一方面,只有做这样的两种分类才能更好地解释语言事实。

由于作为分类标准的特点有紧密的内在联系,因而这两种分类的结果也有重合的部分。只有拥有了[状态性]的特征,谓语才能指示长久不变的性质,也就是说,状态性是个体性谓语的必要条件。但阶段性谓语也可以是状态性的,只不过这种状态是可变的,因此,状态性并不是个体性谓语的充分条件。事件性(也可以说成动态性或非状态性)是产生变化的前提,也就是说,事件性是阶段性谓语的必要条件。而同一个事件规律性的重复,即习惯性的个体性谓语(habitual individual-level predicates)的存在,阻止了事件性成为阶段性谓语的充分条件。按照以上的分析,我们列表如下:

	状态性	事件性
阶段性	A:病、在家、高兴、热	B:生病、看、赢、吃饭
个体性	C:聪明、像、善良、好客	D:总是打人、经常散步、(他)教书[②]

根据这两对共四个特征,表中列出了四类谓语,先排除 A 和

D,我们可以得出一个简单的对应:状态性谓语通常就是个体性谓语(C类),事件性谓语通常就是阶段性谓语(B类)。Chierchia(1995)认为每一个阶段性谓语都有可能转化成相应的习惯性的个体性谓语(D类),只要把阶段性谓语放在一个习惯性的功能投射(aspectual habitual functional projection)之下即可,而这个功能投射的标志语位置要么由量化副词占据,如"总是(usually)"、"经常(often)"等,要么由一个语音形式为零的GEN算子占据。由此,我们可以认为D类是一种派生的个体性谓语,习惯性的功能投射决定了它的很多语法表现。而A类则不同,它不是一种派生的类型,它本身的状态性和阶段性都将影响其语法表现,因此A类既可以是阶段性的状态性谓语,也可以是状态性的阶段性谓语。

三 "不"和"没"的选择

这里我们提出本文的主要论断:现代汉语中的否定词"不"和状态性谓语相容,而"没"和阶段性谓语相容。在这个假设的前提下,我们重新考察"不"和"没"的分布。

3.1 两个基本事实

有关"不"的两个基本事实,先看"不"和完成体"了"的不相容性,示例(1)重复并增添如下:

(13) a. 我吃了木瓜。
b. 我不吃木瓜。
c. *我不吃了木瓜。
d. 我没吃木瓜。

(13)a 的否定形式是(13)d,而(13)c 则是不合语法的句子,可以看出,带"了"的句子的否定形式选择的否定词是"没"。Wang(1965)也认为,"了"和"有"("没有"的"有")处于互补分布。由此,我们推出"了"和"没"是一个体范畴的正反两面,它们应当具有相同的体貌要求。根据 Pan(1993),"了"是一个选择性的量化算子

(selective operator),必须约束一个事件变量,因此它只跟阶段性谓语相容。既然"没"和"了"具有相同的体貌要求,那么"没"也只能跟阶段性谓语相容,这和我们的假设一致。(13)b 不是(13)a 相应的否定形式,而是"我吃木瓜"的否定形式,此时"我吃木瓜"中有一个空的泛算子,这一点,我们将在3.3中继续讨论。

再看"不"和"V 得"结构的不相容性,示例(2)重复并增添如下:

(14) a. 他跑得快。
　　　b. 他跑得不快。
　　　c. 他跑不快。
　　　d. *他不跑得快。
　　　e. 他跑得很快。
　　　f. 他没跑得很快。
　　　g. *他不跑得很快。

(14)a 有两种解读,第一种是说他平时跑步的速度快;第二种是说他有能力或有可能跑快。两种解读对应的否定形式分别为(14)b 和(14)c,都是采用了词法否定的手段,因此(14)d 被排除。(14)e 是说在某一场比赛中他的表现很好,否定形式可以是 14(b),采用的是词汇否定的手段,也可以是(14)f,采用的是句法否定的手段,即在肯定形式的谓语之外加上一个否定的功能投射。此时虽然(14)g 句法上符合要求,但语义上却出了问题:"跑得很快"描述"他"在一个特定的阶段里临时的表现,很显然是阶段性谓语,按照我们的假设,这和"不"选择状态性谓语的要求不符,因此否定的功能投射的标志语位置只能是"没"。

3.2 A 类谓语的否定词

这一类的谓语,既具有状态性,又具有阶段性,但在两个特征上都有一定的灵活度。比起一般的状态性谓语,它指示的状态可以发生变化,如我们可以说"他昨天还好好的,今天就病了",但一般却不能说"他昨天还很笨,今天就聪明了"。而比起一般的阶段性谓语,它指示的阶段也是相对比较长的,一个人可以连续地"病"很久,却不大可能连续地"吃"很久。

A类谓语在选择否定词上也不同于一般的状态性谓语,它可以选择"没",例如:

(15) a. 我在家了。
　　　b. 我没在家。
(16) a. 他高兴了。
　　　b. 没高兴。
(17) a. 我饿了。
　　　b. 我没饿。

这时候的A类应该叫状态性的阶段性谓语。"我在家了"表示一个从"不在家"到"在家"的状态的改变,"了"标记的正是这种状态的改变。Smith(1991)认为汉语的完成体标记"了"只能和事件性谓语连用,而不能和状态性谓语连用。考虑到很多阶段性的状态谓语也能和"了"连用,如上面(15)b、(16)b、(17)b,Pan(1993)修改了Smith的观点,认为正确的说法应该是"了"只能和阶段性谓语连用,而不能和个体性谓语连用,如不能说"他像了爸爸"。注意:通常(15)a、(16)a、(17)a句末的"了"被认为是"了$_1$"和"了$_2$"的缩合形式,但可以肯定的是这个缩合形式是能够标记完成体的,因此不会影响我们的分析。在表示状态发生变化时,A类谓语和"了"连用;在表示状态的变化没有发生时,A类谓语要选择否定词"没"。这一正一负两种选择证明了"没"和"了"体貌要求一致。

A类谓语也可以像一般的状态性谓语一样,选择"不"作否定词,例如:

(18) a. 我在家。
　　　b. 我不在家。
(19) a. 他高兴。

b. 他不高兴。
(20) a. 我饿。
　　b. 我不饿。

这时候的 A 类应该叫做阶段性的状态性谓语,它们所表达的主语的性质虽然是可以随着时间或地点的变化而变化的,但在每一个阶段之内,这个性质是状态性的,因此这种情况下否定词用"不"。

3.3 D 类谓语的否定词

D 类谓语通常选择"不"作否定词:

(21) 我总是不迟到
(22) 小明经常不洗澡。

汉语的量化辖域大致是以线性序列为基础的(cf. Huang, S. F. 1981 & Huang, J. T. 1982),(21)和(22)两句中量化副词在否定词之前,因此习惯性的功能投射辖域大于否定辖域。按照这样的推理,这两句否定词统领的谓语仍然是阶段性的,否定词应该选"没",比如 Lin (2003)就认为"小明常洗澡"的否定句是"小明常没洗澡(就去睡觉)",但事实并非如此。不能因为"小明常没洗澡就去睡觉"可以接受,就推导出"小明常没洗澡"是合法的,两个"小明常没洗澡"根本不具有同一性。如果某人说:"我没洗澡",那表明到说话的时间为止,他都没有洗澡;如果他说:"我没洗澡就吃饭了",那表明到说话时间为止,他已经吃过饭了,但究竟有没有洗过澡,还不清楚。

　　以上两句选择否定词"不",而非"没",这表明否定词统领的谓语已经是状态性的了,也就是说,功能投射应该在"不"否定谓语之前,封锁了阶段性谓语的事件变量。然而,按照汉语中量化辖域以线性顺序为基础的原则,当量化副词在"不"之前时,量化副词引出的功能投射不可能先于"不"进行操作。所以,我们认为在这种情况下,功能投射并不是由量化副词作为标志语引出的,而是由一个空的情态助词(empty modal)[③]引出的,这个情态助词作为算子约

71

束了阶段性谓语的事件变量。而否定词直接否定的并不是 VP，而是这个空的情态助词。

当句中没有量化副词时，空的算子也可以引出一个习惯性的功能投射，产生另外一种 D 类谓语，例如：

(23) a. 他教书。
    b. 他不教书。
(24) a. 他写书。
    b. 他不写书。

这里的空算子是 GEN 算子，它将阶段性的"教书"、"写书"当中的事件变量封锁，分别表示以教书和写书为生的状态，所以否定形式都用否定词"不"。再如上文提到的"我吃木瓜"，当这个事件性谓语和"不"共现时，我们的解释是"不"后面紧接着一个空的算子 GEN，从而符合了"不"的体貌选择。

D 类谓语还有另外一种否定形式，即否定词在量化副词之前，例如：

(25) 我不总是迟到。
(26) 小明不经常洗澡。

量化副词的辖域和否定辖域是以线性序列为基础的，(21)中量化副词在否定词之前，量化辖域大于否定辖域，表明"我不迟到"是一贯的事实；(25)中量化副词在否定词之后，量化辖域小于否定辖域，表示"我迟到"是事实，但不是没有例外。(21)和(25)中除了事件变量，不存在其他的变量，而两句中各自有两个算子，即量化副词"总是"和否定词"不"，因此两句中都各有一个空约束的算子((21)中的"总是"和(25)中的"不")，从而违背了"禁止空量化"的规定(Chomsky 1982, Kratzer 1995)。我们认为这两句实际上各有一个焦点，此焦点引出一个焦点变量，解决算子的空约束问题。量化副词在否定词之前时，变量可以由对比焦点引入，断言算子(assertion operator) ASSERT 约束事件变量，得到的命题再由

"不"来否定。此时"不"是一个否定函数,不是算子,因此不需要约束变量,而"总是"则约束焦点变量。例如下句:

(27) 我总是不洗[热水澡]$_F$,要洗[冷水澡]$_F$才畅快。
我总是不洗[热水澡]$_F$:
总是$_p$[不(ASSERT$_e$[洗(e)∧主语(e,我)∧宾语(e,P)]),P=热水澡]

如果不存在其他焦点,那么否定词本身就是焦点。虽然否定词后的情态算子为空,但它还是给否定词增加了一定的语音分量,在没有其他焦点的情况下,负载了一个空的情态算子的否定词一般语音要加长或加重,这就表明了否定词本身的焦点地位。例如下句:

(28) 我总是[不]$_F$洗热水澡。
总是$_p$[P (ASSERT$_e$[洗(e)∧主语(e,我)∧宾语(e,热水澡)]),P=不]

同理,量化副词在否定词之后时,对比焦点或量化副词本身都可以引入焦点变量,但是作为无选择性的算子(unselective operator),"总是"约束了辖域之内所有的自由变量,"不"只能约束"总是"本身或者约束由"总是"引入的焦点变量,分别示例如下:

(29) 我不总是洗[热水澡]$_F$,也洗[冷水澡]$_F$。
我不总是洗[热水澡]$_F$:
不$_Q$[Q$_{e,p}$[洗(e)∧主语(e,我)∧宾语(e,P),P=热水澡],Q=总是]

(30) 我不[总是]$_F$洗热水澡。
不$_p$[P$_e$[洗(e)∧主语(e,我)∧宾语(e,热水澡),P=总是]

D类的这种量化副词在否定词之后的否定形式,习惯性的功能投射在否定词之前就约束了阶段性谓语的事件变量,所以否定词要用"不"。Kratzer(1995)认为只有阶段性谓语具有事件论元。而Chierchia(1995)认为所有的谓语都具有事件论元,只不过个体性谓语中的事件论元被GEN约束了,个体性谓语在Chierchia的论述里最终还是没有自由的事件论元。因为"没"只选择阶段性谓语,是一个只选择事件变量来约束的选择性算子,而D类的这种否定词在量化副词之前的句子,如在(29)、(30)中,否定辖域内已经没有自由的事件变量,焦点变量又不符合"没"的要求,所以采用的否定词只能是非选择性算子(unselective operator)"不"。

D类谓语不管有无量化副词,不管量化副词和否定词的先后顺序如何,都只选择"不"而非"没",这与两个否定词的句法性质也有一定关系。Pan & Lee(2005)认为"不"作用在除名词短语之外的任何类型的短语上,而"没"作用在最大的VP(maximal VP)上;胡建华(2006)认为"没"是在vP外进入句法生成的,"不"是在vP内进入句法运算的。我们求同存异,承认"没"的句法位置高于"不"的事实,并认为"没"的句法位置也高于"总是、常常"这一类的量化副词。因此在"小明常没洗澡"中,句法位置较高的"没"不可能在句法位置较低的"常"之前先否定谓语"洗澡"。至于"小明常没洗澡就去睡觉"为什么合法,我们的解释是,此时量化副词"常"引入一个由算子、限定部分和核心域组成的三分结构(tripartite structure):常〈没洗澡,去睡觉〉。"没"否定的是限定部分,而"常"量化的是整个句子,这种三分结构使得"常"取宽域,"没"取限定部分的窄域,所以"没"可以在"常"之前就否定阶段性谓语"洗澡"。

3.4 部分其他事实

吕叔湘(1985)指出:动词表示一次性的动作,可以用"不"也可以用"没",用"不"暗示这是有意识的举动,用"没"没有这种作用,只是客观地叙述。如:

(31) 他就是不答应,追出去要了回来。
(32) 支书老不管,社员们只好自己管起来。

这个现象似乎是对我们上文假定的一个挑战。这里"答应"和"管"很明显是阶段性谓语,也没有其他的算子使它变为个体性谓语,那为什么否定词可以用"不"呢？我们认为，"不"在这里直接否定的不是谓语"答应"和"管"，而是一个空的表意愿的情态动词（abstract volitional modals, cf. Huang 1988），分别补出如下：

(33) 他就是不肯答应，追出去要了回来。

(34) 支书老不愿意管，社员们只好自己管起来。

正是这个表意愿的情态动词的存在，才使得句子有了"暗示这是有意识举动的作用"，而这个情态动词是表意愿的，这样谓语可以具有状态性，因此可以选择否定词"不"。注意，这里否定词并不是如Huang(1988)所认为的是附着在(cliticize)空的能愿动词之上，而只是和否定词相关联(associate)，很显然的一个原因是我们可以在能愿动词和否定词之间加其他的副词：

(35) 他就是不太(肯)答应，追出去要了回来。

(36) 支书老不大(愿意)管，社员们只好自己管起来。

有一个很特别的 A 类谓语，"病"，只能说"没病"，不能说"不病"。一个可能的解释是：谁也不会有意识的"病"，"病"之前永远无法补出一个空的表意愿的情态动词，所以它不具有状态性，只能用"没"。

四 总结

本文简略介绍了谓语两种不同的体貌类型的分类：状态性谓语/事件性谓语以及个体性/阶段性谓语，并讨论了这两套分类系统在汉语中的分类证据和解释需求。在此基础之上，我们提出了汉语主要的两个否定词"不"和"没"对不同谓语类型的敏感性："不"选择状态性谓语，"没"选择阶段性谓语。因为状态性和阶段性并不是一对互补的特征，所以"不"和"没"的分布有一些重叠的部分，即下图中的 A 类，当它是阶段性的状态性谓语时，选择否定词"不"，当它是状态性的阶段性谓语时，选择否定词"没"。D 类谓语是一种推导出的状态性谓语,由量化副词或空的情态助词等引出功能投射,否定词选择"不"。

	状态性	事件性
阶段性	A:不/没	B:没
个体性	C:不	D:不

附 注

① "病"这里是动词。
② 他是教师。
③ 这个空的情态助词并不一定是表意愿的(cf. Lin 2003),因为我们完全可以排除表意愿的可能:"小明常不洗澡,这也不是他愿意的。"

参考文献

胡建华　2007　《焦点,否定和辖域》,《中国语文》第 2 期。
蒋严　潘海华　2005　《形式语义学导论》,中国社会科学出版社,第二版。
李英哲　徐杰　1993　《焦点和两个非线性语法范畴:"否定","疑问"》,《中国语文》第 2 期。
吕叔湘　1985　《疑问·否定·肯定》,《中国语文》第 4 期。
袁毓林　2000　《论否定句的焦点、预设和辖域歧义》,《中国语文》第 2 期。
Carlson, G. N.　1977　*Reference to kinds in English*, PhD. Thesis, University of Massachusetts, Amherst.
Chierchia, Gennaro　1995　Individual-level Predicates as Inherent Generics, In Gregory, N. and Carlson et al. (eds.) *The Generic Book*. Chicago and London: The University of Chicago Press.
Chu, Chauncey C.　1983　*A Reference Grammar of Mandarin for English Speakers*. NY: Peter Lang.
Diesing, M.　1992　*Indefinites*. MIT Press. Cambridge. MA.
Ernst, Thomas　1995　Negation in Mandarin, *Natural Language and Linguistic Theory* 13:665—707.

Jäger, Gerhard 2001 Topic-Comment Structure and the Contrast Between Stage Level and Individual Level Predicates, *Journal of Semantics* 18:83—126.

Huang, C. T. James 1988 Wo Pao De Kuai and Chinese Phrase Structure, *Language* 64. 2:274—311.

Huang, S. F. 1981 On the scope phenomena of Chinese quantifiers, *Journal of Chinese Linguistics* 9. 2: 226—243.

Kratzer, Angelika 1989 Stage-level and Individual-level Predicates, In Gregory, N. and Carlson et al. (eds.) *The Generic Book*. Chicago and London: The University of Chicago Press.

Krifka, Manfred 1997 *Investigations into the Nature of Focus*, In the series of lectures in City University of Hong Kong.

Lee, Peppina Po-lun & Pan Haihua 2001 Chinese Negation Marker bu and Its Association with Focus, *Linguistics* 39(4), 703—731.

Lewis, D. 1975 Adverbs of Quantification, In E. Keenan, (ed.), *Formal Semantics of Natural Language*. Cambridge University Press, Cambridge.

Li, Charles & Sandra A. Thompson 1976 *Mandarin Chinese: A Functional Reference Grammar*. Berkeley: University of California Press.

Lin, Jo-wang 2003 Aspectual selection and negation in Mandarin Chinese, *Linguistics* 41—3:425—459.

Milsark, Gary 1974 *Existential Sentences in English*, PhD dissertation, MIT.

Pan, Haihua 1993 Interaction Between Adverbial Quantification and Perfective Aspect, In *Proceedings of the Third Annual Linguistics Society of Mid-America Conference*, Northwestern University, Stvan, L. S. , et al. (eds.). Bloomington: Indiana University Linguistics Club Publications: 188—204.

Pan, Haihua & Lee Peppina Po-lun 2005 Focus and Negation in Chinese, In Shao, Jingmin and Lu Jingguang (eds.) *Hanyu Yufa Yanjiu de Xin Tuozhan*. Hangzhou: Zhejiang Education Press.

Smith, Carlota 1991 *The Parameter of Aspect*. Dordrecht: Kluwer.
Vendler, Zeno 1967 *Linguistics in Philosophy*. Cornell University Press, Ithaca, NY
Wang, William S. Y. 1965 Two aspect markers in Mandarin, *Language* 41:457—470.
Yeh, M. 1993 The Stative Situation and the Imperfective zhe in Mandarin, *Journal of Chinese Language Teacher's Association*, XXVIII (1): 69—98.

语气副词"偏偏"的主观语义及相关句式考察[*]

杨霁楚

0 问题的提出

近年来,语法的主观性特征受到了越来越多的关注,人们对语法主观性表现的认识也逐渐深入,不仅关注语气词、情态词这些专职表示主观态度的语法成分,也进一步触及一些过去很少从主观性视角观察的方面,如副词这种意义比较实在的成分,以至句式的主观表达特点(史金生 2003,沈家煊 2002,等)。语气副词是被认为具有明显主观表达色彩的一类。但是具体到每一个词例,它的主观表达意义是怎么产生的,在实际语境中是怎么实现的,其基本意义和引申意义之间有什么联系,主观语义与客观语义之间有什么联系,不同的副词有不同的情况,很难笼统概括,需要逐一进行个案的考察。本文选取副词"偏偏"这个个案,从句法观察入手,揭示其基本语义,描写其主观意义的来源,在此基础上辨析一些通行解读中的问题,并进一步描写和讨论副词"偏偏"的句式变体和语义实现问题。

目前各家对"偏偏"的词义概括尽管大致相近,但义项分合不

---

[*] 本文在此次语法讨论会上蒙蔡维天、张伯江、黄锦章、杨凯荣、邓思颖、张谊生等先生赐教,在此一并致以诚挚的感谢。文中错漏之处概由笔者负责。

一,离析出的引申义各异,归纳起来,有如下方面:

1. 表示语气的转折,表示故意与客观要求或情况相反;(语言所 2005,吕叔湘 1981,侯学超 1998)

2. 表示客观事实与主观想法恰恰相反;(同上)

3. 限定范围,相当于"仅仅"、"单单";(同上)

4. 带有强烈的语气,体现出动作主体的强烈意志或信仰;(北大 1957,张斌 2001)

5. 表示在同一组人、事、物当中,还存在着与众不同、甚至截然相反的例外,属例外型追加副词;(张谊生 1996)

6. 表示偏离,属评价类语气副词;(史金生 2003)

7. 表示出乎意料义和说话者的主观态度,"偏偏"决定了所在句的强施动性。(丁雪妮 2005)

综合这些概括看,并不能令人满意。首先,有些概括过于笼统,如"语气的转折"、"客观事实与主观想法相反"、"强烈的语气"、"强烈意志"等特点,都不是"偏偏"这个副词所独有的语义;其次,有些概括过于绝对,如"例外追加"、"限定范围"等说法并不能概括所有的事实,甚至是偏离事实的(下文将详细讨论);更重要的是,这些语义解释很难让人落实到句法表现上,如多种论著中都用了"表示客观事实与主观想法恰恰相反"这样的表述,从这样的表述中,我们无从得知"偏偏"的这些意义是如何从相应的形式中体现出来的,比如说,是出现在单句中为主还是复句中为主?在复句中是出现在主句中为主还是从句中为主?"偏偏"在句中是主要作用于主语名词、核心动词还是作用于整个句子?等等。

因此,本文拟从句法观察入手,以句式意义的分析为依据,确定"偏偏"的基本语义;然后辨析所谓"限制范围"、"追加例外"等理解的实质,试图在同一的语义概括中统合这些具体理解倾向;最后,深入探讨基本句式的变体背后的理据,解释特殊用法中的语义实现规律。

需要说明的是,多数语法论著中认为"偏偏"和"偏"的用法基本相同,本文所针对的问题和揭示的规律也不涉及二者可能存在的差异,因此举例中对二者暂不加区分。

一 "偏偏"的基本句式及语义

语义分析常常带有个人的主观判断,这大概是导致对"偏偏"的解析较为复杂的原因。为了避免再次落入主观臆断的误区,本文利用句式可观察、易判断的形式化特点,首先从"偏偏"出现的句式着手考察,以期得到能够被公认的发现。

1.1 "偏偏"出现的基本句式

我们发现,"偏偏"很少出现在简单句中,大部分情况下出现在复句中,包含两个分句,后一个分句包含"偏偏",也就是说,"偏偏"实现其语义的基本环境是包含两个分句的复句(这里所说的环境,并不以严格的标点符号为界定,而是主要考察"偏偏"一词词义所能作用的范围)。它出现的复句的基本格式可归纳为"命题 a ＋语义内容上与 a 相偏离的命题 b",其中命题 b 包含"偏偏"。如:

(1)他突然觉得自己处境同喝咖啡很相似——[a 本来可以放一把糖],可是[b 人们偏偏喜欢自讨苦吃]。(邓贤《大国之魂》)

(2)他觉得[a 至真是什么人顺理成章都能想到],于是偏偏[b 改成至诚]。(叶兆言《叶兆言的取名》)

两个例子清楚显示了 b 句与 a 句的语义关联和结构关联。

1.2 "偏偏"的基本语义

1.2.1 基本语义

虚词的语法意义应该从它的使用环境中概括出来。以上例(1)中,命题 b 并没有顺着命题 a"可以放一把糖"这层意思继续,而是提出了与之偏离的"人们喜欢自讨苦吃";例(2)中命题 b 也没有顺着命题 a 的"至真是什么人顺理成章都能想到"继续,而是与之相偏离的结果:"改成至诚"。可见,"偏偏"出现的复句中,两个命题之间都存在着语义偏离,也就是说第二个分句的语义并不是顺着头一个分句的意思往下说,而往往是提出一个偏离前一命题方向的新的命题。

需要指出的是,这种语义上的偏离,并不一定由命题中某些客观事实上明显对立的语义成分(如反义词语)来体现,也常常由语法上的联系成分来体现。以下(3)(4)两例是句中含有明显的反义词语的例子,而(5)(6)两例中,"革命和光明"并不和"自己"明显对立,"在雨里跑跳……"也并不和句中其他行为明显对立,但是句子却用"只想到"和"没想到"、"喜欢"和"不许"这样相呼应的语法成分,显示了各自分句间的偏离意义。

(3)但是,并不是所有的人都愿意看到自己的"美容"的,有些人偏偏就乐意欣赏自己的"丑态"。(《人民日报》1996)

(4)放着清福不去享,偏去找那个罪受。(《人民日报》1996)

(5)她甚至难以理解,他们为什么只想到革命和光明,而偏偏没想到自己!(《人民日报》1996)

(6)夏天阵雨来了时,孩子们顶喜欢在雨里跑跳,仰着脸看闪电,然而大人们偏就不许。(茅盾《天窗》)

可以得出,"偏偏"在命题层次的核心语义即为偏离,即命题a、b所代表的两方面内容在语义上的不一致。已有的释义和分析中提到的"表示语气转折"、"恰恰相反"等说法未免局限于个别现象,在我们看来,都可以概括在"偏离"这个语义特征之内。

1.2.2 辨析词中的"追加例外"义

张谊生(1996)把"偏偏"归为例外型追加副词,表示在同一组人、事、物当中,还存在着与众不同、甚至截然相反的例外。

"追加例外"的说法能不能概括"偏偏"的全部语义呢?首先来看以下这两个例句:

(7)这些不起眼而又不容易做到的事,文明的张家港人偏偏做好

了。(《人民日报》1995)

(8) 享受成名后的愉悦,完全可以满足你在烹饪上已达到的高度,然而你偏偏又树立了新的更高的目标——特级厨师,并开始了新的攀登。(《人民日报》1995)

以上两个例句中,我们并不能得到"与众不同、截然相反"的"例外义"。(7)中根本找不到"同一组人、事、物",例外就更加无从谈起了。(8)中如果一定要找到一个范围,那大概可以说是"所有享受成名后的愉悦的人",但是仅凭句义,我们无法得出"所有享受成名后的愉悦的人"中,只有"你"又树立了新的更高的目标而别人没有,因而就不能说这是"与众不同、甚至截然相反的例外"。可见,"追加例外"无法概括"偏偏"的全部语义。那么,"追加例外"是不是"偏偏"用于非典型语境中的部分语义呢?下面来看两个可以解读为追加例外的例子:

(9)"忍"是女人的天性,她为什么偏偏就不能忍?(胡辛《蒋经国与章亚若之恋》)

(10) 父亲在"文革"中毁掉了那么多旧照片包括大量他本人穿西服和母亲穿旗袍的,而偏留下了七舅舅的这张照片,是出于什么样的心理,我难以揣摩。(刘心武《七舅舅》)

(11) 那时他的许多作品都译介到国外去了,而《受戒》却偏偏是个例外。(石丛《汪老的〈受戒〉前后》)

按照"例外说",(9)中"她"是女人中的例外,不具有所有女人都有的天性"忍",(10)中"七舅舅的这张照片"是所有旧照片中的例外,其他的都毁了,只有这一张得以留存。这可以看作对这几个句子的整体解释,那么"偏偏"在其中扮演什么角色?这种例外的意义是由"偏偏"带来的吗?我们试将以上句子稍作变换,去掉其中的"偏偏":

(9')"忍"是女人的天性,她为什么就不能忍?

(10') 父亲在"文革"中毁掉了那么多旧照片包括大量他本人穿西服和母亲穿旗袍的,而留下了七舅舅的这张照片,是出于什么样的心理,我难以揣摩。

(11')那时他的许多作品都译介到国外去了,而《受戒》却是个例外。

(9')(10')(11')中仍然可以得到"追加例外"的意义,可见这个意义并非由"偏偏"带来,而是整个句子,即上下文已有的。

为什么会误认为"偏偏"具有"追加例外"的意思呢?统观(9)—(11)全句我们可以发现,"偏偏"本身其实只表达偏离的含义。存在偏离,就是拿一个命题与另一个命题比照后发现不一致,这就需要有比照项,这几句话中比照项都出现了,分别是"女人/她"、"那么多旧照片包括大量他本人穿西服和母亲穿旗袍的/七舅舅的这张照片"和"他的许多作品/《受戒》"。这几组比照项具有同样的性质:全集性质。这里所说的全集,可以是常理或某一类事物,也可以是作者/言者此刻讨论的范围。也就是说这里是在拿特定的一个元素跟集合中所有的其他元素作比,这特定的一项具有其他元素都不具备的性质,理所当然,可以得到这一项是例外的结论。这是句中"例外义"的由来。这个"例外义"不是由"偏偏"一词带来的,而是由句式的比照性质和比照项的性质决定的:只有比照项是全集,才能得到例外的解读;如果比照项不是全集,那就只是普通的对比。如:

(12) 既不是西方有什么,我们就有什么;也不是西方有什么,我偏没什么。(《人民日报》1996)

(12') 既不是世界有什么,我们就有什么;也不是世界有什么,我偏没什么。

(12)不能得到例外的解读,只是纯粹的对比,因为这里对比的两方面"我们"和"西方"之间没有元素与全集的关系;而(12')可以得到例外的解读,"我们"和"世界"之间存在元素与全集的关系。

1.2.3 辨析词中的"限制范围"义

几乎所有的相关论述中都提到"偏偏"具有"限定范围"的义

项,并提到其用法相当于"单单"或"仅仅"。我们知道,"单单"是具有明确量化意义的副词,跟"只"一样,有明确的穷尽性排他意义(蔡维天2004),如果语言事实表明"偏偏"确实有等同于"单单"排他意义的用法,那么我们才可以承认其"限定范围"的意义。

首先,我们发现,有些句子里的"偏偏"并不能换说成"单单":

(13)人家都怕我办事不稳,可我偏偏又喜欢性急。(陆文夫《围墙》)

(13')*人家都怕我办事不稳,可我单单又喜欢性急。

(14)设若骆驼们要是像骡马那样不老实,也许倒能教他打起精神去注意它们,而骆驼偏偏是这么驯顺,驯顺得使他不耐烦。(老舍《骆驼祥子》)

(14')*而骆驼单单是这么驯顺。

(15)假如孙小姐漂亮阔绰,也许可以原谅,偏偏又只是那么平常的女孩子。(钱钟书《围城》)

(15')*单单又只是那么平常的女孩子。

其次,有些句子里,"偏偏"换成"单单"以后,句子孤立地看可以成立,但已经不是原来的意思了:

(16)要是早晨聂小轩走得快一点,或是九爷睡得晚一点,这事也就这么了啦。偏偏聂小轩来晚了一步……(邓友梅《烟壶》)

(17)今年不知是哪个老哥心血来潮,想起了这套歇了二十年的古老的把戏。偏偏队长又爱凑热闹,经他一张罗,村里的男男女女,……都一个不落地欢欢喜喜地来了。(李杭育《沙灶遗风》)

(18)偏偏母亲不在家,买东西去了。(梁晓声《表弟》)

以上三例中,第一个例子"单单聂小轩来晚了一步"也可以说,但我们从上下文中却读不出"只有聂小轩来晚了(而别人都没来晚)"的意思;第二个例子,如果说成"单单队长爱凑热闹"则有其他人不爱凑热闹的意思,而我们从上下文中看,这不是该句所要表达的意思;第三个句子换说成"单单母亲不在家"的话,则意味着其他人都在家,显然不是原文的意思。

这是什么原因呢?

我们尝试借鉴蔡维天(2004)从形式语义学角度论证"只"的语义的办法,对"偏偏"和"单单"分别进行测试。

其一是并列结构测试:

单单母亲和姐姐不在家　　　　偏偏母亲和姐姐不在家
—×→单单母亲不在家　　　　——→偏偏母亲不在家
—×→单单姐姐不在家　　　　——→偏偏姐姐不在家

其二是否定结构测试:

a. 单单母亲不在家　　　　　　a. 偏偏母亲不在家
b. 不,姐姐也不在家　　　　　b. *不,姐姐也不在家

这两项证明手段的价值,参看蔡文的论述。我们借来测试出"偏偏"和"单单"语义上的差异,清楚地表明,"单单"具有范围上明确的排他性,而"偏偏"并不具有这种排他性。

得到了这个认识以后,我们倾向于相信,所谓"偏偏"表示"限制范围"的意义,或许只是一种误会。这种误会或许来自于"偏偏"紧邻一个专有名词或其他定指性的名词,或句中有其他影响理解的因素。我们先从后一种情况讨论起。吕叔湘主编(1980)里举的"表示范围"的"偏偏"的三个用例,其中有两个是带有量化副词"都"和数量词"一个人"的:

(19)小朋友都认真听教师讲课,偏偏他一个人搞小动作。

(20)大伙都准备好了,偏偏老杨一个人磨磨蹭蹭的。

我们认为,这两个例子里的"限制范围"意义来自"都"和"一个人"这样的词语带来的强烈语义暗示,如果去掉"都"和"一个人",句义仍然仅仅是表示两种情况的"偏离",而没有明显的"排他"意义;除去这种量化词语的干扰以外,个体性的名词也是影响理解的一个因素。事实上,我们通过以上的形式语义测试已经证明了"偏偏"没有限定范围的作用,那么,即便是当它看似与个体性的名词相联系的时候,我们也可以断定,它的语义指向也不是指向那个具体名词的,这就是以上(16)—(18)各例"偏偏"换成"单单"并不符合原

意的原因:例(16)并不是拿"聂小轩"和其他人相比,而是拿"聂小轩来晚了"和"聂小轩没来晚"这两种情况相比;例(17)"队长爱凑热闹"也不是拿"队长"跟队里的其他人比,而是拿"队长爱凑热闹"跟"队长不爱凑热闹"两种情况相比;等等。

二 "偏偏"主观性的各个方面

我们论证了"偏偏"的基本语义,即命题层面的语义是表示偏离。这种偏离并非纯客观的不一致,而是一种包含着说话人主观性的偏离。所谓"主观性"是指在话语中多多少少总是带有说话人"自我"的表现成分。也就是说,说话人在说出一段话的同时表明自己对这段话的立场、态度和感情,从而在话语中留下自我的印记。(沈家煊2001)"偏偏"句中这种特点表现得相当突出。

有关论著中常常从说话人的情感、视角和认识几个方面观察语言的主观性。我们看到,使用"偏偏"的句子,不同于一般副词的特点就在于表达主观语义色彩的能力。以下着重从"视角"和"认识"两个方面观察使用语气副词"偏偏"的句子是如何实现其主观性的。

2.1 说话人视角的表现

偏离,就是选择一个命题作为参照点,拿其他的命题与之对照,结果不一致。"偏偏"句中,说话人选取命题 a 作为参照点,认同了 a 句的出发点,a 即为"正";b 与之偏离,即为"偏"。

另一方面,如前所述,在被解读为"限定范围"和"追加例外"的句子里 a 句都有全集性质,这里我们要进一步指出,所谓全集并不纯然是客观的全集,而是说话人主观上把事物看作全集的。这有两种情况:

第一,说话人把他所讨论的范围确定为全集;

第二,说话人把 a 句所表达的道理认定为常理。

在句中首先体现为"都"等具有"全范围性"的副词的经常使用,如:

(21)那时他的许多作品都译介到国外去了,而《受戒》却偏偏是个例外。

(22)别处的街灯都烂了,偏偏这墙边的灯柱上有盏昏黄的孤灯。(彭荆风《绿月亮》)

(23)那次他的全家外出度周末,偏把他一个人留下来看家。(《读者(合订本)》)

另外值得注意的是,句中常带有"常理性"的表达方式:

(24)这一方法通常都能够发挥作用,但奇怪的是偏偏这回就是产生不了效果。(贾玉平《险些夭折的"太空狂吻"计划》)

(25)他觉得至真是什么人顺理成章都能想到,于是偏偏改至诚。

(26)许多人都是这么过来的,为什么我就偏偏不可以照这样过下去呢?(张洁《爱,是不能忘记的》)

(27)哪一家洋广货铺子里不是堆足了东洋货,偏是我的铺子犯法,一定要封存!(茅盾《林家铺子》)

这几个句子里的"通常都……"、"什么人……都……"、"许多人都……"、"哪一家……不是……?"凸显了说话人对 a 句常理性的信念。

使用语气副词"偏偏"的句子,这种带有明确的"全范围性"和"常理性"表达方式的句子占相当多的比例,没有这种外在词语标志的例子,也往往可以从句义中看出这种含义。

2.2 说话人认识的表现

"偏偏"语义中的主观性主要体现在认识方面。我们发现,"偏偏"句中偏离的语义并非"偏偏"所在的命题 b 自身的逻辑内容语义,也就是说,不是 b 句主语的认识,而是说话人对整个命题 b 的认识。这在纯客观的命题 b 中表现得很明显。例如:

(28)[a 生前养不活自己]的大作家,[b 到了死后偏有一大批人靠他生活]。(《读者(合订本)》)

(28)是存现句,本身没有什么主观性可言,这里的"偏离"是叙述者眼中的偏离。

在叙述中,如果命题 b 本身能够显示出其主观性,就需要区分句中的主观性到底是叙述者的还是 b 句主语的。

(29)[a 他在台湾攻读的是冶金机械学],却偏[b 迷上了与钢铁毫不沾边的茶文化],而且迷得如痴如醉。(周天柱《海峡两岸画壶缘》)

(29)中命题 b"迷上了与钢铁毫不沾边的茶文化"是对命题 a"他在台湾攻读的是冶金机械学"的偏离,其中是叙述者选择了 a 为立场,是"正",认为命题 b 是"偏",所以这个偏离是叙述者认为的"偏离",而非被述者"他"认为的偏离。

这种"认识"意义在语法上的体现是,a 句中常常有"本来"、"应该"等副词:

(30)什么样的人说什么样的话,<u>本来</u>是很自然的事,可是有些人偏偏不说他所应说的,而尽说与他的为人不相称的话。(冯至《空洞的话》)

(31)按理说我是早就<u>该</u>死了,打仗时死了那么多人,偏偏我没死。(余华《活着》)

(32)无论是级别、地位、权力、经验、年龄,从哪一方面讲,刘思佳都<u>不应该</u>是祝同康的对手,可偏偏是这两个表面看来相差悬殊的人,构成了一对几乎是实力相当的矛盾。(蒋子龙《赤橙黄绿青蓝紫》)

(33)十七岁的女孩子,按说<u>应该</u>是懂事了的,可绫子偏偏笨得让肚子里的胎儿长到四个月才被人发现。(赵凝《猫眼》)

(34)这次假期完全<u>有条件</u>一家人在一起呆几天,可他偏不,让孩子对着广告牌叫爸爸,想着这些,我逛景的兴致一下子没有了。(肖华《我和张艺谋的友谊与爱情》)

如我们前边所论述过的,"偏偏"的基本语义是两个命题语义方向上的相偏离,并不天然带有主观认识语义,这种认识意义是从何而来的呢?我们认为,答案就在我们上面论证的说话人视角的选择:由于说话人认同了 a 句的出发点,说话人有意地选取 a 句的立场为视角,也就是说,在对比的双方中选择了其中一方为"正"、另一方为"偏",同时也选用了"偏偏"这个恰当的词汇形式来标志被处理为"偏"的 b 句。b 句没有出现由 a 推理或期待的事情,而是与之偏离,这就是带有"偏偏"的句子"出乎意料"意义的来历。如:

(35)早晨我拍着胸脯答应下午下班回家一定给她做顿可口的饭菜,<u>没想到偏偏</u>单位有急事,加了一个小时的班,未能按时回家。(《人民日报》1996)

三 "偏偏"主观语义的层级

现有解释中涉及"偏偏"主观语义的或曰"表示故意与客观要求或情况相反"、"表示客观事实与主观想法恰恰相反",或曰"带有强烈的语气,体现出动作主体的强烈意志或信仰",其中的"故意"、"恰恰"是怎样实现在句中的?是不是始终伴有强烈的语气,体现动作主体的强烈意志?与我们前面所论述的命题 b 体现说话人认识中的偏离是否存在矛盾?这些措辞似乎在提示我们,"偏偏"的主观语义是有不同层级的。

要体现动作主体的强烈意志,首先要求这个动作是行为主体的可控行为,因此,行为主体对该动作不但要具有[+意愿性](volitional),还要同时具有[+效力性](high in potency)。(这两个概念,见 Hopper & Thompson,1980)即,b 句动词须是主语的可控行为动作。但这只说明 b 句具有体现强烈意志的可能性,在句中是否体现出强烈的意志,还跟 a 句有关。我们知道,要体现强烈的意志,一般与动作主体面临的压力或受到的阻碍有关,所受压力或阻碍越大,往往体现出来的意志和语气就越是强烈。由此,a 句的主语对 b 句主语须具有[+施加影响的意愿性]。在这里,我们只关注意愿,因为在表示"偏离"的句中,实际结果不可能是 a 句主语对 b 句具有施加影响的效力性。

从以上的分析,我们将"偏偏"复句按照 b 句主语对动词是否具有[＋可控性]和 a 句主语对 b 句主语是否具有[＋施加影响的意愿性]两个条件分为四种情况：

甲.a[＋对 b 句施加影响的意愿性] ＋ b[＋主语对动词的可控性]

乙.a[－对 b 句施加影响的意愿性] ＋ b[＋主语对动词的可控性]

丙.a[＋对 b 句施加影响的意愿性] ＋ b[－主语对动词的可控性]

丁.a[－对 b 句施加影响的意愿性] ＋ b[－主语对动词的可控性]

以下详细说明。

3.1 甲.a[＋对 b 句施加影响的意愿性] ＋ b[＋主语对动词的可控性]

a 句对 b 句有施加影响的意愿性，表现在句中通常会出现"要、想、叮嘱、告诉"类表示意志、愿望或指令等主观意义的动词。如：

(36)叫你少管闲事儿，你′偏不听。(梁晓声《冉之父》)

(37)生活老要让他做个倒霉鬼，他′偏不做，拼力挣脱着，最后……(张炜《秋天的愤怒》)

(38)你还让我叫你哥哥，我′偏大声喊你是小弟弟。(胡红一《小小》)

(39)我看咱们也不用管他"老村长的意思"不意思，明天偏给他放个冷炮，拦上一伙人选别人，′偏不选广聚。(赵树理《李有才板话》)

甲式句子中，a 句希望对 b 句施加影响，对于 b 句主语就是一种现实压力，在这样的压力之下产生的偏离程度自然很高，语义上体现为对比，同时伴有强烈的意志和语气。

甲式句中 b 句的重音可以由"偏偏"负载，这是对 b 句主语强烈意志的一个明显体现(在例句中用"′"标注)。

91

3.2 乙.a[－对 b 句施加影响的意愿性] ＋ b[＋主语对动词的可控性]

a 句对 b 句没有施加影响的意愿性,或者是一个客观状况,或者是说话人的一种看法或观点。如:

(40)有一天,杜大叔正没好气,杜德生又偏′找杜大叔寻开心。(浩然《夏青苗求师》)

(41)一般要说起附庸什么大概就是附庸风雅,而他偏偏附庸′流氓。(徐星《无主题变奏》)

(42)听说她读完了巴黎大学,文学哲学都是优等,会好几国语言,可却偏偏′出家,一意入了修道院当修女,从来没有结婚,我们都为她叹息。(郁风《我的"法国牛肉"》)

3.3 丙.a[＋对 b 句施加影响的意愿性] ＋ b[－主语对动词的可控性]

b 句主语对动词不具有可控性,表现如判断句、存现句、表否定意义的可能补语结构、带有"能"等表示能力的词组等。如:

(43)单位需要我加班,可我的病却偏偏′好不起来。

(44)最近的一场演讲是在省电影电视学校,我不愿去,难讲。出面邀请的偏是′商洛乡党李杰民,我日前讨得他一幅书法,他顺势提了这个问题,我能回绝吗?(孙见喜《贾平凹 de 情感历程》)

3.4 丁.a[－对 b 句施加影响的意愿性] ＋ b[－主语对动词的可控性]

(45)这本已使平生自负、自尊甚强的汤够难堪的了,偏偏不知通过什么渠道,这事又很快被上海报纸披露出来,一时传为笑柄。(陈玉通《爱国将领陈仪被害案内幕》)

(46)在众多漫画群体中,数"青蛙漫画组"人数多,历时长,越办越红火;领队人竟是跛子,偏敢于′挥师攀登漫画高峰,正如失去双臂的维纳斯,在识者眼里,益见其美。(陈惠龄《漫画夫妻》)

(47)在这个无时无地都有哭声回响着的世界里年年偏有这么一个′春天。(梁遇春《又是一年春草绿》)

(48)凤子也饱受内心的煎熬,她恨美帝国主义,但她自己的丈夫却

又偏偏是个'美国人。(唐珍《此心安处是吾乡》)

乙—丁型句子都不体现 b 句主语的强烈意志,所体现的是叙述者对整个 b 句的认识。句子的重音都是正常的句尾重音或对比焦点重音,"偏偏"不能负载重音。

为了进一步验证甲式的主观性高于乙、丙、丁式,我们将句中的"偏偏"换成"却执意"和"却"。"执意"和"却"分别是意志语气强度两极的比较典型的代表,"却"同时保证了"偏离"的命题语义。替换后对哪一种的接受度高、与原义相似度高,就说明句中的语义与哪一种更接近。需要说明的是,语气的强度很难进行精确的量化,这里的替换并不是要达到语义的完全相同,而是找到语气强度的两极,与这两极对照考察与哪一个方向更为接近。也并不是说这两种意思在句中是非此即彼不能兼容的关系,它们之间是此消彼长凸显一种的关系。

(49)生活老要让他做个倒霉鬼,他偏不做,拼力挣脱着,最后……
　　→ 生活老要让他做个倒霉鬼,他却执意不做
　　→?生活老要让他做个倒霉鬼,他却不做
(50)你还让我叫你哥哥,我偏大声喊你是小弟弟。
　　→ 我却执意大声喊你是小弟弟
　　→?我却大声喊你是小弟弟
(51)一般要说起附庸什么大概就是附庸风雅,而他偏偏附庸流氓。
　　→ *而他却执意附庸流氓
　　→ 而他却附庸流氓
(52)单位需要我加班,可我的病却偏偏好不起来。
　　→ *可我的病却执意好不起来
　　→ 可我的病却好不起来
(53)在这个无时无地都有哭声回响着的世界里年年偏有这么一个春天。
　　→ *年年却执意有这么一个春天
　　→ *年年却有这么一个春天

通过以上的替换我们发现,甲式句子的确更接近表示强烈语

气的一极,乙丙丁则更接近非强烈语气一极。我们可以粗略地归结为如下序列:甲＞丙＞乙＞丁。这个序列,基本是与复句中"意愿性"和"施动效力性"的多寡相关的。如:

(54)他让我加班,我偏偏不去。
(55)单位需要我加班,我偏偏不去。
(56)他让我加班,我偏偏病了。
(57)单位需要我加班,我偏偏病了。

四 结语

通过以上的考察,我们发现语气副词"偏偏"在命题层面的语义是程度不同的"偏离",这种"偏离"在不同的复句环境中体现为动作主体的强烈意志和说话人对命题的主观认识两极之间序列上的某一点,这恰恰是说话人视角选择和主观认识的表现。这个结论,不仅使以往那些有局限性的观察,如"追加例外"、"限制范围"等说法得到了更准确的概括,也使以往人们总结出的不同侧面的语义,如表示语气的转折、表示偏离、表示客观事实与主观想法恰恰相反、表示出乎意料等等,找到了逻辑上的联系,获得了统一的解释。"语气副词"曾经是个有争议的类,原因就在于,传统上人们习惯于把副词的作用仅仅理解为修饰限制句法上与其相联系的那个动词,副词有没有超出谓语范围的更大的作用,是受到怀疑的。本文对"偏偏"的个案考察表明,有些副词是主要作用于复句的,起着转折的作用。这一点,吕叔湘先生早在半个多世纪以前就曾经指出过,他指出"上下两事不谐合的"、"句意背戾的"转折句,文言常用关系词,"事实上,白话的转折关系常用限制词(即副词——引者注)来表示",并举了副词"偏"为例(吕叔湘,1944)。这个认识远比其后汉语语法学界认为转折关系主要由关系连词来表示的认识要先进得多。但是我们需要深究的是,副词尽管可以起到篇章作用,但副词毕竟不是关系连词,它所起的连接作用有其特色,本文对语气副词"偏偏"的考察表明,像"偏偏"这样的副词,总是带着它自身词汇语义原有的概念色彩("偏"相对于"正"),出现在主观意义强烈的篇章环境中,实现带有主观性的连接关系。

参考文献

北京大学中文系 1955、1957 级语言班　1982　《现代汉语虚词例释》,商务印书馆。
蔡维天　2004　《谈"只"与"连"的形式语义》,《中国语文》第 2 期。
丁雪妮　2004　《"偏偏"的功能分析》,山东省青年管理干部学院学报。
——　2005　《"偏偏"句中的施动性考察》,《山东社会科学》第六期。
侯学超　1998　《现代汉语虚词词典》,北京大学出版社。
吕叔湘　1944　《中国文法要略》,商务印书馆 1982 年重印版。
吕叔湘主编　1981　《现代汉语八百词》,商务印书馆。
沈家煊　2001　《语言的"主观性"和"主观化"》,《外语教学与研究》第 4 期。
——　2002　《如何处置"处置式"?》,《中国语文》第 5 期。
史金生　2003　《语气副词的范围、类别和共现顺序》,《中国语文》第 1 期。
张　斌　2001　《现代汉语虚词词典》,商务印书馆。
张谊生　1996　《副词的篇章连接功能》,《语言研究》第 1 期。
——　2000　《现代汉语副词研究》,学林出版社。
中国社会科学院语言研究所　2005　《现代汉语词典》(第 5 版),商务印书馆。
Finegan, Edward　1995　Subjectivity and subjectivisation: an introduction. In D. Stein & S. Wright eds. 1995 *Subjectivity and Subjectivisation*. Cambridge University Press.
Hopper, Paul J. and Sandra A. Thompson　1980　Transitivity in grammar and discourse. *Language* 56.

"都"的逻辑语义与"都"字句的信息结构[*]

黄瓒辉　石定栩

"都"的逻辑语义功能是近年来语法研究的热点,"都"字句的信息结构也有相关文章讨论。本文在进一步观察"都"字句信息结构的基础上,试图探讨"都"的逻辑语义功能与"都"字句信息结构之间的关系。本文认为:"都"字句信息结构的特点,在一定程度上是由"都"作为分配算子或全称量词的逻辑语义功能所决定的。

一 "都"字句的信息结构

黄瓒辉(2004,2006)观察了"都"字句的焦点结构,提出"都"字句焦点结构的特点为:"都"所量化的对象为话题性成分,"都 VP"为焦点域,形成"话题—焦点域"二分的结构。[①] 袁毓林(2005b)提出"都"所关联的 NP 和"都 VP"之间必须有话题和说明的述谓关系。"话题—焦点域"或"话题—说明"的结构是句子无标记的信息结构模式,"都"字句采用这种信息结构模式,不像某些特定句式如准分裂结构那样特殊,似乎没有特点。其实不然。"都"对其量化对象的话题性的强制性要求,是"都"字句在信息结构上的最大特色,成为制约"都"的分布的主要因素。一个对象能否受"都"的量化,关键在于其是否具有强话题性,以此,我们可以解释"都"跟限定量化词(determiner quantifier),如"多数"、"少数"、"一些"、"某

---

[*] 本文的研究受香港理工大学科研项目基金 G—YX73 的资助。

些"等的共现问题。

1.1 "都"的量化对象的语用特点

黄瓒辉(2004,2006)通过下面的例子证明"都"所量化的对象须为话题性成分。

(1) a. *一些人都看不惯他的做法,纷纷写信举报他。
　　b. 那些人都看不惯他的做法,纷纷写信举报他。
(2) A:你们班有哪些同学去献血了?
　　B:*我们班有小张、小李、小王都去献血了。

"一些"和"那些"的区别是有定形式和无定形式的区别。(1)表明,"都"所量化的对象必须是有定形式。对于有定形式对应的所指对象而言,其语用状态是可别性状态(identifiable,见 Lambrecht(1994)),(1)表明,"都"所量化的对象必须是可别的对象。但是,并非可别的对象都能成为"都"的量化对象,(2)表明,可别的对象如果处在焦点中,是不能受"都"的量化的。这说明,"都"的量化对象必须是话题性成分,"都"对其量化对象除了语义上的复数性的要求外,还有语用上的话题性的要求。[2]

1.2 "都"的量化对象的不同形式

"'都'的量化对象应具有话题性",可以涵盖"都"的各种形式的量化对象的共同特点,特别是可以解释"都"与某些限定量词,如"多数"、"少数"、"一些"、"某些"等的共现问题。"都"的量化对象以是否带限定量词为标准,可分为两大类,一类是不带限定量词的 NP(非量化 NP),另一类是带限定量词的 NP(量化 NP),分别如(3)(4)所示。[3]不论是量化 NP,还是非量化 NP,能受"都"量化的,都可以归结为是其话题性使然。

(3) a. 他们都是学生。　　　　b. 小张、小李和小王都去献血了。
　　c. 我父母都出差了。　　　d. 这些书都是我的。
　　e. 来的都是他的同学。　　f. 来的都是客。
(4) a. 多数/许多/大部分/大多数同学都不同意这个方案。

b. 每个/所有的学生我都喜欢。

(3)中"都"量化的对象是非量化 NP,其语用特点较为明显。无论是代词((3a)),专名((3b)),表领属关系的短语((3c)),还是带限定词的短语((3d)),④或"的"字结构((3e)),都是有定形式,都指称可别的对象,因此都具有话题性,在不受具体语境约束的情况下,它们都可以跟"都"共现。(3f)中"来的"是通指(generic)表达,因通指表达的所指涵盖所有符合条件的对象,因而可以看作跟有定形式一样,表示可别的对象。⑤

(4)中"都"量化的对象是量化 NP。就语用特点而言,量化 NP 的情况较非量化 NP 复杂。依限定量化词的不同,量化 NP 的语用特点也不同。限定量化词有量化强度的差别,类似 every、all、most 等量化词为强量化词(strong quantifier),而 a few、some、three 等量化词为弱量化词(weak quantifier),强量化词不能出现在存在结构中,弱量化词则可以出现在存在结构中(Milsark 1974,蔡维天 2004,Barwise & Cooper 1981,Wu 1999),据此,强量化词具有较强的话题性,受强量化词修饰的 NP 更适合作话题。⑥量化词话题性的强弱来自于在构成该量化词所表示的量时,是只有唯一的可能性还是具有多个可能性。强量化词表示的量超出了集合(set)中全部成员(member)的百分之五十,而一个集合中不可能存在两个以上的超出百分之五十的量,因此要构成强量化词所表示的量,只有一种可能性;弱量化词表示的量一般小于百分之五十,而一个集合中可以存在多个小于百分之五十的量,因此要构成弱量化词所表示的量,可以有多种可能性。这一点决定了受强量化词量化的 NP 具有较强的"个体性"和"特指性",因而也就具有了强话题性,而受弱量化词量化的 NP 个体性和特指性较弱,因而话题性也较弱。以 every、most 和 a few 为例。如果 NP 指称的是一个包含 10 个人的集合,那么 every NP 表示该集合的全部成员,即 10 个人,而一个集合中只存在一个全量,去掉这个全量,剩余为零,因此 every NP 所指对象的可别性最强。most NP 表示该集合的大于百分之五十而小于全量的量,如 8 个人,而该集合中也只能存在一个大于百分之五十而小于全量的量,即去掉 8 个后,剩余的 2 个不足以再构成一个大于百分之五十而小于全量的量,因此 most NP 所指对象的可别性也很强。a few NP 则不同。a few NP 表示该集合的小于百分之五十的量,如 3 个人,而该集合中存在多个小于百分之五十的量,即去掉 3 个后,剩余的 7 个还能再构成多个"3 个",因此 a few NP 的可别性较弱。[7]（4）中"都"与强量化词共现,句子都是合法的,就是因为强量化词的强话题性使其能与"都"共现。

由于强量化词和弱量化词之间最明显的区别表现为量的大小,而"都"一般只能跟表示大量的强量化词共现,因此有的文章从"主观大量"和"主观小量"的角度来解释"都"的这种分布（如张谊生 2003）。可是我们发现,在某些情况下,表示"小量"的"少数"类量化词也能跟"都"共现,如（5）（6）（7）所示。这就说明量的大小其实不是最主要的问题。

(5) 听众大多数笑,少数都张了嘴惊骇。

(6) 一个月前,世界杯决赛似乎遥遥无期,纵观 32 强,多数都有冠军相,少数都有黑马命。一个月之后,德国世界杯走到了尽头,我的 QQ 聊天事业也随之暂时画上了休止符。

(7) 她们不属于被选的少数。被选的少数都逃跑了。

虽然在无上下文语境的情况下,"少数"类量化词跟"都"的共现显得突兀,如"少数同学都不同意这个方案"（张谊生 2003 用例）,但是一旦有合适的上下文,"少数"类词就可以跟"都"共现了。单靠量的大小说明不了上述的现象,但从话题性的角度则可以得到较为合理的解释。话题性的强弱是一种语用特征,在不改变 NP 语法形式的情况下,可以通过语境将 NP 的所指锚定（anchor）

于一个强话题性成分而增强该 NP 所指的话题性。(5)和(6)中"少数"和"(大)多数"对举,在将一个集合的多数成员排除后,"少数"的特指性便加强了,而(7)中的"少数"受关系从句的修饰,而且是上文已经出现的成分,其所指的特指性也得到增强。当"少数"的特指性增强后,与"都"共现的合法性也就增强了。

不定量化词"一些"、"某些"与"都"的共现跟"多/少数"情况类似。"一些"和"某些"在语法形式上属于无定形式,无定形式的所指对象一般是不可别的,不能作为合适的话题性成分,因而一般不能跟"都"共现。张谊生(2003)就是从无定形式不能跟"都"共现来解释"有/某/一些人都没有去过北京"的不合法性。然而,由于真正决定能否与"都"共现的因素是话题性的强弱,而语法上的无定跟指称对象的不可别性之间并非完全等同,因此,当无定形式的 NP 受到其他成分的修饰,从而使其所指对象瞄定于话语中某个具有强话题性的成分时,跟"都"的共现便合法起来,如(8)(9)(10)(11)所示。

(8)……,因为战国后期<u>一些</u>封建诸侯<u>都</u>希望上天按照"五德终始"的循环次序使他们得到新的机会,像过去的圣王一样建立统一的王朝。

(9)世界上<u>一些</u>国家<u>都</u>在制订高科技发展计划,中国也制订了高科技发展计划。

(10)我觉得这县城似曾相识,仿佛来过不止一次。因惑之中恍然有所悟,是因为看电影和电视太多了。解放前<u>某些</u>边省镇县,大抵<u>都</u>选景在这种地方。

(11)或许<u>其中的某些</u>都将成为人生经历,而伟大诗人或许是经历了所有才发感悟写下此篇。

二 "都"的逻辑语义与"都"字句信息结构的关系

对量化对象话题性的要求,是"都"字句信息结构的最大特点。没有"都"出现的情况下,句子的主语可以是 NP 的任何形式。

"都"的出现将所指对象不具有话题性的NP排除在其合适量化对象的范围之外。在这一节的分析中,我们将指出,"都"字句信息结构的这一特点,是由"都"的逻辑语义功能所决定的。

2.1 命题内容对信息结构的决定作用

由于信息结构总是要反映言谈双方的心理状态(the mental state of interlocutors,见 Lambrecht(1994:5)),因此从理论上说,在缺乏上下文语境的情况下,一个句子的信息结构特点,特别是跟焦点和话题有关的特点[8],应该具有几种可能性[9]。也就是说,孤立出现的一个句子,其信息结构处于不确定的状态。然而,句子的信息结构不完全由话语语境决定,除开话语语境之外,句子本身的命题内容也会对信息结构的解读产生影响。Lambrecht(1994:18)提到,虽然意大利语和英语中的很多谓词都要求主语是一个动前的话题成分,宾语是一个动后的焦点成分,然而,在意大利语中,某些不及物动词采用标记句焦点结构的VS语序比采用SV语序听上去更自然,而英语中像 My car broke down 和 Her father died 这样的句子采用句首焦点韵律形式比采用句尾焦点韵律形式听上去更自然。这是因为某些命题内容更常用于某些语用环境的表达,因此倾向于与适合该种环境的语法形式相连。

"都"的逻辑语义功能对"都"字句信息结构的决定作用,同样表现在"都"字句所表达的命题内容常用于某些语用环境因而倾向于与适合于该种环境的语法形式相连。那么"都"字句究竟表达何种命题意义,该种命题意义又是怎样最常用于哪种语用环境呢?

2.2 "都"的逻辑语义功能

传统汉语语法用"总括"一词来概括"都"的语义,认为"都"一般是总括其前面的成分(如吕叔湘(1999,增订本)等);现代语义学研究将"都"看作全称量词(universal quantifier)或分配算子(distributive operator)(如 Lee 1986,Lin 1998 等),认为"都"的功能是将 VP 所表示的性质分配给 NP 所表示的集合中的每一个成员。⑩

由于"都"不出现时,以有定复数名词短语(definite plural NP)做主语的句子因主语所指集合中成员的离散性(discreteness)和谓语所表属性的可分配性(distributiveness)也能表达全称量化,因此不能简单地将"都"的语义功能归纳为"分配"。可以比附于 Brisson(2003)对英语 all 的语义功能的概括,将"都"在句中所起的作用看作是对量化域进行调节,带来的是一种最大化效应(maximality),⑪表明 NP 所指集合中的每一个成员"无一例外"地(without exception)具有 VP 所表示的属性。没有"都"出现时,虽然以有定复数名词短语作主语的句子也能表达全称量化,但这种全称量化是一种弱全称量化,即可能存在例外,也可能不存在例外。"都"带来的最大化效应,跟没有"都"出现时的非最大化效应(nonmaximality)形成对比。下面的例子中 a 例从 Brisson(2003)的英文例句而来。Brisson(2003)用这些例子说明没有 all 出现时句子是否能表达最大化效应。可以看到,在没有的"都"出现的 a 例中,虽然(14a)和(15a)不允许例外出现,但(12a)和(13a),特别是(13a),是可以有例外出现的;而用了"都"的 b 例则都不允许例外出现。⑫

(12) a. 女孩们跳进了湖里。　　　b. 女孩们都跳进了湖里。
(13) a. 那些杯子是脏的。　　　　b. 那些杯子都是脏的。
(14) a. 那些杯子是干净的。　　　b. 那些杯子都是干净的。
(15) a. 那些猪死了。　　　　　　b. 那些猪都死了。

当不出现任何全称量化词的句子也有可能表示全称量化义时,"都"在句中的使用便有了特殊的地位。可以将"都"的出现看作是句子表达全称量化义的一种标记,在不改变句子逻辑语义的情况下,⑬"都"的出现将全称量化义突显出来,使其成为句子所要断言(assertion)的(部分)内容。在同样是有定复数名词短语作主语,同样能表达全称量化义的情况下,"都"字句和非"都"字句的区别在于,"都"字句是将全称量化义作为句子断言的内容表达出来,而非"都"字句所表达的全称量化义不是句子断言的内容,而是使句子语义为真的条件,这种真值条件,跟句子的其他语义前提一样,是句子的语义前提,不是句子断言的内容。⑭

2.3 "都"的逻辑语义功能对"都"字句信息结构的决定作用

了解了"都"字句逻辑语义上的特点后,我们认为,"都"字句信息结构上的特点,是由"都"的逻辑语义功能,或者说"都"字句的命题内容所决定的。"都"字句所传递的是NP所指集合中的每一成员无一例外地具有VP所指的性质,"都"是表达"无一例外"这一意思的标记,所建立的是NP和VP之间的更为丰富的述谓关系,即相对于笼统地说NP的所指具有VP所指的性质而言,"都"字句所陈述的是NP所指的集合中的每一个成员都具有VP所指的性质,在笼统地说NP的所指具有VP所表示的性质上,增加了"无一例外"的意思。在这种情况下,"都"所量化的对象,或者说提供被"都"所调节的量化域的成分,须是一个话题性的成分;如果一个对象不具有话题性,是无法陈述其内部每一个成员共同的性质的。不具有话题性的成分,其可能出现的语用环境有两种,要么是认定句(identificational sentence)中待认定的对象,要么跟后面的谓语一起构成呈现句(presentational sentence)或事件报道句(event-reporting sentence)。在认定句中,对未定对象的认定是句子最主要的信息功能,不可能在对一个对象进行认定的同时,还陈述其内部成员无一例外地具有VP所表示的性质。呈现句以句子整体介绍某物的出现,事件报道句以句子整体报道某个事件。当呈现的"某物"或事件的参与者是作为听话者所不可别的对象第一次被引入话语语境中时,也不可能同时陈述其内部成员无一例外地具有VP所表示的性质。只有当事件报道句中事件的参与者是

103

听话者能辨别的对象时，才能用"都"。此时"都"所量化的对象虽然不具有话题性，但也不是待认定的对象，"都"字句整体用来报道一个事件。

如果将"都"字句的形式表达为"NP＋都＋VP"，那么上面的分析可以对应于"都"字句以下几种可能的焦点结构形式。

(16) a　NP　[都　VP]_{FOC}
　　 b　*[NP　都]_{FOC}　VP
　　 c　[NP　都　VP]_{FOC}

由于"都"所表达的"无一例外"的意思属于句子断言的内容，所以在标焦点结构时，我们把"都"都放在焦点域(focus domain)中。(16a)采用的是句子无标记的焦点结构形式：话题－说明；(16b)是论元焦点结构形式，其中 NP 的所指是待认定对象，为了显示"都"所表示的意思是断言的内容，将"都"和 NP 一起放在焦点域中；(16c)是句焦点结构形式，整个"都"字句报道一个事件，其中 NP 的所指须是可别的成分，即 NP 不能为无定形式。三种焦点结构形式的"都"字句分别如(17)(18)(19)所示：

(17) A：你的两个姐姐呢？　　　　　　(黄瓒辉(2004)用例)
　　 B：她们都去北京了。
(18) A：小张、小李和小王谁去北京了？
　　 B：*小张和小李都去了。
(19) A：今天和平时有什么不一样？　　(黄瓒辉(2004)用例)
　　 B：今天啊，学生都不在教室里。

(17)的答句是"话题－说明"结构，"她们"是话题，"都去北京了"是说明；(18)的答句是认定句，"小张和小李"是认定的对象，虽然是复数，用了"都"却不合适；(19)中"学生都不在教室里"是句焦点结构，用来回答"有什么不一样"的问题，其中"学生"的所指应该是听话者可别的对象。

为什么当 NP 为待认定的对象时,不能同时在谓语中用"都"来陈述其性质呢?或者说,为什么不能如(16b)所示,NP 和"都"同时处于焦点域中呢?而(16a)明确地告诉我们,"都"可以和 VP 同时处在焦点中。(16a)和(16b)的对立,可以从"都"和所共现的成分是否能形成一个语法成分(constituent)来解释。"都"和 VP 能形成一个语法成分,而成为一个语法成分后,"都 VP"也就成为一个信息单位;相反,"NP 都"不能形成一个语法成分,因而也就不能成为一个信息单位。在认定句中,对事件参与对象的认定成为句的信息功能,而如前所述,"都"字句中"都"的语义须在断言中,因此当"都"出现时,"都"所表达的全称量化义成为句子的信息功能。对于认定事件参与对象而言,"都"所表达的语义是多余的,它使句子同时带有双重信息功能,这双重的信息功能会发生冲突而使句子在语用上变得不合适。

由上可知,"都"的逻辑语义功能对"都"字句信息结构的制约作用表现在,"都"的使用将主语 NP 和谓语 VP 之间特定的述谓关系强调出来,这种特定的述谓关系是句子断言的内容,在一个句子一般只有唯一信息功能的情况下,"都"字句不再适合于负载其他的信息功能。对事件参与者的认定是句子在除开陈述事件本身之外一个主要的信息功能,"都"字句排斥这种信息功能。反映在语法形式上,一切指称不可别对象的 NP,都不能成为"都"量化的对象。

附 注

① 根据 Lambrecht(1994),"信息结构"这一概念所涉及的内容比"焦点结构"丰富,包括预设和断言,可别性状态和活跃性状态,以及话题和焦点三个方面。也就是说,焦点结构只是信息结构所涉及的内容的一个方面。本文不严格区分两者的不同,但本文主要使用"信息结构"这一概念。

② 袁毓林(2005b)通过观察到"都"的量化对象处于主语位置的可以省

略或隐含,处于状语中的成分可以提前变为显性的话题等,说明"都"所关联的 NP 和"都 VP"之间是话题和说明的述谓关系。他所观察的都是单独出现的"都"字句可以进行话题化的操作。黄瓒辉(2004,2006)是通过"都"字句可能出现的语境来观察"都"字句中"都"的量化对象的特点。

③ "都"除了可以量化实现为句子主语的名词短语的所指外,还可以量化实现为句子状语的表时间的成分,如"他爸爸常年都在矿山上工作"和"小明一直都不爱说话"(袁毓林(2005b)用例),后者可以算"都"量化对象的特殊情况。"'都 VP'表面上是跟副词'常年'和'一直'相关联的;实际上是跟这种时段副词所照应的表示时段的名词性成分相关联的。"(袁毓林(2005b))这些时段副词所照应的成分,可以认为是跟受全称量化词修饰的 NP 一样,表示某一段时间的全量。

④ "限定词"实际上是包含限定量化词在内的一个范围极广的类别,见 Keenan(1996)中对英语限定词的分类。(3c)的表领属关系的"我父母"带的也是限定词,是表领属关系的限定词(possessive determiner),(3d)的"这些书"带的有定限定词(definite determiner)。

⑤ 在英语中,可以用名词短语的有定形式来通指一类事物,如在谈论一个动物学专业的学生时,说"She is now studying the whale",其中"the whale"可以特指某一头鲸鱼,也可以通指这一类的物种,见 Lambtecht(1994:83)。

⑥ Van Vanlin & Lapolla(2002:222)引了 Ioup(1975)排出的量词的辖域的层级,指出处在前端的量词总是比较容易拥有宽域解释。如下所示:

each ＞every ＞all ＞most ＞many ＞several ＞some（+NPpl）＞a few
Van Vanlin & Lapolla 认为 Ioup(1975)的这个量词层级也反映了量词的在话题性强弱上的层级。受层级顶端的量词修饰的 NP"个体性(individuation)"和"特指性(specificity)"最强,受层级末端的量词修饰的 NP"个体性"和"特指性"最弱。因此,层级顶层的量词产生的量化 NP 较层级底层产生的量化 NP 更适合作话题。

⑦ 在广义量词理论(generalized quantifier theory)下,对限定量化词,如 every,most 和 a few 等的语义分析可以形式化表示如下:

(1) Every (A)(B) = T iff $A \subseteq B$

(2) Most (A)(B) = T iff $|A \cap B| > |A-B|$

(3) A few(A)(B) = T iff $|A \cap B| < |A-B|$

以"Every student is a vegetarian"为例,(1)表示"学生"这个集合是"素食者"这个集合的子集;(2)表示同为学生和素食者的人数多于是学生但不是素食者的人数;(3)表示同为学生和素食者的人数少于是学生但不是素食者的人数。上面的形式化公式中(1)和(2)以及例子直接引自 Keenan(1996),(3)是我们根据该文的分析而给出的。

⑧ 见注释①所提到的信息结构涉及的三个方面的内容。

⑨ 孤立的一个句子,可以解读为句焦点结构(sentence-focus structure)、谓语焦点句(predicate-focus structure)或论元焦点句(argument-focus structure),见 Lambrecht(1994)。

⑩ 袁毓林(2005a:289—294)对各家对"都"的逻辑语义功能的看法,包括全称量词、分配算子、存在量词和加合算子四种观点,进行了介绍。具体请参看袁文。这里只提到了最具代表性的全称量词和分配算子的说法。

⑪ Brisson(2003)中对 all 的语义功能的分析原文为"I'll call *all*'s contribution to meaning the 'domain-adjusting meaning'"(P142)和"to rule out the possibility of nonmaximality"(P141)。

⑫ (13a)是 Brisson 引自 Link(1983)的例子,(15a)是 Brisson 引自 Yoon(1996)的例子。Brisson 引用这些例子说明,在没有 all 出现的情况下,句子并不一定总是表示全称量化。虽然当说"那些猪死了"和"那些杯子是干净的"时,肯定是所有的猪都死了和所有的杯子都是干净的,但当说"那些杯子是脏的"时,只要那些杯子中有一些是脏的,就可以笼统地说"那些杯子是脏的"。

⑬ "都"的出现与否在某些情况下是能够对句子逻辑语义造成影响的,这主要包括以下几种情况:(1)谓语为集合性谓词时。如:他们合用厨房/他们都合用厨房。(2)有涉及辖域的其他副词出现时。如:他们不是北方人/他们不都是北方人。(3)主语不带明确数量标记时。如:你的大作我读过/你的大作我都读过。本文不考虑"都"的使用改变逻辑语义的这些情况。

⑭ 句子的语义前提有多种,比如当使用有定名词短语时,须存在该名词短语所指的对象,即一般所说的存在前提(existential presupposition);又如,现实性动词的小句宾语所指的事件也应该是已经存在的事件。我们认为,当主语为有定复数形式时,该复数形式指称的所有对象都应该具有 VP 所表示的性质,也是句子的语义前提。

参考文献

蔡维天 2004 《谈"只"与"连"的形式语义》,《中国语文》第1期。
董秀芳 2003 《"都"与其他成分的语序及相关问题》,《世界汉语教学》第1期。
黄瓒辉 2003 《焦点、焦点结构及焦点的性质研究综述》,《现代外语》第4期。
—— 2004 《量化副词"都"与句子的焦点结构》,北京大学博士学位论文。
—— 2006 《"都"在"把"、"被"句中的对立分布及其相关问题——从焦点结构的角度来看》,《语法研究和探索》(十三)。
LaPolla, Randy J. 2005 《焦点结构的类型及其对汉语词序的影响》,收入徐烈炯、潘海华主编《焦点结构和意义的研究》,外语教学与研究出版社。
吕叔湘 1999 《现代汉语八百词》(增订本),商务印书馆。
袁毓林 2005a 《"都"的加合性语义功能及其分配性效应》,《当代语言学》第4期。
—— 2005b 《"都"的语义功能和关联方向新解》,《中国语文》第2期。
—— 2006 《试析"连"字句的信息结构特点》,《语言科学》第3期。
张谊生 2003 《范围副词"都"的选择限制》,《中国语文》第5期。
Brisson, Christine 2003 Plurals, All, and the Nonuniformity of Collective Predication. *Linguistics and Philosophy* 26, 129—184.
Huang, Shi-Zhe 2005 *Universal Quantification with Skolemization as Evidenced in Chinese and English*. New York: The Edwin Mellen Press.
Keenan, Edward L. 1996 The Semantics of Determiners. *In the Handbook of Contemporary Semantics Theory*, edited by Lappin Shalom.
Lambrecht, Knud 1994 *Information Structure and Sentence Form*. Cambridge: Cambridge University Press.
Lee, Thomas 1986 Studies on Quantification in Chinese. UCLA Ph. D. dissertation.
Lin, Jo-Wang 1998 Distributivity in Chinese and its implications. *Natural*

Language Semantics 6, 201—303.

Wu, Jianxin 1999 *Syntax and Semantics of Quantification in Chinese*. Ph. D. dissertation of University of Maryland at College Park.

Van Valin, Robert & Lapolla 2002 *Syntax: Structure, Meaning and Function*. 剑桥大学出版社授权北京大学出版社出版(影印本)。

语气副词"并"的语法功能与否定

胡 勇

一 语气副词"并"的语法功能

《现汉》对语气副词"并"的解释为：用在否定词前面加强否定的语气，略带反驳的意味。《八百词》的解释为：加强否定的语气。放在"不、没（有）、未、无、非"等前边。常用于表示转折的句子中，有否定某种看法，说明真实情况的意味。马真(2001)的解释是：加强否定语气，强调说明事实不是对方所说的、或一般人所想的、或自己原先所认为的那样。

现有的研究多认为语气副词"并"有"加强否定语气"的功能，我们认为所谓加强了的否定是和一般的否定相对而言的，对于本文所研究的"并＋否定"类否定而言，去掉"并"之后剩余的形式就应该是一般否定。我们应用这一标准在语料库中检索了"并"与"不、没（有）、无、未、非"的搭配，发现"并"与"无、未、非"连用的例句多数去掉"并"后，句子不能成立。也就是说，对于这些去掉"并"后不能成立的句子而言，它们没有一般的否定形式。因此，我们讨论的主要对象是"并"与"不、没（有）"的搭配。这类搭配虽然绝大多数去掉"并"后仍能成立，但是，去掉之后和去掉之前相比，其主要差别却并非否定的强度。马真(2001)举了两个留学生的病句：

(1) A：你再吃一点。
　　 B：*我并不能再吃了。

(2) A：李敏，你就向慧玉小姐赔个不是，事情不就解决了吗？
　　B：*我并不向她赔不是！

马文认为这两个"并"用得不合适。如果真要加强否定语气的话，例(1)中的"并"应改为"确实"，例(2)中的"并"应改为"就"或"偏"。马文认为，这两例中的"并"之所以不合适，是因为它们都不属于辩驳性的否定，并且指出"只有当说话人为强调说明事实真相或实际情况而来否定或反驳某种看法（包括自己原先的想法）时才用这个语气副词'并'"。我们同意这种观点，"并"的主要功能是反驳而非加强否定语气。不仅既能用于肯定语境也能用于否定语境、起强化语气作用的副词"确实"等和"并"的语法功能差别明显，就连与"并"同样只用于否定语境加强否定语气的副词"绝、根本"等和"并"之间也存在同样的差别。例(1)(2)中的"并"换成"绝"句子都能成立。

不少研究都注意到了"并"的反驳功能，如上文所引的《现汉》、《八百词》、马真(2001)对"并"的解释中都含有这层意思，只不过没有将其作为"并"的主要语法功能。王明华(2001)发现，"并"与表示强调语气的副词（如"完全"、"的确"、"可"）的差别是很明显的，"并＋否定词"不是表语气的，其作用是对某一预设或逻辑前提进行否定。王文认为"并"所作用的对象是句子的预设，我们认为，"并"所作用的对象是句子的先设而非预设。

预设（presupposition）是一种使某一语句具有真值的条件。具体地说，如果一个简单句 p 和相应否定句 ~p 两者只有在命题 q 为真时它们才是真的，那么 p 预设 q。例如：

(3) a. 张三已停止服药。
　　b. 张三没有停止服药。
　　c. 张三服过药。
(4) a. 张三并没有停止服药。
　　b. 张三并没有停止服药，他根本就没服过药。

(3c)是(3a)和(3b)的预设。这个预设在(4a)中并没有被否定,它是被(4b)中的后续小句否定的。彭小川(1999)将上面这一类预设称作"逻辑－语义预设",并且已经注意到,"并"后的否定词否定的不是这种预设。彭文指出,"并"的语法功能是加强对语境预设的否定,但是,该文对"语境预设"没有作具体的说明。我们认为,要澄清"并"所作用的对象,应该首先区分"先设"和"预设"。沈家煊(1999)指出肯定和否定陈述句提供的新信息的性质不一样：

肯定句提供的信息：在听者不知道 p 的情况下告诉他 p。

否定句提供的信息：在听者可能相信 p 或熟悉 p 的情况下否认或反驳 p。

一般情形下,否定句总是"预先假设"相应的肯定句所表达的命题内容,"否定"作为一种言语行为,是对这个预先假设的命题加以否认或反驳。我们就把否定句预先假设的这个相应的肯定命题称为"先设"。

我们认为,在逻辑语义上,沈文对肯定和否定陈述句的上述区分是成立的,但是,不排除实际使用中,有些否定句的功能和肯定句一样,主要是在听者不知道 p 的情况下告诉他 p。我们调查了王朔小说《刘慧芳》中含有否定词"不、没(有)"并且不带任何语气副词的否定陈述句,发现绝大多数此类否定陈述句的主要功能是陈述,而非否认或反驳。例如：

(5)他们跑到林荫道尽头,没有掉头回来,又沿着小树林的旧路线跑起大圈。

(6)我还脏,不爱洗澡,吃饭吧唧嘴。

(7)慧芳挡开徐月娟的手："你现在还爱打架么？""早不干这事了。还打,我成什么？"

例(5)和(6)中的否定句是单纯地陈述信息,没有否认和反驳的意味。例(7)中的问答对话语境是发挥否认和反驳功能的典型语境,可是其中的否定句除了具有否认和反驳功能以外,同时也具有陈述信息的功能,即向多年不见的老同学介绍自己的情况。可见,在实际语言使用中,否定陈述句和肯定陈述句的主要功能都是陈述。

我们调查了139万字的王朔小说,发现其中带有语气副词"并"的否定句绝大多数表示反驳。这类小句发挥反驳功能的典型语境也是对话语境,特别是以第一人称为主语的时候。例如:

(8)我们对别人没有任何要求,就是说我们生活有不如意我们也不想怪别人,实际上也怪不着别人何况我们并没有觉得受了亏待愤世嫉俗无由而来。

(9)其实我们并没有解决矛盾,只不过是片面助长了单方的气焰。

(10)其实我并不喜欢很多人就因为他们喜欢我我也不得不装作喜欢他们。

(11)第一,我们并没准备吊死在梦拳一棵树上,在寻找大梦拳传人的同时,我们也与大鹏拳、鹰爪猴拳等各派传人进行了联系,一旦证实大梦拳确已断根儿便请他们出山。

这说明,此类句子的反驳功能与句中的语气副词"并"有直接关系。这些句子否定的主要对象是它们的先设,这意味着语气副词"并"的主要功能是激活否定句的先设,并将其置于否定词的辖域之中。否定词对被激活的先设加以否定,使得整个句子带上了反驳的色彩。

袁毓林(2000)指出,自然的、无标记的否定是把否定词置于焦点成分之前,让焦点及相关成分直接处于否定词之后,形成一个相当集中的否定辖域。如果要让焦点成分前置于否定词,则需采用有标记形式,常用的标记有强调重音、"连、就、对、是"等强调性词语,这类强调标记提示人们否定词前面有标记的强调成分也可能是否定项目。语气副词"并"就是有标记否定句中的一个标记。否定句的先设是和否定句相对应的肯定命题,先设和否定句之间没有线性关系,因而无法将先设直接置于否定词之后,形成无标记否定,所以需要由"并"来激活先设,并将其置于否定词的辖域之中。

至此,我们可以把汉语中的否定二分为无标记否定和有标记否定。无标记否定否定的是处于否定词右侧否定辖域中的信息。有标记否定又可以分成两类:一类是把否定词左侧的成分置于否定辖域之中;另一类则把否定句的先设置于否定辖域之中。否定句的先设和否定句之间没有线性关系,因而最后一类否定是非线性否定,而前两类否定是线性否定。

二 语气副词"并"与加强否定语气

将语气副词"并"与加强否定语气的副词"根本"相比,二者有明显的差别:

(12) a. 张三不想熬夜。　　　(13) a. 李四没去上海。
　　　b. 张三根本不想熬夜。　　　　b. 李四根本没去上海。
　　　c. 张三并不想熬夜。　　　　　c. 李四并没去上海。

说(12b)(13b)的否定语气比(12a)(13a)的加强了,这符合多数人的语感。从这个角度看,(12c)(13c)的否定语气并不比(12a)(13a)的强。那么,为什么《现汉》、《八百词》和马真(2001)对"并"的释义中都首先指出"并"有加强否定语气的功能呢?

前文的语料统计已经显示出不带任何语气副词的否定陈述句(简称"一般否定句")的主要语用功能是陈述,带"并"的否定句的主要语用功能是反驳。将这两类句子的总体加以对比,可以明显地看出,带"并"的否定句的否定强度高于一般否定句。下面我们再从句法语义的角度对此加以论证。

单独的一个一般否定句,如(12a),只能起到陈述作用,即告诉我们一些关于张三的信息。要想让这样的一般否定句发挥否认或反驳的功用,从理论上说,应该有相应的上文语境信息。下面我们就提供一组不同的句子作为前一话轮,测试一下不同的否定句能不能分别跟它们构成相邻对(adjacency pair)。

第二话轮＼第一话轮	(14)a.张三想干什么？	(14)b.张三想熬夜吗？	(14)c.张三想不想熬夜？	(14)d.张三不想熬夜吗？	(14)e.张三不想熬夜吧？	(14)f.张三想熬夜。
(15)a.他不想熬夜。	√					
(15)b.他′不想熬夜。		√	√	√	√	√
(15)c.他根本不想熬夜。		√		√		
(15)d.他确实不想熬夜。				√	√	
(15)e.他并不想熬夜。						√

(注："√"表示能构成相邻对)

(14)这一组句子的特点是,从(14a)到(14f)说话人对"张三想熬夜"这个命题的相信程度越来越强。(15a)是个无标记的句子,句子的重音落在句末的自然焦点宾语"熬夜"上,它只能和(14a)构成相邻对。(14a)是一个全疑而问的疑问句,对它的回答必须提供新信息。这说明(15a)的功能是陈述信息。(15b)的句子重音落在否定词和谓语动词"不想"上,能够和(14b)—(14f)构成相邻对。能够回答全疑而问的(14b)和疑多于信的(14c),说明(15b)也具有陈述的功能。能够回答信多于疑的(14d)和(14e),说明(15b)具有否认功能。能够和肯定陈述句(14f)构成相邻对,说明(15b)具有反驳功能。

表中(15c)和(15d)的分布说明它们的主要功能是否认。(15e)则主要对肯定句(14f)加以反驳。这也表明语气副词"确实"、"根本"和"并"的差别是前者主要用来否认,后者主要用于反驳。和(15a)相比,(15c)、(15d)和(15e)的否定程度确实加强了,证明"确实"、"根本"和"并"的确有加强否定语气的作用。

通过上述分析可知,实际语篇中一般否定句主要用于陈述,是因为它们在类型上多属于(15a)类不带强调重音的无标记否定句。这种无标记否定句即使在有上文语境的条件下,也不能表示否认或反驳,要想有此功用,必须像(15b)一样带上强调重音。而(15e)类带"并"的否定句则几乎没有陈述功能,只是单纯地起反驳作用。将(15a)和(15e)两相比较,自然后者否定语气更强。又由于二者之间的差别只是语气副词"并"的使用与否,所以,加强否定语气的作用便被归结到了语气副词"并"的身上。

语气副词"并"单纯表示反驳,而难以用于陈述的另外一个证据是"并"不能用在祈使句中。祈使句的主要功能是命令或禁止,但是命令和禁止都是以陈述的形式表达出来的,可以说陈述是表达祈使的基础。不能用于祈使句恰恰说明"并"的出现总是能够激活所在否定句的先设,并将其置于否定辖域之中,所以它所在的句子总是表示反驳,而陈述的功能则很难得到凸显。相反,一般否定句却是表达禁止类祈使的最基本的载体,因为它们完全能够满足陈述禁止某人做某事类信息的需要。例如:

(16)医生:"你不要再和病人说话了。"(王朔《刘慧芳》)
(17)慧芳:"现在我管你,你就不能只满足于及格。"(同上)

王明华(2001)注意到,有些语句因为出现了"并",反而使否定的语气有所舒缓:

(18) a.老张,你这样做不好。　　(19) a.这样做没有什么问题。
　　 b.老张,你这样做并不好。　　　 b.这样做并没有什么问题。

王文认为,这两例中 b 句的"并"如果轻读,看上去其否定语气反而显得比 a 句弱,即由于出现了"并"反而弱化了句子否定的语气。

从而证明"并"与否定语气的强弱没有直接的联系。我们认为，"并"作为有标记否定的一个标记会自然地获得句子的重音，也就是说这里发生了标记颠倒的现象，即本身作为标记的"并"重读是无标记的情况，轻读反而是有标记的。因此，王文所举的例子是有标记的特殊情况，不足以否定"并"具有加强否定语气的作用。

三 语气副词"并"与对外汉语教学

通过前面的论述，我们可以总结出语气副词"并"的主要功能：用于"不、没(有)、未、无、非"等前边。激活否定句的先设，并将其置于否定词的辖域之中，使得整个句子带上反驳的色彩。不能用于祈使句。

将我们对"并"的功能的概括和上文引用的《现汉》、《八百词》和马真(2001)对"并"的释义相比较，最大的区别是我们突出了"并"的反驳用法，而隐去了其加强否定语气的功用。我们认为这样做对指导对外汉语教学有重要意义。

我们先用我们的释义解释一下造成本文例(1)和例(2)中"并"的错误用法的原因。例(1)、(2)中 A 的话都是一个建议，对于建议，合适的应答是表示接受或者拒绝，因而，用含有"并"的否定句反驳是不适宜的。如果能让学生明白含有"并"的否定句表示反驳这个特点，就能避免很多此类错误。

下面我们转引田旭红(2005)所列举的外国留学生使用语气副词"并"时出现的一些病句：

(20) *我今天过得不太好，考试的结果并不太好。
(21) "这件事到底是谁做的？"
    ""并不是我。"
(22) "我爱吃臭豆腐，你喜欢不喜欢啊？"
    ""我并不喜欢臭豆腐。"
(23) *明天我们到那儿时，你并不要带孩子去湖边玩儿。

(24) *你并别那样对老师说话,应该礼貌一点儿。
(25) *要是明天他不来我家的话,后天我并不去他家。

例(20)的后一小句说明前一小句的原因,应该陈述而非反驳,所以去掉"并"句子就成立了。例(21)、(22)中前面的问题都是疑大于信,没有提供反驳的前提,应该用陈述新信息的方式回答,不应该反驳。例(23)、(24)中"并"不应该用于祈使句。

例(25)中很显然说话人想加强否定语气,所以用了"并"。但是"并"是通过反驳来加强否定语气的,而上文中并没有提供反驳的前提,即"并"所在否定句的先设没有在上文中或隐或显地表现出来,所以用"并"不适合。应该用不需要提供前提的通过否认来加强否定语气的副词"就"、"绝"等代替"并"。

可见,我们在释义中不指明"并"有加强否定语气的功能是有意而为之的。原因是"反驳"衍推"否定",只要符合了反驳的条件,也就必然符合加强否定的条件,所以在说明了"并"具有反驳功能的情况下,再说"并"能加强否定语气就成为了表达上的冗余。不仅如此,还会使学生把反驳类加强否定和否认类加强否定混淆起来,从而出现例(25)一类的错误。

参考文献

马　真　　2001　《表加强否定语气的"并"和"又"》,《世界汉语教学》第3期。
彭小川　　1999　《副词"并"、"又"用于否定形式的语义、语用差异》,《华中师范大学学报》第2期。
沈家煊　　1999　《不对称和标记论》,江西教育出版社。
田旭红　　2005　《语气词"并"的句法、语义、语用特征》,北京语言大学硕士研究生学位论文。
王明华　　2001　《用在否定词前面的"并"与转折》,《世界汉语教学》第3期。
袁毓林　　2000　《论否定句的焦点、预设和辖域歧义》,《中国语文》第2期。

汉语全称限定词及其句法表现

曹秀玲

○ 引言

汉语表达全称数量除了"所有"、"每"、"整"等限定词外,"都"类副词也不可或缺,为此有人称汉语的"都"为全称量词。本文主要讨论"所有"等全称限定词,必要时也谈及汉语的全称副词。

吕叔湘(1942:142)曾经指出汉语名词在"数"上的特点,"一般而论,汉语里的名词本身不显为一个或多个。例如'马来了',也许是一匹马,也许是一队马。有表明数量的必要时,可以用数量词(定量或不定量)。例如要表明是全体,就要加'概括之词'。文言用'凡'、'诸'、'众'、'群'等字。口语里原没有适当的字,语体文里用'所有'和'一切'。"他同时提及"都"类副词替代"概括词"的作用,"口语里虽没有加在名词前的概括词,却有两个概括词可以加在动词之前,'全'和'都'。"王力(1944)也谈到"满数"和"歉数"之别。

国外的量词(quantifier)研究一般将全称量词分成 every 类和 all 类,分别对应于汉语的"每"和"所有"类限定词。前者表分指,着眼于多个个体之间的共性;后者着眼于整体,强调集合具有内在的一致性。英语的全称数量词语汇聚成一类,如 all,every,each,any 都充当限定词(陈平 1982),汉语的全称数量词则分散在许多词类,功能也不尽相同:"每、任何、各、所有"一般只能作限定词;"一切"既可以作限定词又可以单独充当主宾语;"一、满、全、整"等是量度区别词

(赵元任 1968),其中"全"既可以作定语又可以作状语。

本文所考察的语料为钱钟书、老舍、王朔三位作家的作品,共计一百万,文中所引例句后分别用"钱"、"老"、"王"等注明出处,所作的全部封闭性统计也都基于此。

一 全称限定词的类和句法分布

汉语全称限定词可以分成三大类:第一类包括"所有、一切、全体/部、凡(是)"等,这些词对论域(domain)中的全体成员进行统指;第二类包括"每、任何、各"等,这些词通过对单一个体的分指陈述实现对整个集合的描述;第三类是将集合作为一个不可分割的整体进行指涉的"整、全、满、通、一"等。这三类我们分别称为统指、分指和整指全称限定词。全称限定词的类别直接影响其句法分布。

1.1 统指全称限定词

统指全称限定词语法形式上的共同表现是不能与"一(量)"结构组合,但这些词并不是在任何情况下都可以互相替换。吕叔湘(1980)指出"所有"和"一切"的区别:"'所有'着重指一定范围内某种事物的全部数量,'一切'必指某种事物所包含的全部类别。""全体/全部"限定名词性成分时,前者只能限定表人名词,后者则不受此限。"凡(是)"重在突显事物的类属,它所限定的成分只能在主语或话题的位置上出现。

统指全称限定词语义上的共同特点是对个体不详加区分,笼而统之地对论域内所有成员加以计量和陈述。其中"一切"既可以是代词,也可以是指别词(吕叔湘 1980),这两种归类分别对应于"一切"的单用(如"感谢生活给予我们的一切")和作限定词(比如"妈妈满足孩子的一切愿望")两种情况,作限定词的比例比单用高 15.2%。[1]其他统指全称限定词的句法功能相对比较简单,只能作定语。统指全称限定词与被限定成分组成的结构体主要作主宾语,但在主宾语位置上的出现频率悬殊,具体情况见下表:

表一

	一切	所有	全部/体	凡(是)	总计
主语	36/66.7%*	39/60%	19/61.3%	29/100%	116/71.2%
宾语	18/33.3%	26/40%	12/38.7%	0/0%	47/28.8%
小计	54	65	31	29	163

(*"/"前面的数字表示出现的次数,后面的是该项目占该词全部用例的百分比,下同)

上面的统计数字表明,"一切"、"所有"和"全部/体"用例的60%以上分布在主语位置上,"凡(是)"限定名词形成的结构体只能出现在主语位置上。因此,统指全称限定词结构体在主语位置上的平均出现频率高达71.2%。

下面是这4个统指全称限定词的具体用例:

(1)一切图书馆本来像死用功的人大考时的头脑是学问的坟墓。(钱)
(2)书可以给你一切,书中自有黄金屋,书中自有颜如玉。(王)
(3)所有的账目都被神不知鬼不觉地涂改过了。(王)
(4)大家都小心翼翼地收起所有带尖的利器,用钢笔的全换了圆珠笔。(王)
(5)奖金人选发表以后,据说中国人民全体动了义愤,这位作家本人的失望更不用提。(钱)
(6)我并没有让你们承担比赛的全部费用,只让你们赞助些开办费。(王)
(7)凡是账面上没有的都记在那个小本上。(王)

1.2 分指全称限定词

分指全称限定词语义上的共同特点是从单一个体出发表达全称数量意义,表现在语法形式上,除了"各"有选择地限定量词和名词,"任何"和"每"后面都可以加上相应的"一+量"成分再限定名

121

词。例如：

(8) **任何**一味药都不能说是包治百病。（王）
(9) 鲍小姐说时，好像全世界**每个**男人的性格都经她试验过的。（钱）
(10) 春节前夕，**各家**商店门前都挂上了鲜艳的广告条幅。（王）

另外，"任何"与否定范畴联系密切，那些与"也"共现的"任何"结构体更是如此。据曹秀玲（2005），"任何"表全称数量时 65.8% 的用例与否定范畴相联系，而"每"99.0% 的用例用于肯定式。至于"各"，吕叔湘（1980:195）指出："除少数四字语外，'各'一般不用于否定句。"虽然"各"和"每"都倾向于与肯定性语篇相联系，但"各"重在"异"，"每"重在"同"。

分指全称限定词在主宾语位置上分布的具体情况见下表：

表二

	每	任何	各	总计
主语	53/67.9%	18/25%	29/30.2%	100/40.7%
宾语	25/32.1%	54/75%	67/69.8%	146/59.3%
小计	78	72	96	246

统计结果显示，分指全称限定词中，只有"每"结构体作主语的比例相对较高（超过三分之二），"任何"和"各"结构体作主语的比例相当低。这与统指限定词结构体主要充当主语形成鲜明的对比。其实"每"结构体作主语包括两种情况：一是我们上表中统计的通常意义上的主语；另一种是表"分配"的，即"每人一本手册"之类的句子，本文的统计不包括后者。

下面是分指全称限定词结构体充当主宾语的用例：

(11) **任何**吹捧家也不能脱离对象单独存在，就像衣服离不开身体一样。（王）
(12) 他发现了自己的伟大，觉得自己能指挥万物，无须依赖**任何**人。（钱）
(13) **每个**作家都该去游历、演讲，为作品开辟市场，替美国人减少些

金元的负担。(钱)

(14)他不经意间的这句话得罪了在场的每一个人。(王)

(15)高松年今天替部里派来视察的参事接风,各系主任都得奉陪。(钱)

(16)现在应该动员各区公安局和派出所,在全城范围内查找失踪的女人。(王)

1.3 整指全称限定词

整指全称限定词对某一范围进行指涉,表达整个范围没有例外的全称数量意义。受这些词限定就意味着将其所总括的成分看成一个整体:"全"对整体进行总括,不分析其内部的组成情况;"满+N"极言某范围内事物的数量,受词汇意义的影响,"满"限定的成分要求是可充塞或可占据的事物;"整"限定名词性成分表达全称意义时,要求"整"和名词之间加有量词,受"整"词汇意义的影响,结构所表达的数量意义与"完整"有关;"通"表示全称数量意义时限定的名词必须含有[+跨度]的语义特征;"一"表达整指全称数量意义时,不能与个体名量词和动量词共现,要用临时量词或容器量词,而且"一量"和名词之间常常加上"的"字,如"一脸的水"等。

由"全、满、整、通、一"等限定名词性成分形成的结构也可以出现在主宾语位置上,但是也有相当多的用例出现在谓语、状语和补语位置上。由于后三种分布不是我们考察的重点,所以这里不详加区别,只用"其他"来称说。整指全称限定词结构体的具体分布情况见下表:

表三

	全[②]	满	整	通	一	总计
主语	36/48.6%	11/17.5%	11/28.2%	5/50%	11/40.7%	74/34.7%
宾语	38/51.4%	13/20.6%	17/43.6%	1/10%	6/22.2%	75/35.2%
其他	0/0%	39/61.9%	11/28.2%	4/40%	10/37.1%	64/30.0%
小计	74	63	39	10	27	213

统计结果显示,整指全称限定词中,只有"全"结构体充当主宾语的比例大体相当,"一"和"通"作主语的比例较高,而"满"和"整"结构体作宾语的比例较高。从总体情况看,整指全称限定词作主宾语的比例相差无多。

下面是整指全称限定词结构体充当主宾语的用例:

(17)现在全市闲散人员都转进文艺界了,有嗓子的当歌星,腿脚利索的当舞星。(王)

(18)不幸得很,世界语并不名副其实地通行于全世界。(钱)

(19)两人跟他进舱,满舱是行李,李先生在洗脚。(钱)

(20)这女人尖颧削脸,不知用什么东西烫出来的一头卷发,像中国写意画里的满树梅花。(钱)

(21)伊尹是中国第一个哲学家厨师,在他眼里,整个人世间好比是做菜的厨房。(钱)

(22)我爱的人,我要能够占领他的整个生命。(钱)

(23)我通身热度都被寒气逼入心里,变成一个热衷冷血的角色。(钱)

(24)咖啡厅临街的窗户都镶着通体玻璃。(王)

(25)一家大小全没个信,活活把人急死!(老)

(26)赵航宇急出一脑门子汗。(王)

1.4 全称限定词句法分布综观

如前所述,全称限定词结构体在句中主要充当主宾语,三种限定词结构体在主宾语位置上的平均出现频率见下表:

表四

	统指	分指	整指	平均
主语	71.2%	40.7%	34.7%	48.9%
宾语	28.8%	59.3%	35.2%	41.1%

上面的统计表明,三种全称限定词结构体在主语位置上出现频率的高低序列为:统指>分指>整指。其中统指全称限定词出现在主语位置上的出现频率最高,后两种限定词结构体在主语位置上的出现频率只有40%左右。

二 "都"类副词与汉语全称数量表达

2.1 全称限定词与"都"类副词共现

全称限定词本身可以表达全称数量意义,但是有时要同"都"类副词共现,以强化全称数量意义的表达。实际上,"都"指向的成分不只是主语,介词宾语也是"都"共指的对象,本文为统计的便利和比较标准的同一,只考察"都"与主语共指的情况。

2.1.1 统指全称限定词 统指全称限定词与"都"类副词的共现情况见下表:

表五

	一切	所有	全部/体	凡(是)	总计
出现	21/58.3%	26/66.7%	10/52.6%	24/82.8%	81/65.9%
隐没	15/41.7%	13/33.3%	9/47.47%	5/17.2%	42/34.1%
小计	36	39	19	29	123

从上面的统计数字可以看出,统指全称限定词结构体与"都"类副词共现的平均比例高达65.9%,接近全部作主语用例的三分之二。其中"凡是"与"都"共现的比例更是高达82.8%,其他统指全称限定词之间的区别不是很明显,都在50%以上。

2.1.2 分指全称限定词 分指全称限定词虽然作主语的比例低于统指全称限定词,但与"都"类副词共现的比例并不特别低,具体情况见下表:

表六

	任何	每	各	总计
出现	11/61.1%	38/71.7%	5/17.2%	54/54%
隐没	7/38.9%	15/29.3%	24/82.8%	46/46%
小计	18	53	29	100

125

统计结果显示,"任何"和"每"结构体作主语与"都"共现的比例都在 60% 以上,只有"各"与"都"的共现比例较低,不足 20%。

我们还注意到,"任何"表达全称数量意义时既可以与"都"共现也可以与"也"共现,但与"也"共现时必须是否定形式。而统指限定词和其他分指限定词即使在否定句中也不能与"也"共现,对此我们将另文讨论。

2.1.3 整指全称限定词 像统指和分指全称限定词结构体一样,整指全称限定词结构体在主语位置上的部分用例也与"都"类副词共现,具体情况见下表:

表七

	全	满	整	通	一	总计
出现	19/52.8%	3/27.2%	4/28.2%	1/20%	6/54.5%	33/44.7%
隐没	17/47.2%	8/72.7%	7/43.6%	4/80%	5/45.5%	41/54.3%
小计	36	11	11	5	11	74

上面的统计数字表明,整指全称限定词中与"都"类副词共现率较高的是"全"和"一"(都在 50% 以上),"满"、"整"、"通"与"都"的共现率只有 20% 左右。而整指全称限定词结构体作主语与"都"共现的平均比例为 44.7%,虽然低于统指和分指全称限定词,但差距并不明显。这说明"都"在汉语全称量限表达系统中的作用非常显著。

2.1.4 与"都"类副词共现情况综观 三种全称限定词结构体作主语时与"都"类副词的共现情况见下表:

表八

	统指	分指	整指	平均
与"都"共现	65.9%	54%	44.7%	54.9%

统计结果显示,全称限定词结构体充当主语的用例中一半以上与

"都"类全称副词共现。共现频率与全称限定词结构体作主语的比例形成两个平行的序列,即:统指＞分指＞整指。因此,各类全称限定词结构体与"都"共现的频率与其作主语的总体情况基本对应,统指限定词结构体在主语位置上的出现和与"都"类副词共现的比例都很高,分指和整指全称限定词结构体依次低于前者。

2.2 "都"与全称限定词的类型

国外学者把全称量词(quantifier)分为两类,一类无标记的或非分指的(non-distributive),另一类是分指的,可分成分指基(distributive-key)和分指享(distributive-share)。(Choe 1987)David Gil(1995)也提出,来自英语和其他语言的证据支持 all 及其等价物构成了基本而简单的全称量词,至于 every 及其等价物,在句法和语义上都是量词中的最例外者。Vendler(1967:72—76)、Hogg(1977:105—140)、Aldrige(1982:212—235)等也早就指出,every 导致分指解释而 all 既允许分指解释也允许非分指解释。例如:

(27) a. All men gathered at dawn.
　　*b. Every man gathered at dawn.
(28) a. All men carried three suitcases.
　　 b. Every man carried three suitcases.

上面(27)组中 a 成立,b 不成立,因为分指限定词 every 与 gather 的语义相互排斥;(28)组中的 a 有分指和非分指两种解释,b 则只有一种解释。上述区别正是由其中的限定词 all 和 every 导致的。为此 Gil 提出,分指基量词比简单全称量词具有更高的标记性的原因在于:分指全称限定词在语义和形态上总有特殊性质,分布受到限制,有些语言的分指基由简单全称量词派生。

汉语的全称限定词至少可以分为统指和分指两种,但加"都"后句子只能作分指解。例如:

(29) a. 所有人搬了三只箱子。(分指/非分指)
　　 b. 每个人搬了三只箱子。(分指)

(30) a. 所有人都搬了三只箱子。(分指)
　　 b. 每个人都搬了三只箱子。(分指)

上面(29)组的两个句子意义不同:a 有分指和非分指两种解释,b 则只有分指一种解释,因为"每"是分指限定词;(30)组的两个句子是同义的,"都"的加入使统指全称限定词"所有"获得分指解,此时"每"和"所有"的对立消失了。可见,"都"在汉语量限表达系统中的作用不可小视,它使所有的全称量词获得分指解,即使是整体性的事物也在于强调各部分之间的同一性。

汉语表达全称数量时,有时甚至采用"都"类副词的叠用形式。例如:

(31)"你不小心,看我把女人都毁了"——似乎这恐吓的力量还不够大,上帝又加上说:"并且把你吃的肉全都剥夺!"(钱)

(32)前后左右你全都布置下人了吗?(老)

(33)南希可怜巴巴地说,刚培养出来的自信全都没了。(王)

据曹秀玲(2005)的考察,"全"主要用于指涉连续的事物,而"都"主要用于指涉可离散的个体。正因如此,李行德(1986)提出"都"的特征在于它的分指性(Lee 1986)。"都"类副词的叠用可用认知语言学的数量相似原则解释,即语言单位数目的多寡反映语义强度的高低。

三　余论

通过上面的考察我们看到,汉语统指、分指和整指全称限定词在主语位置上的出现频率依次递减,与"都"类副词共现的比例也依次递减,从而形成两个平行的序列,三类全称限定词结构体与"都"类副词共现的平均比例高达 54.9%。其实这是有历史渊源的,据韩陈其(2001)考察,《史记》中的全称数量副词很多,如"皆、尽、悉、举、遍、并、俱、咸、毕、胜、一"等,而且语义指向复杂,有单指和双指、前指和后指之分。《史记》以后又出现由上述单音副词组

合成的双音统括范围副词的用例:

(34)晔抚尉安怀,咸悉悦服。(《三国志·魏书·刘晔传》)
(35)父母家属,一齐号哭。(《太平广记》卷四四〇引《潇湘录》)

"都"在《史记》中出现频率很低,但在现代汉语中却取代其他统括副词,成为典型的全称副词。现代汉语的"都"只能前指,而古汉语中却可以后指受事宾语。例如:

置平准於京师,都受天下委输。(《平准书》)

古今汉语全称副词系统发生很大的变化。首先,全称副词的数目大大减少了,最常用的只有一个"都"。作为一个最典型的全称副词,它可以替代其他的统括性副词。古汉语中其他的全称副词有的根本不能再充当全称副词,比如"毕"、"胜"、"尽"、"便"、"索"、"率"、"一"、"旁"、"具"、"悉"等,这些词的全称数量意义只保留在一些成语或固定结构中,如"群贤毕至"、"一无所有"、"不可胜数"等;有些全称副词虽然保留到现代汉语,却只能出现在书面语色彩较浓的语篇当中,如"咸"、"皆"等。其次,全称副词的所指对象的位置不同。现代汉语全称副词的统括对象除了疑问词外,无论是施事还是受事都必须分布在动词的前面。汉语全称副词系统的演变与全称限定词的发展存在共变关系,对此我们将另文讨论。

附 注

① 具体统计数字见曹秀玲(2005):《现代汉语量限研究》,延边大学出版社。
② "全"既可以作定语又可以作状语,这里只讨论它的限定词用法。

参考文献

陈　平　1982　《英语数量词的否定》,《现代外语》第1期。
储泽祥　1996　《"满＋N"和"全＋N"》,《中国语文》第5期。

韩陈其 2001 《论〈史记〉统括性范围副词》,《中国语言学报》(十),商务印书馆。

陆俭明 1988 《现代汉语中数量词的作用》,《语法研究和探索》(四),北京大学出版社。

吕叔湘 1990 《中国文法要略》,商务印书馆。

—— 1980 《现代汉语八百词》,商务印书馆。

马　真 1983 《关于"都/全"所指括对象的位置》,《汉语学习》第 1 期。

王　力 1985 《中国现代语法》,商务印书馆。

赵元任 1979 《汉语口语语法》(吕叔湘译),商务印书馆。

Aldridge, Maurice V. 1982 English Quantifiers, a Study of Quantifying Expressions, *Linguistic Science and Modern English Usage*. Avebury Publishing Company, Amershan.

Choe, J. W. 1987 *Anti-Quantifiers and a Theory of Distributivity*, Unpublished University of Masschusetts/Amberst Dissertation.

Gil, David 1995 Universal Quantifier and Distributivity. *Quantification in Natural Language*. eds. By Emmon Bach, Kluwer Academic Publishers.

Hogg, Kichard M. 1977 *English Quantifier System*. North Holland, Amsterdam.

Lee, Thomas Hun-tak 1986 *Studies on the Quantification in Chinese*. PhD Dissertation, UCLA.

Vendler, Zeno 1967 *Linguistics in Philosophy*, Cornell University Press, Ithaca, 1967.

"一律""一概"的认知视点差异

李宇凤

0 引言

"一律、一概"同为总括副词,其中心意义都是总括全部范围,表示没有例外。①根据语言的节约性原则,两词即使在多数情况下可以互换,也绝不可能完全相同。《现代汉语八百词》、《现代汉语规范词典》、《HSK 词语用法详解》和《现代汉语虚词词典》对其进行辨析,一言以蔽之:概括人,用"一律";概括事物,用"一概"。②辞书判断的依据,是以下这些较难替换的例子。例如:

(1)今天大家一律(*一概)穿西服。　　　　　(概括人)
(2)家中的困难他一概(*一律)不提。　　　　(概括物)
(3)电话、煤气、暖气一概(*一律)齐全。　　　(概括不同物)
(4)地上一律(*一概)铺着大理石。　　　　　(概括相同物)
(5)它所有的丫枝一律(*一概)向上,而且紧紧靠拢。(概括相同物)
(以上转引自《现代汉语虚词词典》)
(6)一律(*一概)凭票入场　　　　　　　　　(概括人,省略)
(7)演出回来的同志一律(*一概)休息两天　　(概括人)(以上转引自《现代汉语八百词》)

语感上,括号外的词语确实比括号内的更为通顺,但若对其稍作修改,结论也许会颠倒过来:

(8)今天工作人员一概穿西服。　　(概括人)
(9)家中的困难他一律不准提。　　(概括物)
(10)电话、煤气、暖气一律要齐全。　(概括不同物)

131

(11)地上铺的一概是大理石。　　　　（概括相同物）
　　(12)没参加演出的同志一概不准休息。（概括人）

显然，大语境的缺乏造成对"一概、一律"句正误判断的困境（口语不常用也给判断带来一定的困难③）。例(8)到(12)说明，原有的以表面的概括对象来区别"一概、一律"的方法并不适用。比如同样是概括人，例(1)/(8)、(7)/(12)却存在对"一律、一概"的不同选择；同样是概括物（差别仅在于是否有情态词"准、要"），例(2)/(9)、(3)/(10)也可有不同的选择。例(4)/(5)中的"一律"较为特殊，涉及到"一律"的语义虚化和词性问题。④这说明，在表面现象之上，存在着更为内在的原因，造成"一律"和"一概"在使用上的截然不同。本文试图从视点差异这一全新的角度，重新认识"一律、一概"的句法、语用区别。

一　视点差异与意义差别

我们首先从总括条件出发，推导总括副词"一律、一概"的本质差别。总括的基本条件是，存在一个由多个对象构成的概括范围，即范围内的不同个体（总括对象）和个体间的共同特征（总括依据）。总括的实现特征是，通过总括范围与特定性质状态或动作行为的对应完成总括活动，即必须对总括范围进行特定操作。总括的方式多种多样，既可由静态的基本条件决定范围，也可由动态的实现条件构建范围。

我们认为，总括副词"一律、一概"的根本差异，在于其总括方式的不同造成的总括视点的差异。具体而言，"一律"的总括范围是内在的，由其总括对象的内在特征决定（基本条件），范围先于"一律"所联系的性状或动作行为存在。而"一概"的总括范围却是外在的，通过赋予不同的总括对象相同的性状或动作行为而构建（实现条件）的，范围与总括活动相互依存。因为"一律"总括的对象本身具备某种内在的共同特征,对其赋予某种相同的性状或动作行为,就等于强调对同类个体进行相同的单个处理,因此总括活动赋予总括范围离析性的特征,范围与范围内个体受到同等突显。而"一概"的总括对象本身并没有显著的共同点,如果没有谓语所表述的性状或动作行为,"一概"的总括范围就会失去其存在的依据,故其仅突显范围整体。

总之,"一律"的意义是,说明多个不同个体因具备某一共同特征而进行了谓语陈述的行为或具备谓语所表述的性状,它们构成离析性的总括范围;而"一概"的意义是笼统陈述一个范围,范围总体与谓语的行为或性状形成整体对应,它们构成整合性的总括范围。⑤下面我们简要地从语法化角度解释这种差异的来源。⑥

"一律、一概"的副词意义都来源于其相关形容词意义。形容词"一律"的意义相当于"一样、相同"。苏轼诗"诗画本一律"、成语"千篇一律、千人一律"中的"一律"都取此意义。"一样、相同"的等比意义较"概括全体无例外"的总括意义实在,从语法化由实到虚的一般规律上看,"一律"理应遵循从形容词到副词的意义演进轨迹。"一样"的意义域所包含的"不同个体、个体比较中的一致点"能够自然地向其范围概括义"有共同点的多个个体构成范围整体"迁移。"一律"所概括的范围自然地着眼于范围内个体与范围整体,意为"每一个都一样"。语料调查中"一律"的形容词和副词用法都有出现,以副词为主。⑦形容词用法主要出现在残留的成语中。调查中发现有形容词副词两可的例子,这对说明"一律"的语法化非常有启发。

(13) 长期以来,高校体育教学却是千篇一律,没有自己的特色和特点。

(14) 行年五十,犹一布衣;间以才豪,跌宕四出,要其所厌,千人一律。

(15) 在游击区和崭新区则应建立小而精干的秘密的或半公开的群

众组织和情报组织,名称不必一律,组织不必统一。

(16)人世间的事物不可强求一律,参差多态才是幸福的本原。

(17)我们记忆犹新的是舆论一律,是一边倒,是一个声音的坚决拥护,万众声讨。

(17')我们记忆犹新的是,舆论一律是一边倒,是一个声音的坚决拥护,万众声讨。

(18)我喜欢农村的一切,连体验生活也从不到工厂、矿山去,因此,我的创作打学生时代起就一律地表现农民了。

例(13)、(14)是固定半固定用法的形容词"一律",它已具备总括的两个基本条件:多个个体("千"),个体间的共同特征("一律")。但其与范围对应的动作行为或性状未有表述,总括范围尚未具备实现条件,只能是隐性的存在。"一律"本身作为陈述的谓语此时尚未虚化。例(15)、(16)中"一律"的多个个体的表现形式泛化,不一定要遵循"千口一律"的格式;个体的复数特征由自由的名词短语表达。因为格式不那么受限制,"一律"的虚化具备了进一步的可能性。例(17)、(18)中对"一律"的理解出现了形容词和副词两可的情况,若(17')改变断句,对"一律"的理解就是副词了。其实,(17')和(18)中的"一律"也完全可以理解为形容词。因为形容词跟副词一样可以作状语修饰主要谓词。不过形容词修饰谓词一般可带助词"地",副词一般不带"地"。"舆论一律是一边倒"既可解释为"所有舆论都是一样的一边倒的",也可理解为"所有舆论都是一边倒","一律地表现农民"也可作类似的解释。[8](17)、(18)同时具备了总括的三个条件,具备共同特征的多个个体拥有一个关于它们共同点的陈述。此时"一律"也就具备了虚化为总括副词的全部条件。这充分说明在特定的语境下("NP(复数)+一律+VP/AP"),形容词"一律"自然向总括副词转化。[9]受到形容词语义遗留的影响,"一律"总括的是"一样"的多个个体,这些个体有相同的表现,即个体与谓语特征一一对应,故而形成离析性的总括范围。

现代汉语中的"一概"几乎没有形容词的用法,我们的调查中仅见一例。"一概"的形容词意义为"所有的、全部的",口语还能使用。其历史来源应该是"概括、概要"的"概";而"一"本身就有"全"的意思。所以"一概"的副词意义更适合理解为"全、都"。语料中"一概"的固定用法只有"一概而论",其中"一概"为副词;其出现频率高,对"一概"压倒性的副词用法可能有导向作用。我们也发现一例"一概"可作形容词副词两解的例子(如例19)。

(19)毕加索,出于他豪放的性格,对来访者都一概地敞开大门予以接待,对于法共组织,自然更应如此……

(19')毕加索,出于他豪放的性格,对一概的来访者都敞开大门予以接待,对于法共组织,自然更应如此……

(20)景琦要尽快把季先生的灵柩送回他原籍,一概的丧葬费用全由公中支取……在京留守的伙计,每人发二十两的红包……

(20')景琦要尽快把季先生的灵柩送回他原籍,丧葬费用,一概的全由公中支取……在京留守的伙计,每人发二十两的红包……

例(19)中"地"可能是副词的强调用法,也可能是形容词"一概"加"地"作状语,表示"全部的"这样一种方式,如(19')。如果形容词定语需要强调,可后置,如例(20')。比较例(19)、(20),我们不难发现两者的相似之处。可以设想"一概"从形容词到副词的虚化是从形容词的强调用法转化并重新分析而来的,其路径为"一概的NP+VP/AP→NP+一概的(地)+VP/AP"。[⑩]

同样,"一概""一以概之"的形容词意义,特别是"概"的"梗概、概括"意义影响和制约着其副词意义和用法。"梗概"忽略细节,"概括"不论差异,"一概"作为总括副词自然是笼而统之。所以"一概"的总括采用整体对应,是整合性总括。

综上所述,"一律"与"一概"的主要差别是总括范围时形成的认知视点差异,"一律"采用离析视点,是对构成范围的个体和范围整体的同等透视,"一概"采用整合视点,仅仅对范围整体进行透视。反映在意义差别上,"一律"表示动作状态作用于范围内的每一个体,"一概"表示动作状态加诸于范围整体之上。

二 视点差异的句法表现

调查发现,无论用"一律"还是"一概",句中必有其明确的总括对象。无指、指向不明都会造成病句。这是总括副词共同的句法要求。

(21)*我一概到食堂吃饭。(无指)
(22)*将来的目标、实施的步骤、各部的分工,从领导到员工一概(一律)不闻不问。(指向不明)

当然,总括对象不一定在句子表层显现。如"损坏公物一律照价赔偿"(《八百词》例)中,"损坏公物"并不是总括对象,而是构成总括范围的条件,完整的表述应该是"任何人每一次损坏公物的行为中被损坏的公物"。

"一律、一概"总括范围的句法表现存在巨大差异。"一律"主要概括 NP,具体表现为概括简单名词、条件式名词短语和带修饰成分的名词短语。

(23)学制小学 6 年,中学 6 年,完全和当时中国国内的学制相同,教材也一律采用上海的商务、中华、世界等大书局出版的教科书。
(24)本校晚上十点关门,凡外宿者一律开除。
(25)易拉罐装的"银耳燕窝",一律译成"鸟巢"。

显然,单一名词成分作为类名、带范围副词"凡"的 NP 以及有修饰语规定 N 特征的 NP 本身就能由其内在特征构成确定无疑的范围,"一律"让每个具备特征的名词成分受到一致的对待。这与"一律"的总括方式和离析视点相一致。

以名词性成分的内在特征作为总括依据,我们将其称为广义条件式总括。调查显示,"一律"主要用于此类总括,共 96 例,占其总数的 91.4%:其中简单名词 34 例,占 32.4%;条件式名词短语

12例,占11.4%;带修饰语的名词短语43例,占41%;时间条件[11]的5例,占4.7%;动作性成分2例,占1.9%。总之,"一律"主要总括条件式名词性成分,其总括范围相对明确。

"一概"的总括范围不像"一律"那么明确。事实上,它主要总括事件性成分,其句法表现趋于复杂。调查中"一概"总括名词性成分的例子仅32例,占其总数的39%,其中6例为"其他、别的"类成分。很明显,"别的、其他"是一个否定性的不明确的范围。其余例子都可概括为同一种类别:在"一概"出现的主句前有几个句子或小句对复杂情况进行叙述,"一概"针对叙述总括出范围。[12]例如:

(26)不过,痞子,你和我不一样,就算是恐龙投怀,你也实在应该自求多福,一概笑纳。

(27)近年兴起的"菜谱"热,有其客观必然性,不可一概视为"封建沉滓"的泛起。

当然,"一概"也能用于某些条件式总括。但"一概"主要接条件从句,"一律"是条件短语。这里只举"一概"的例子("一律"的例子见例38—41)。

(28)在我的印象里,贾克是个不尚时髦的艺术家,无论是前几年漫天变幻的"理性"、"达达"的诸род大王旗,还是今日俯拾即是的"解构"、"颠覆"等诱人口号,他都一概地漠然处之。

(29)本法无论对平面问题还是空间问题,是光滑边界点、侧棱点还是角点,有限域或无限域,受载还是变温,一概适用。

综上,"一律"最常出现的句式是"NP,(无论X),一律VP/AP",而"一概"常出现的语境是"C/S[13],C/S,一概VP/AP"。"一律"中的"(无论X)"用来在广泛的"同"中标榜"异",这正好印证了"一律"的离析性视点中对整体和个体的同等透视。"一概"的句式表明其总括范围驳杂,也证明其总括是通过谓语建构的,其范围是整合性的。

此外,笔者还发现几条证明"一律、一概"差异的微观句法表现。首先,凡是能用"每"修饰的名词成分都能被"一律"总括,"一概"却不行。"每"为公认的强调范围内个体的成分,代表着离析性特征。与"每"的兼容性也能证明"一律"的离析视点特征,而整合性的"一概"不具备这一特征。

(30)而理论知识部分的结构一律是条款式,每一文种一律是概念、特点、作用、种类、写作要求、注意事项等条目……

(30')而理论知识部分的结构一律是条款式,所有文种一概是概念、特点、作用、种类、写作要求、注意事项等条目……

其次,当上下文语境涉及明显的数量特征时,"一概、一律"的替换会受到限制。如果总括对象明显表现为单数,则"一律"受限;如果总括对象有较显著的多数标记,则"一概"受限。

(31)在昨日下午记者与程鹏辉联系上时,他正在外面开会,对于<u>李金羽将要受到处罚的事</u>表示一概(*一律)不知,因此也不好发表看法。(网络新闻)

(32)我就管听喝儿,送东西!<u>别的</u>一概(*一律)不知!(大宅门)

(33)评论<u>秦始皇</u>曾经出现过简单否定、一概(*一律)骂倒的错误倾向。(学术期刊索引数据库)

(34)从1955年8月到1957年末,中宣部处理丁(玲)陈(企霞)"反党小集团"问题经过几次反复后,最后升级定为"右派反党集团";强把<u>七位有成绩的党员作家</u>一律(*一概)划为右派,开除党籍。(学术期刊索引数据库)

(35)这些穿着<u>各式各样</u>NBA运动衣的球迷<u>不分男女老少</u>,一律(*一概)"短打扮",只穿一双耐克运动鞋……(学术期刊索引数据库)

显然,当"一概"总括单一的内部不可分的整体(如一个人、一件事、一类笼统的东西)时,离析性的"一律"不适用(例31—33)。反之,当所总括对象包括多个不同个体,并"一律"具备某一特征时(如具体数字说明等),整合性的"一概"的替换力就会减弱(例34—35)。

最后,"一律"能使无标记NP显示复数特征,而在这样的句子里"一概"显得不自然或不能成立。

(36)教育部公布《普通教育暂行办法》,规定:"从前各项学堂均改称学校","监督、堂长一律($^?$一概)通称校长"。(学术期刊索引数据库)

(37)教学十分严格,学生一律(*一概)住宿在学校,生活管理也十分严格。(同上)

例(36)"一概"似乎可行,原因在于其前有两个简单名词短语,意为把"监督、堂长"视为一个整体对待;而用"一律"说明有很多"监督"或"堂长"分别被称为"校长"。例(37)中"一概"不能用,而用"一律"表示有很多学生,"每个学生"得到相同的管理。这充分显示出"一律"的离析性、"一概"的整合性。

三 视点差异的语用表现

调查显示,在语域选择性上,"一律、一概"都常用于书面语,但"一律"倾向于规定性语域,而"一概"主要选择评论性语域。

(38)今后,凡未经过资格考试者或资格考试不合格者一律不研究,不提请任命。

(39)景怡高声地:"打今儿起,所有(凡)白家老号一律关门儿停业!"
(上述例子都可以添加条件成分而加强规定和"一视同仁"的意义)

(40)但若把二程哲学一概归结为客观唯心主义,笔者不敢苟同。

(41)而有些志界同仁对题词入志问题有片面的认识:一种认为凡是题词一概不入志,一种认为题词完全可以入志。

法律、规则、规定等制约多个满足条件的个体构成的范围,针对的却是具备某一条件特征的每一个体,突出"范围内的同质性"。[14]无论是政府部门、法律条文的规定,还是有权威个体对其管辖对象的指令,都着眼于一视同仁地约束范围内的每个个体。"一律"对规定性语域的适应充分体现出其离析性视点特征。由于语境吸收作用,某些规定性短语相对凝固,因而在语感上,"一概"不能替换"一律"。例如:

(42)中华人民共和国公民在法律面前一律平等。(宪法)

(43)观众一律凭票入场。(电影院公告)

例(40)、(41)中"不敢苟同、片面的认识"等都标志着"一概"出现语境的评论特征。事实上,在我们的调查中,"一概"的书面语用法(主要是学术期刊论文)全都用于评论。

此外,规定性使"一律"的总括具备泛时特征(如条件式"凡……,一律VP")。而"一概"的评论性,使其倾向于与特定时间相连。比如在陈述已然事件时倾向于用"一概",不能用"一律"。

(44)演的是什么,他一概(*一律)听不懂,只感到电影院的音响效果非常棒。

(45)作者认为,刘歆争立古文经是为了厘正西汉末今文经学空疏与妖妄的积弊,建立致用的学术,他并非一概(*一律)排斥今文经。

"一律、一概"的语域特征进一步作用于其语用感情色彩。调查表明,"一律"出现的语句其感情色彩以中性为主(99例,占94.3%),这与规定性语域相一致。因为规定以条件为依托,凡具备某一条件者都会得到相同的处理,其本身不带任何褒贬色彩。"一概"主要出现在否定性感情色彩的语句当中(90.2%)。⑮具体表现为两种情况,一是句子本身带否定性谓语,否定指向句子主语,如谓语前加否定副词"并不一概拒绝、不能一概从略、一概不知、一概不做"等或谓语本身带否定感情"一概加以否定、一概拒绝"等,二是对句子的主观感情评价为否定,否定指向说话人感情,如前例(40)、(41)都是作为批判某种观点的引入语来使用的,其后紧接着就是对"一概VP"这一做法的批判。这充分说明"一概"的整合视点不仅使其常用于评论,且大都为否定性评论;其原因在于"一概"的整合视点只注重全体,强调统一对待而没有给出其条件因素,这使其不可避免地带上笼统之义,因而易于受到否定。

总之,视点差异使"一律"倾向于选择规定性语域,体现中性感情色彩;而"一概"倾向于选择评论性语域,体现否定性感情色彩。

回到第一节讨论过的几个例子。例(1)、(6)、(7)都是规定性的表述,故不适合用"一概";情态词"要、准"有规定性特征,所以例(9)、(10)能够成立;面称适合于表达命令与规定,而一般指称无此特征,故例(1)用"一律",而例(8)可以用"一概"。例(12)对"一概"的选择体现出肯定与否定的不对称。作为规定,否定性表达显得消极、不明确,其规定性远不如肯定性表达强;在规定性减弱的情况下,"一概"不那么受限制,同时"一概"对否定性感情的适应倾向也增加了例(12)的合法性。

四 小结

本文主要从视点差异角度论证了"一概、一律"的根本区别。"一律"采用离析性视点,其总括范围由总括对象内在特征决定,"一律"的作用是凸显范围内每一个体同特定性状或行为的一一对应。"一概"采用整合性视点,其总括范围由其总括对象的外在表现来建构,它的作用是强调相同的性状或行为加之于范围整体之上。表现在句法上,"一律"倾向于总括条件式名词性成分,"一概"主要总括多个复杂小句或句子。体现在语用上,"一律"主要选择规定性语域,表达中性感情色彩;"一概"选择评论性语域,表达否定性感情色彩。

附 注

① 《现代汉语词典》第5版,商务印书馆2005年6月。

② 各词典在具体细节上不尽相同。《现代汉语规范词典》比较绝对,说"只能",《八百词》《现代汉语虚词词典》相对宽松,只说"常用、多用"。此外,《现代汉语虚词词典》还提到,概括同类事物多用"一律",不同类事物多用"一概"。

③ 我们自备的500万字的语料库(包括当代小说、新闻、剧本对话和电视谈话)中,总共得到例句约40个("一律、一概"各占一半)。本文多数例子

来源于学术期刊网(CNKI)上的 300 篇随机检索的学术论文。

④ 我们认为这里"一律"是形容词作状语,表示"每一个都一致、一样",而例(4)比例(5)更为明显;而理解成副词也成立,但带上了形容词原有的语义。后文将有具体例证说明这种可作两可理解的情况。

⑤ 这里我们不难看出"一律,概括相同事物;一概,概括不同事物"这种分析的根源。

⑥ 句法表现上有完全不能替换的"一律、一概"的例子证明两者的视点差异,留待第二节讨论。

⑦ 在 115 例"一律"的例子中,形容词用法总共出现 14 例,其中 6 例为固定半固定用法,适应"千□一律"的格式,3 例形容词副词两可,5 例自由形容词的用法。自由形容词用法只有两个形式,一是"一律的 NP",一是"不可(必)……一律"。

⑧ 前文讨论过的例(4)、(5),不能由"一概"替换也是因为其中的"一律"难以脱离与其形容词意义的纠葛。特别是例(4),完全可以说"地上一律,都铺着大理石"。

⑨ 可以设想这样的虚化轨迹:NP+一律→NP+一律,VP/AP,(补充说明)→NP+(一律+VP/AP)。当然,这还需要历史语料的验证。我们的重点是要说明"一律"的副词意义与形容词意义有着密切的联系,形容词意义制约着副词"一律"的句法语用表现。

⑩ 当然,这也需历史语料论证。

⑪ 时间条件概括是指被概括的名词其实是单一的,但出现在不同时间条件下,因而被看作多个个体。比如:(NP 于前文意会)处于后字时一律不变调,仍保留不连续成分。被概括的动作性成分可作事件陈述理解,例如:据规定,伊斯兰教徒是严格禁止吃猪肉的,连从事猪肉买卖都一律禁止。

⑫ 很多"一概"前面出现简单名词代词成分的情况是,前文已有复杂的语句叙述,名词代词成分只起回指作用,其自身内容不明确。如:办机关报的时候,觉得最不好处理的是"官场"的一些东西,如纷至沓来的会议消息、领导同志的长篇报告等。这些内容一概不登不行,处理不好,读者又不爱看。

⑬ C/S 表示小句或句子。

⑭ 在句法表现(第二节)上,"一律"与条件性总括一致,即是否具备某一条件是规定范围的首要因素。这也能说明"一律"的规定性。

⑮ "一概"修饰形式上的否定成分共出现 21 例,占 25%;感情色彩上的

否定68例,占82.9%(因为形式否定和感情否定多有重合,所以总量看起来超过100%)。在近代语料《儿女英雄传》中,我们发现除1例形容词用法外,"一概"(共14例,"一律"没有出现)全部用于否定性感情色彩。

参考文献

侯学超　1998　《现代汉语虚词词典》,北京大学出版社。
黄南松　孙德金　2004　《HSK词语用法详解》,北京语言大学出版社。
李行健主编　2004　《现代汉语规范词典》,外语教学与研究出版社。
吕叔湘等　1980　《现代汉语八百词》,商务印书馆。
束定芳主编　2004　《语言的认知研究——认知语言学论文精选》,上海外语教育出版社。
熊学亮　1999　《认知语用学概论》,上海外语教育出版社。
中国社会科学院语言研究所词典编辑室　2005　《现代汉语词典》,商务印书馆。
Graumann, C, F. & W. Kallmeyer (eds.)　2002　Perspective and Perspectivation in Discourse. Amsterdam and Philadelphia: John Benjamins.
Liebert, W. A. et al. (eds.)　1997　Discourse and Perspective in Cognitive Linguistics. Amsterdam and Philadelphia: John Benjamins.

动词及物性的语用变化

——对两组涉手动词的考察

张 伯 江

○ 导言

语法研究传统上的关注焦点一直是集中在那些高及物性的句子上,不管是论元结构、语法关系,还是语态变化等等语法现象,都是依据高及物性句子展开讨论的。自从上个世纪八十年代功能语法学者论证了从高及物性到低及物性其实是一个连续体(Hopper & Thompson 1980),这个看法已经被当今多数语法研究者所接受。

功能语法学者进一步注意到,这个及物性的连续体也不是静态的,换句话说,并不存在绝对的高及物性动词或者低及物性动词,语用条件(如使用频率、语体特征等)会在很大程度上改变及物性的格局。本文选取公认的高及物性动词作考察,观察实际篇章中语用条件的差异所造成的语法功能变化,揭示投有静态及物性差异的动词的动态趋向。

一 及物性与高及物性动词

依 Hopper & Thompson(1980),Taylor(1989),Dowty(1991)对及物性和受事语义角色的描写,强及物性主要涉及以下因素:施受事的个体性;动作发出的施力性;及物行为的现场性;受事的受影响性。同时学者们普遍认为,语言里最典型的动词是表示人的动作的动词,其中用手做的及于他物的动作行为往往是及物动词最典型的代表。顺着这样的思路,本文选取两组涉手行为动词作为汉语及物动词的典型代表,应该是没有疑义的。

此前已有林杏光等(1991)、曾惠雯(1997)、Liu et al. (1999)、Gao(2001)等对汉语的涉手动词作了细致的语义刻画,在他们研究的基础上,我们选取以下两组动词作为本文研究对象:

  拉 领 牵 拖 拽 拥 扯 拖 揪

  扔 丢 掷 投 抛 撒 砍 甩 弹

这两组动词的语义特征对比如下(林杏光等1991):

	方向	接触	移动	用力	使位移	持久	抓住	把握
"拉"组	+	+	+	+	+	+	+	−
"扔"组	+	+	+	+	+	−	−	+

其中"接触"、"移动"、"使位移"三个特征是高及物性的典型特征——"接触"是以受事的个体性为前提的,也是行为在现场实现的保证;"移动"指的是手的移动,是以动作具有施动力为前提的;"使位移"则体现了受事最明显的状态变化。

"拉"组和"扔"组分别可以看作两组近义动词。先请看"拉"的词典释义:

  拉:lā 动 用力使朝自己所在的方向或跟着自己移动:～锯|～纤|你把车～过来。

而"拽"、"牵"、"拖"、"拥"、"揪"等词都用"拉"释义;

  再看"扔"的释义:

  扔:rēng 动 挥动手臂,使拿着的东西离开手:～球|～手榴弹。

同样,"掷"、"投"、"抛"、"撒"等词都用"扔"释义。

  我们在两组中分别选取意义最为接近的两对动词"拉"和

"拽"、"扔"和"掷"作个案考察。

二 "拉"和"拽"的使用情况考察

2.1 "拉"和"拽"带受事宾语时的微弱差异

作为典型的及物动词,二者最常见的语法表现是带受事宾语。为了细致考察语用差异,我们对受事宾语的种类作了如下区分:

甲,指人宾语,动作在现场实际完成,即,用手拉人

"拉"的用例:

(1)新娘**拉杨重**来到场子中间,作欢跳华尔兹状,二人像两朵大花瓣似的左右开放着,侧脸对着镜头笑。(王朔《一点正经没有》)

(2)小顺儿**拉**了**爸**一把,爷儿俩都坐在炕沿上。(老舍《四世同堂》)

"拽"的用例:

(3)石静穿上婚礼裙,**拽**着**我**在屋里各处摆着姿势合影。(王朔《永失我爱》)

(4)他麻利地戴上簇新却脏的棉帽,套上黄大衣,就**拽我**往窨口跑。(张抗抗《白罂粟》)

乙,人的身体部位宾语(包括衣服),动作在现场实际完成,即,用手拉人的局部

"拉"的用例:

(5)她晃晃悠悠站起来招呼说:"小顺儿,妞子,快进来!"**拉**起两个孩子的**手**,迈进了自个儿的屋门槛。(老舍《四世同堂》)

(6)牛大姐说得兴起,……说一句**拉**一下林一洲的**袖子**:"小伙子,……。"(王朔《修改后发表》)

"拽"的用例:

(7)有人**拽**着我**胳膊**用力往前拖,我使劲坐地上索性不走。(王朔《一点正经没有》)

(8)在一间肮脏下流的小酒馆里用劣质白酒把他灌得烂醉,**拽**着他**脖领子**拖去银行提款。(王朔《橡皮人》)

(9)这时李江云**拽**了**拽**我**袖子**说,有话要跟我说让我出来。(王

146

《玩的就是心跳》)

丙,实物宾语,动作在现场实际完成,即,用手拉具体物件

"拉"的用例:

(10)钱先生**拉**过一个**小凳**来,坐下,脸仍旧紧对着瑞宣,闭了会儿眼。(老舍《四世同堂》)

(11)丁小鲁**拉**开**抽屉**拿出一封信扔给我,"这儿有你一封读者来信,昨儿收到的。"(王朔《一点正经没有》)

"拽"的用例:

(12)他嫌椅子低,又从床上**拽**了个**枕头**,垫在屁股底下。(王朔《人莫予毒》)

(13)她好像想起什么,弯腰从座位下**拽**出**皮包**,拉开链,翻出一个牛皮纸信封递给我。(王朔《橡皮人》)

丁,指人宾语,不一定靠物理空间的具体动作实现,一般未必用手

"拉"的用例:

(14)日本人必须在小学生与中学生身上严格施行奴化教育,那么,教育局长的责任就并不很小,所以他们要**拉**出**一个有名望的人**来负起这个重任。(老舍《四世同堂》)

(15)"哎哎,你们是不是另挑个日子再开婚姻与爱情的座谈会,**拉**上**妇联**的侃侃?"(王朔《修改后发表》)

"拽"的用例:

(16)鬼知道乡情这东西竟能在燃烧的八月把**我拽**到南方,还带着刚念初中的儿子。(朱春雨《陪乐》)

(17)你要真想离那咱们就离,真**拽**着去又不去了。(王朔《过把瘾就死》)

戊,事物宾语(含抽象物),不一定靠物理空间的具体动作实现,一般未必用手

"拉"的用例:

(18)刘书友不愧是老编辑,经验丰富,按其主题设想**拉**出了不下十个**路子**,都切题,让林一洲任选其一。(王朔《修改后发表》)

(19)牢骚了一阵,她把**话拉**回来:"我没见过西院里的二爷。(老舍

《四世同堂》)

"拽"的用例：

(20)无论人家的什么话题都不能把她的**思路拽**开。(李芳苓《喜丧》)

(21)如果说,骗局戳穿以前,陈玉英对儿子的思念已被一只无形的**手拽**着,炽烈中还时不时保持着冷静的话,现在,那只无形的手已经消失了。(陈建功、赵大年《皇城根》)

我们对现实语料中"拉"和"拽"的上述五种情况分别作了统计。由于"拽"是低频词(详见§2.4),我们对北大中文系现代汉语语料库全部1600余万字的语料作了穷尽统计,得出203例;"拉"是高频词,我们只选取了《王朔文集》第四卷(49万字)和老舍《四世同堂》(83万字)作了统计,得到329例。本文关于"拉"和"拽"的使用情况对比,都是在这两个范围内进行的。以下是带受事宾语情况的统计结果：

	拉		拽	
	数目	百分比	数目	百分比
用手拉人	84	26%	72	35%
用手拉人身体部位	75	23%	53	26%
用手拉具体物件	54	16%	54	27%
不用手拉人	25	8%	13	6%
不用手拉物	10	3%	4	2%

从这份统计数据中可以看出一种微弱的倾向性区别,那就是：

现场性拉/拽行为：拽＞拉

非现场性拉/拽行为：拉＞拽

2.2 "拉"和"拽"在"把/被"句中的频率分布

"拉"和"拽"都可以用于把字句和被字句,例如：

(22)马青硬**把**刘美萍从座位上**拉**起来,拽着,招呼在一旁乐的于观和杨重。(王朔《顽主》)

(23)李四爷把瑞宣拉到门里说:"这年月,亲不能顾亲,友不能顾友,小心点!"(老舍《四世同堂》)

(24)招弟要迈步,可是被身旁的一个女的拉住。(老舍《四世同堂》)

(25)他被拉到审判官的公案前,才又睁开眼;一眼就看见三个发着光的绿脸——它们都是化装过的。(老舍《四世同堂》)

(26)于德利把牛大姐的椅子拽过来,椅子腿在地板上发出刺耳的摩擦声。(王朔《谁比谁傻多少》)

(27)我说着走过去把她床上拽起来,搂在怀里。(王朔《过把瘾就死》)

(28)他往外走,被妻子拽回来,揿到沙发里:"那你去干什么?"(陈建功、赵大年《皇城根》)

(29)灯光下,他看见一个高个儿老汉被一个留着"缨子头"的"老小伙子"拽着后衣襟,拉拉扯扯地走进大队部来。(张一弓《赵镢头的遗嘱》)

尽管"拉"和"拽"都是既可以用在把字句里又可以用在被字句里,但是实际语料的统计结果却显出了重要的差异。请看统计结果:

	拉		拽	
	数目	百分比	数目	百分比
用于把字句	40	12%	43	21%
用于被字句	9	3%	20	10%

这个结果表明,"拉"用于把/被句的情况远远少于"拽"。把字句和被字句是公认的高及物性句式(Hopper & Thompson 1980,王惠 1997,屈承熹 2001),偏爱把/被句的动词,其及物性一般强于不常用于把/被句的动词。这个方面的考察表明,"拽"相对于"拉",表现出更强的及物属性。

2.3 "拉"的及物性弱化现象

2.3.1 "拉"的非受事宾语

如果说上述两个方面的对比仅仅反映出"拉"和"拽"在一些共有特征上的强弱差异的话,那么我们观察到的另一个重要事实——"拉"除了受事宾语以外,还可以带多种类型的其他宾语,而"拽"则除了受事宾语以外几乎没有带其他宾语的能力——应该说反映了更深刻的及物性差异事实。

这里我们观察一下除了狭义的受事宾语以外,"拉"所支配的论元成分的语义类型。

甲,"拉"经常表示"拉车",由于拉车的目的是服务于人,所以"拉人"成了"拉"的一个常见论元组合:

(30)我告诉你,祁大爷,我恨日本人,不愿意**拉日本人**,不管给我多少钱!(老舍《四世同堂》)

(31)"得啦,"冠先生降格相从的一笑,"今天不至于饿着了,**拉我**出去吧!""出去?城外头还开着炮哪!"小崔并不十分怕大炮,……他恨在这时候与日本人有来往的人。他宁可煞一煞腰带,多饿一两顿,也不愿**拉着这样的人**去满街飞跑!(老舍《四世同堂》)

(32)一辆极破的轿车,套着一匹连在棺材后面都显出缓慢的瘦骡子,**拉着钱太太**。(老舍《四世同堂》)

(33)在大街上,他遇到十几部大卡车,满满的**拉着叫花子**——都穿着由喜轿铺赁来的彩衣。(老舍《四世同堂》)

乙,拉车的另外一个用途是载物,于是"拉"与所载之物也可以形成论元组合:

(34)今年,从七七起,城门就时开时闭,没法子雇车去**拉煤末子**。(老舍《四世同堂》)

(35)然后,他们赶来了大车,**把麦子**,**连麦秆儿**,都拉了走。(老舍《四世同堂》)

(36)[马青屁股离座儿地卖块儿蹬着一辆蒙着塑料布的平板车落汤鸡似的张望着前面雨幕中有着巍峨廊柱的剧场。]"**拉到后门口**拉到后台门口那师傅你听见没有?"(王朔《顽主》)

丙,除了拉人和拉物这两种主要类型以外,还有一些与拉车有关的论元组合,它们是:

(37)**拉买卖**:谁想到,刚拉了一号小买卖之后,就遇上了这个日本兵!(老舍《四世同堂》)

(38)**拉生意**:这辆平板归他用,他就半公半私地拉一点生意。(汪曾祺《安乐居》)

(39)**拉座**:赶明儿再把咱家那辆三轮拾掇拾掇,你和你妹蹬着它去车站拉座。(王朔《千万别把我当人》)

(40)**拉钱**:一个拉车的一月能拉多少钱呢?(老舍《四世同堂》)

(41)**拉包月**:你们二爷教我给他拉包月去!(老舍《四世同堂》)/我刚刚拉上包月,听说你也找到好事啦!(老舍《四世同堂》)

丁,此外,还有一些习用的与"拉"有关的论元组合,例如:

(42)**拉胡琴**:隔壁小文拉起胡琴来,小文太太像在城根喊嗓子那样,有音无字的咿——咿——啊——啊——了几声。(老舍《四世同堂》)/他拿起胡琴来,拉了一个过门。(老舍《四世同堂》)

(43)**拉警笛**:以后到我这儿来不要转灯拉笛摆阵势,唯恐别人不知道这儿住着个警察。(王朔《枉然不供》)

(44)**拉关系**:他是个没有什么野心的人,向来不肯托人情,拉关系。(老舍《四世同堂》)

(45)**拉边套**:你们都忙得四脚朝天,偏我闲着想拉边套都没人要?(王朔《千万别把我当人》)

上述现象统计如下:

用车拉人	19	6%
用车拉物	10	3%
与拉车相关无指宾语	13	4%
其他习语	33	10%

这些非受事宾语跟"拉"的组合,作为汉语的使用者来说是司空见惯,但是分析其中的语义关系则足可惊讶。从认知语义角度说,这些用法产生的方式涉及转喻(metonymy,如"拉煤"、"拉琴"等)、隐喻(metaphor,如"拉关系")等多种途径。涉手动词本来都是高及物性的动词,而"拉"的语义组合竟然可以延伸到如此丰富的种类、脱离原始词义如此之远、出现频率如此之高(近四分之一),虽然不是绝无仅有,但在涉手动词中,也是一个十分突出的成员了。

2.3.2 "拉"的去及物性现象

除了上面描述的"拉"常带非受事宾语的情况以外,我们还观察到"拉"在另外方向上逐渐丧失其固有的强及物性的表现。以下逐例分析。

(46)女孩子们又继续**手拉手**滑冰。

(47)当他进了屋飞快地脱衬衫时,**肉皮儿**和**织物**之间都拉出丝儿像揭膏药一样。

(48)马锐没吭声,踮着脚把毛巾晾在屋里拉的铁丝上,铺摆开。

(49)乐曲又响,王姑娘拉起元豹和其他姑娘手搭着围成一圈,打夯似的低着头随着舞曲节奏**拉来晃去**,紧紧在一起。

(50)除了必要的吃、喝和必要的**拉**、**撒**,阮琳几乎不再注意别的。

在这几个例子里,例(46)和例(47)是明显的及物性弱化现象,动词"拉"固有的"主动性"和"方向性"特征均已丧失,动作的主体成了两个等立的角色,"拉"也成为了"相互动词";例(48)也是失去了动作方向性的例子;例(49)和(50)则是不带宾语的例子,这种不带宾语的情况不同于一般的省略,而已经接近于不及物动词的用法了。

2.4 "拉"和"拽"及物性差异的语频解释

"拉"的这种论元结构变化丰富的现象,让人很容易想到"高频动词效应"。陶红印(2000)和 Thompson & Hopper(2001)曾经令人信服地论证了,使用率越高的词,语法语义灵活性就越高,其特性就越容易发生变化,产生语法变化的可能性就越大。"如果题元结构产生扩展现象,即题元成分扩大到非典型性成分、受事成分吸收其他类型的题元成分等,其前提条件之一是,动词在实际语言运用中一定属于高频率类的。"(陶红印 2000)据此,我们需要证实一下"拉"和"拽"的语用频率。

我们查阅了五种有代表性的现代汉语词频统计成果,第一种是《汉语词汇的统计与分析》,取词范围是七十年代末期的中小学语文课本;第二种是《现代汉语频率词典》,取词范围较广,包括报刊政论、科普书刊、剧本和日常口语、各种体裁的文学作品,词条总数达 31159 个;第三种是《中国语言生活状况报告(2005)》,取词范围则只限于 2005 年度的报刊、广播电视以及互联网;第四种是"英国兰克斯特大学现代汉语语料库(LCMC)",是英国 Freiburg-LOB Corpus of British English 语料库的设计而构造的,包括新闻报道、报纸评论社论、宗教文献、科技论说文和各类小说等十五种语体;第五种是台湾"中央研究院"现代汉语标记语料库,是一个区分文类、文体、语式、主体和媒体的标注语料库,完成于 1990—1997 年。以下是"拉"和"拽"在这五种统计数据中的词次对照表:

	统计与分析	频率词典	语言生活 2005	LCMC	研究院语料库
拉	207	602	75285	263	309
拽	4	8	未出现	13	2

从这个对照表清楚看出来,"拉"和"拽"的实际出现次数是相当悬殊的。这就可以用来解释,为什么在我们观察到的语料中,"拽"保持着比较稳定的高及物性特征,而"拉"在典型用法之外,又生出了多种多样的非典型用法。

三 "扔"和"掷"的使用情况考察

3.1 词频统计

在细致考察"扔"和"掷"的用法差异之前,我们循着前边的思路,首先观察一下二者的实际使用多少。

	统计与分析	频率词典	语言生活 2005	LCMC	研究院语料库
扔	47	101	9455	27	27
掷	4	14	未出现	8	0

我们看到,尽管二者也有出现次数多少的差异,但是并不算过

于悬殊,同时,排位较高的"扔"也还算不上是高频词,难以预期会产生逸出典型用法的多种用法。

与此同时,我们在利用 LCMC 调查二者的语体分布的时候,得到了另一种发现,即,"掷"的语体分布类型是受限的,而"扔"的分布范围则相对较广:

文体		扔	掷	文体		扔	掷
A	新闻报道	1	0	J	学术文章	0	0
B	报刊社论	4	0	K	一般小说	4	0
C	新闻评论	0	0	L	魔幻和侦探	3	0
D	宗教	1	0	M	科幻小说	0	0
E	生活实用指导	3	1	N	历险和武侠	0	4
F	知识普及读物	2	2	P	爱情小说	3	0
G	杂文和传记	5	1	R	幽默	1	0
H	报告和公文	0	0	总计		27	8

可以看出,"掷"有排斥一般叙事性文体的强烈倾向,即,在普通的小说、报道类文体中基本不出现,而集中出现在两种主要的类型里:说明性文字和武侠小说里,这都是比较远离生活语言、一般认为比较"文"的场合。另外,在超过1600万字的北大中文系现代汉语语料库里,"掷"字出现的全部279处实例中,单独作动词用的只有135例,不到一半;其余的超过总数一半的都是出现在复合词或固定的文言用法中(抛掷、投掷、虚掷、掷地有声、孤注一掷、一掷千金等)。"扔"的情况与此形成鲜明对比,既不限于某种特色鲜明的文体,也极少用作构词成分,基本是独立作动词用。从这些事实透露的信息中我们可以做出初步的推断:第一,"掷"在现代汉语里已经是一个独立活动能力很差的动词,除去在远离口语色彩的少量文体中还承担着独立的动词功能,总的来看,其句法作用趋于萎

缩;第二,"掷"这个语素其构词功能并不弱于句法功能,而"扔"几乎没有构词能力,完全实现为句法能力。

在这一对词例的对比中,我们的选例原则跟前面对待"拉"和"拽"时是一样的,即,更低频的"掷",我们统计了全部1600余万字的现代汉语语料,得出135例;而相对较高频的"扔",我们也只是选取了《王朔文集》第四卷(49万字)和老舍《四世同堂》(83万字)作了统计,得到106例。

3.2 "扔"和"掷"的句法能力

3.2.1 方位短语在动词前和在动词后的分布

跟"拉/拽"不同的是,"扔/掷"的行为是一种抛物行为,抛掷的方向性常常是须要交代出来的("拉"的方向一般就是施事者所在的位置,故而可以在话中缺省)。因此,"方位短语+掷/扔"和"掷/扔+方位短语"就成了这两个动词偏爱的结构表达式:

"方位短语+掷"的用例:

(51)把石子**向空中**用力**掷**去后,我只有准备夜来受风的恐吓。(沈从文《生之记录》)

(52)人群中爆发一阵骚动和叫嚷,我猛地回过头,只见有人把西红柿**向吴姗的后背上掷**去。(王朔《永失我爱》)

"掷+方位短语"的用例:

(53)我终于叠出了最好的纸飞机,重心既不靠前,也不靠后,不差毫厘地就在中央,**掷在空中**慢慢地滑翔着,一如钉在天上一样,半个钟头都不落地。(王小波《白银时代》)

(54)有几十条大汉高举燃烧着的一串猩红爆竹矫如游龙地回旋滚舞,这时候就有人从旁把炸裂着的爆竹**掷向他们赤裸着的身上**……(秦牧《私刑·人市·血的赏玩》)

"方位短语+扔"的用例:

(55)姑娘白他一眼,两手捏住话筒,一手攥着瓜子一个个**往嘴里扔**,利索地吐着皮儿……(王朔《千万别把我当人》)

(56)即使日本人本不想在今天屠杀,焉知道我们的学生中没有**向日**

155

本人扔一两个炸弹的呢?(老舍《四世同堂》)

"扔+方位短语"的用例:

(57)一下子,他把那包点心**扔在地上**,顺手就扯住了姐丈。(老舍《四世同堂》)

(58)人们笑着、说着,观赏着,满足地掏出钱**扔进元豹脚下的一顶帽子里**。(王朔《千万别把我当人》)

动词前后的方位短语,都是动作方向性、目标性的表示,但方位短语出现在动词前时,侧重表示行动之前设定的目标;方位短语在动词之后时,侧重表示行动后果落实的终点。(沈家煊1999)从这个意义上说,后者的现实性强于前者,因此"掷/扔+方位短语"的及物性略高于"方位短语+掷/扔"。

两个动词在这方面的表现统计结果如下:

	掷		扔	
	数目	百分比	数目	百分比
方位短语+掷/扔	27	20%	8	8%
掷/扔+方位短语	37	27%	4	39%

从中明显看出:

方位短语居于掷/扔之前时:掷>扔

方位短语居于掷/扔之后时:扔>掷

这个结果显示了一个倾向:"扔"的及物性略强于"掷"。

3.2.2 "扔"和"掷"在"把/被"句中的表现

(59)敌兵到了,他笑了笑,喊了声"杀",**把手榴弹掷出去**。(老舍《火葬》)

(60)现在皮夹子旧了,**给我掷在不知什么地方了**。(钱钟书《围城》)

(61)马青点着烟,**把火柴扔回去**。(王朔《顽主》)

(62)他正这么思索,门开了,像扔进一条死狗似的,那个姑娘**被扔**了进来。(老舍《四世同堂》)

以下是这一项的统计结果:

	掷		扔	
	数目	百分比	数目	百分比
把字句	28	21%	41	39%
被字句	6	4%	11	10%

这个结果显示,"扔"用于把字句和被字句的情况,远远比"掷"活跃。这应该是"扔"的及物性高于"掷"的一个明显的表现。

3.2.3 与事宾语和双宾现象

最后,报告我们关于"扔"和"掷"及物性差异的另一项观察:双及物能力。

"扔"和"掷"都不是必然要求三个论元角色的双及物动词,但是在实际使用中都有双及物用法,包括以与事做直接宾语的现象和"与事+受事"的双宾语现象。例如:

(63)将你的耳朵**掷给我**!(叶灵凤《一篇小说题材》)

(64)是的,他须把血肉**掷给敌人**,用勇敢和正义结束了这个身躯!(老舍《四世同堂》)

(65)门又开了,一个日本兵拿来姑娘的衣服,**扔给青年**。(老舍《四世同堂》)

(66)她还没开口,敌兵已由屋中出来,把一根皮带子**扔给了白巡长**。(老舍《四世同堂》)

(67)有工作人员上来**扔给主持人一块红布**,然后急忙退出。(王朔《千万别把我当人》)

(68)假若孩子们吵得厉害,他便**扔给他们一把零钱**,大声地嚷着:"都滚!"(老舍《四世同堂》)

以下是对"扔"和"掷"带与事宾语的统计:

	掷		扔	
	数目	百分比	数目	百分比
与事成分	3	2%	14	13%

看得出来,"扔"参与双及物表达的能力远远高于"掷",不仅总

的数目上是"扔"多于"掷",而且在句式类型上也有明显不同,那就是,"掷"在我们的语料范围里只有单宾语的形式,没有"掷+与事+受事"的双宾形式;而"扔"在语料中却多有"扔+与事+受事"的形式。这应该是一个重要的语法区别。我们认为,"掷/扔"带与事单宾语的现象很容易理解:从"掷/扔在桌上"类推出"掷/扔给我"是比较自然的过程;而发展出"扔给我一本书"就是一种新的论元结构格局了。

通过以上三个方面的对比,可以看出"扔"及物性高于"掷"是一个倾向性比较明显的事实。

3.3 "掷"的构词能力

"掷"是汉语历史上抛掷意义的占统治地位的动词,"扔"是作为其替代形式,在近现代(清代开始)占据了统治地位的。"掷"衰落以及"扔"兴起的原因我们不得而知,在现代汉语中,"掷"偏爱习语化、文言化、书面化的场合则是不争的事实。我们认为,历史原因所致的"习语化"是"掷"在当代汉语中句法活力不强的原因。

"掷"在句法层面上正在失去其活动能力,却在词法层面上表现出日益增强的活力。王宁(1999,2006)曾经指出"单音词的全部或部分义项丧失独立构句的性能,沦为不自由语素,产生依附性,致使一批受语法支配的词组无法分开而凝结成词"以及"文言单音词在现代汉语中的构词能度总是大于它的同义口语单音词"的现象。我们发现,这个规律在当代汉语中仍然体现着。在互联网上检索,可以得到以下这些尚未被规范词典接纳的"复合词"的不少词例:

(69)反掷:老K一听自己变成狗,怒火燎胸,便狗打肉包子,把生煎反掷过去。(韩寒《三重门》)

(70)回掷:恩克尔曼在本队落一球的情况下,第77分钟接后卫左侧的界外球回掷,结果竟鬼使神差般地将球从腿边漏进球门。(《华西都市报》2002年9月18日)

(71)远掷:家明在电话的那头说,他有一种被人远掷千里之外的苍凉感。(网络小说《杭州女人》)

(72)前掷:德尔奥尔诺界外球前掷,德罗巴左路摆脱芬南突破下底传中,罗本前点横传,格雷米远点门前6码怒射破门。(2005年10月3日新浪网体育新闻)

(73)后掷:闪光弹投掷的小技巧——后掷(网络游戏说明)

(74)力掷:"新创"力掷300万元扶贫助学(网易2004年12月6日新闻)

(75)轻掷:宾馆跳楼 vs 纵身投河 太脆弱?两男昨轻掷生命(搜狐2005年5月16日新闻)

(76)浪掷:青春不可浪掷,金钱应该怎样花?——我的休闲消费观(《中国妇女报》2006年4月13日)

(77)掷抛:节日期间将推出掷抛绣球、互系红绸带的男女配对活动。(《浙江日报》2005年5月6日)

(78)掷扔:在南非,从窗口掷扔废物的传统庆祝活动被禁止。(新华社2004年1月1日新闻)

(79)掷摔:在校园内掷摔瓶子等杂物者,一经发现,视情节给予记过以上处分。(长安大学学生违纪处分规定)

(80)掷丢:他恼羞成怒,趁我转头准备上课时,拿原子笔掷丢至我的后颈,当场皮破血流。(网络文学《女孩,女孩》)

《现代汉语词典》2005年出版的第5版虽然没有增加含语素"掷"的复合词,但在某些复合词如"抛掷"的释义中去除了旧版中的"〈书〉"标记,也是顺应了"掷"构词能力增强的趋势。

根据我们对大规模语料的考察,"扔"没有多少组成复合词的能力。

这样,我们对"扔"和"掷"的差异就得到了一个新的认识:在当代汉语里,"扔"的活动舞台在句法层面,"掷"的活动舞台主要在词法层面。

四 结语

功能语法是关心用法的,语言使用涉及的因素很多,我们观察语言的使用,所选取的角度越是具体,越是有针对性,在方法上的可操作性就越强,也就越容易揭示出更深刻的语言规律。功能语法认为语言总是在变动中的,认为语言是依赖于交际环境的,因此就特别关心高频参与使用的成分容易发生什么样的变化,关心不同语体环境对语法的实现有什么样的制约,并且把语法引向何处。本文用两个个案的分析,描写了高频动词"拉"论元组合的多种变化,验证了功能语法关于高频词项句法特征易变的观点;通过同义动词"扔"和"掷"的考察,发现了动词"掷"在句法层面退缩、在词法层面延展其活力的事实。

参考文献

北京语言学院语言教学研究所　1985　《汉语词汇的统计与分析》,外语教学与研究出版社。

——————————　1986　《现代汉语频率词典》,北京语言学院出版社。

姜先周　2005　《高频及物动词与低频及物动词的及物性差异》,中国社会科学院研究生院博士学位论文。

林杏光　张卫国　张云衡　1991　《徒手动词的语义特征及其与搭配关系》,《语文论集》四集,155—171页,外语教学与研究出版社。

屈承熹　2001　《"及物性"及其在汉语中的增减机制》,戴昭铭、陆镜光主编《语言学问题集刊》第一辑,113—129页。

沈家煊　1999　《"在"字句和"给"字句》,《中国语文》第2期,94—102页。

陶红印　2000　《从"吃"看动词论元结构的动态特征》,《语言研究》第3期,21—38页。

王惠　1997　《从及物性系统看现代汉语的句式》,《语言学论丛》第19辑,193—252页。

王宁　1999　《论本源双音合成词凝结的历史原因——兼论古今汉语的传承与沟通》,《古典文献与文化论丛》第2辑,杭州大学出版社。

——　2006　《理论训诂学和汉语双音合成词的构词研究》,"当代语言学理论和汉语研究"国际学术报告会论文。

曾惠雯 1997 《你知道我们为什么说(抽)空、(投)考、(插)班吗?——汉语提手旁动词之语义分析》,台湾师范大学硕士论文。

"中国语言生活状况报告"课题组 2006 《中国语言生活状况报告(2005)》,商务印书馆。

Bybee, Joan and Paul Hopper 2001 Introduction to frequency and the emergence of linguistic structure. In Joan Bybee and Paul Hopper (eds.), *Frequency and the Emergence of Linguistic Structure*, 1—24. Amsterdam: Benjamins.

Dowty, David 1991 Thematic proto-roles and argument selection. *Language* 67:547—619.

Gao, Hong 2000 A Specification System for Measuring Relationship among Near-synonyms of Physical Action Verbs. Paper presented at 2001 The Second Workshop on Chinese Lexical Semantics, Peking University.

Hopper, Paul J. and Sandra A. Thompson 1980 Transitivity in Grammar and Discourse. *Language* 56. 251—299.

Liu, Mei-Chun, Huang, Chu-Run & Lee, Charles C. L. 1999 When Endpoint Meets Endpoint: A Corpus-based Lexical Semantic Study of Mandarin Verbs of *Throwing*. In Kathleen Ahrens, Huang Chu-Ren & Tsai Mei-Chih (eds.), *Working Papers on Chinese Verbal Semantics*. Taipei: Institute of Linguistics, Academia Sinica.

Taylor, J. R. 1989 *Linguistic Categorization : Prototypes in Linguistic Theory* Clarendon Press Oxford.

Thompson, Sandra A. and Paul J. Hopper 2001 Transitivity, clause structure, and argument structure: evidence from conversation. In Joan Bybee and Paul Hopper (eds.), *Frequency and the Emergence of Linguistic Structure*, 27—60. Amsterdam: Benjamins.

非买类动词的购买义用法

尹世超 董丽梅

一 买类动词与具有购买义用法的非买类动词

1.1 买类动词与非买类动词

根据动词的词典意义或义项是否是"拿钱换东西"或含有这一意义,动词可以分为买类动词和非买类动词。买类动词是指其词典意义或义项是"拿钱换东西"或含有这一意义的动词。买类动词在任何语言环境中都含有语义属性[＋有偿性],其购买义是绝对的。这类动词前面不能加"有偿"或"无偿"。非买类动词是指其词典意义或义项不是"拿钱换东西"或不含这一意义的动词。绝大多数动词都是非买类动词。

1.2 基本义买类动词与引申义买类动词

1.2.1 买类动词可以再分为基本义买类动词和引申义买类动词。基本义买类动词是指基本意义是"拿钱换东西"或含有这一意义的动词。例如:

买、采买、收买、赎买、购、购买、购置、定购、订购、邮购、函购、批购、收购、征购、统购、赊购、套购、抢购、选购、求购、预购、采购、代购、置(家具)、添置、置备、置办、办置、采办、订货、预订、订(报纸)、订阅、籴、赎、包圆儿、顶盘、沽。

1.2.2 引申义买类动词是指引申义是"拿钱换东西"或含有这一意义的动词。例如:

打(酒、车票)、请(财神爷)、办(嫁妆、酒席)、抓(药)、贾(马)、批(水果)、冣、顶顶盘。

1.3 具有购买义用法的非买类动词

具有购买义用法的非买类动词是指其词典意义或义项不是"拿钱换东西"或不含这一意义,但在使用中具有这种意义的动词。这种用法不是个别人偶尔为之的言语现象,而是在相当长的时间里许多人都这样使用的语言现象。具有购买义用法的非买类动词只是在特定的语言环境中才含有买类动词[＋有偿性]等语义属性,其购买义是相对的。例如,"温"相关的词典义是"稍微加热"。在使用中有时还表示"买(稍微加热的酒)"。试比较:

(1)"温两碗酒,一碟茴香豆。"便排出九文大钱。│……(孔乙己)见了我,又说道,"温一碗酒。"(鲁迅《孔乙己》)

(2) 我温了酒,端出去,放在门槛上。(同上)

例(1)的"温"用于购买义,例(2)的"温"没有购买义。

"约(yāo)"的词典义是"用秤称"。在使用中有时还表示"买(东西)"。《现代汉语词典》(以下简称《现汉》)举的例子是:"～一斤肉│～一～有多重。"前一个例子中的"约"多用于购买义,后一个没有购买义。

"扯"相关的词典义是"撕;撕下"。在使用中有时还表示"买(布等)"。《现汉》举的例子是:"～五尺布│把墙上的旧广告～下来。"前一个例子中的"扯"多用于购买义,后一个没有购买义。歌剧《白毛女》中的"扯上二尺红头绳儿"中的"扯"就是购买义用法。又如:

(3) 我想扯块红缎子,是给我师妹扯的。(电视剧《李信与红娘子》)

"扯"的购买义用法不仅在普通话中常用,在许多方言如晋语、属于赣语的湖南攸县话中也常用。①

"撕"的词典义是"用手使东西(多为薄片状的)裂开或离开附着处"。在使用中有时还表示"买(布等)"。例如:

(4) 她拿卖鸡蛋的钱撕了几尺花布。

"割"相关的词典义是"用刀截断"。在使用中有时还表示"买（肉等）"。例如：

(5) 那怎么也得割点肉哇。（电视剧《苍生》）

"抓"相关的词典义是"捉拿；捕捉"。在使用中有时还表示"买（鸡雏、小猪等）；收购（猪等）"。例如：

(6) 抓了二十只小鸡雏儿｜抓了一窝小猪崽儿｜老四，你上大哥家抓头猪宰了，记村委会账上（电视剧《圣水湖畔》）｜抓收购猪的来了。

"抓"的另一个相关的词典义是"手指聚拢，使物体固定在手中"。在使用中有时还表示"买（中药等）"。"抓药"已词化。例如：

(7) 放心吧，你这不过是小毛病，抓两服汤药喝了就好，花不了几个钱｜顾客：给我抓一小把儿香菜。

"拴"相关的词典义是"用绳子等绕在物体上，再打上结"。在使用中有时还表示"买（大车等）"。例如：

(8) 他用这钱拴了一挂大车。

"捡"的词典义是"捡拾"。在东北官话等方言的使用中有时表示"买（豆腐等）"。例如：

(9) 你家铜锁太不是东西了，我捡豆腐，他老卖给我酸豆腐边儿。（电视剧《篱笆·女人和狗》）｜给我捡两根儿大果子油条。

前面例句中的"捡"和后面的"卖"对举使用，证明"捡"就是"买"的意思。

"收"相关的词典义是"把外面的事物拿到里面；把摊开的或分散的事物聚拢"。在使用中有时还表示"收购（废品等）"。例如：

(10) 收破烂儿｜收废品的｜收猪。

"上"相关的词典义是"添补；增加"。在使用中还表示"（商家）购进（货物）"。例如已词化的"上货"。

"拿"相关的词典义是"用手或用其他方式抓住、搬动（东西）"。在使用中有时还表示"买（东西）"。例如：

164

(11) 顾客：拿一盒红塔山。

"烫"相关的词典义是"利用温度高的物体使另一物体温度升高或发生其他变化"。在使用中有时还表示"买（烫热的酒）"。例如：

(12) 服务员，给烫两壶酒！

"要"相关的词典义是"向别人索取"。在使用中还表示"买；(花钱)点(菜等)"。例如：

(13) 我要了两个菜，你再要两个吧。

"来"相关的词典义是"从别的地方到说话人所在的地方。用于命令、请求"。在使用中有时还表示"买"。例如：

(14) 同志，来二两馄饨。（朱时茂小品）｜卖油条豆浆等的摊主：你们几个还来点儿啥？——食客：不来啥了。

1.4 买类动词与非买类动词的相对性

1.4.1 买类动词和非买类动词之间没有绝对的界限，只有相对的区别。基本义买类动词、引申义买类动词和具有购买义用法的非买类动词、没有购买义用法的非买类动词形成一个连续统：

基本义买类动词＞引申义买类动词＞具有购买义用法的非买类动词＞没有购买义用法的非买类动词

从左到右，动词的购买义由有到无，由强到弱，由显变隐。具有购买义用法的非买类动词用于购买义的能力也不尽相同：有些购买义较强，对语境的依赖性较弱，使用频率较高，如"约"；有些购买义、对语境的依赖性、使用频率中等，如"收"；有些购买义较弱，对语境的依赖性较强，使用频率较低，如"拴"。

1.4.2 语法和语用密切相关。语法是在语言的动态使用中逐渐形成的。有些动词究竟属于哪类动词，不能只用静态的眼光，而应用动态的眼光来分析判断。有些非买类动词的购买义用法用得多了，用得久了，就会固化为词的一个引申义项，这个词也就由具有购买义用法的非买类动词变成了引申义买类动词。例如，"打"原本是一个非买类动词，但在使用中经常用于购买义，逐渐成为一个具有购买义用法的非买类动词，进而又通过量变到质变成为一个引申义买类动词。马思周等《东北方言词典》对"约"的解释是："①(用秤、用尺、用拃等)量：拿步～一～这路有多长？②买(但是，不可作'卖'用)：今儿在市场上～了二斤肉。"编者把"买"列作"约"的一个义项，说明已经把"约"看成一个引申义买类动词，而不是具有购买义用法的非买类动词。拙著《哈尔滨方言词典》将"买(豆腐)"列作"捡"的一个义项，是因为笔者认为"捡(豆腐)"在哈尔滨话中已经成为一个引申义买类动词。有些动词的归属情况还要复杂些。例如，《现汉》对"换"相关的解释是："①给人东西同时从他那里取得别的东西：交～｜调～。……③兑换。"《现汉》对"兑换"的解释是："用证券换取现金或用一种货币换取另一种货币。"按照上述解释，"换"似乎应该是一个非买类动词。在商品经济不够发达的时代，实物交换是颇为常见的。即便现在，在农村、偏远地区及有些城镇，也还有"麦子换大米"、"鸡蛋换盐"、"面粉换挂面"、"黄豆换豆腐"等现象。但"换"除了指"用东西换"之外，有时还指"用钱换"。例如，电视剧《激情燃烧的岁月》中褚琴曾拿出钱对石林说：

(15) 赶快拿着钱，到小卖部去换十斤挂面来。

这里的"换"就是"买"的意思，是具有购买义用法的非买类动词。不过，随着社会的发展，农业经济、自然经济逐渐被市场经济所取代，这种用法越来越少了，购买义用法的"换"逐渐被"买"所取代。可见，"换"原本是一个没有购买义用法的非买类动词，后来成为一个具有购买义用法的非买类动词，现在又有回归为没有购买义用法的非买类动词的倾向。顺便指出，用于"兑换"义的"换"还经常使用。在采用刷卡等付款办法之前，食堂大都使用钱票。人们常说"换(食堂)钱票"。其中的"换"也是"用钱换",只不过换的是代金券,而不是一般的东西。这里用"换"比用"买"更自然。但是,购买国库券说"买国库券",不说"换国库券";"兑换国库券"则很少说成"换国库券"。

"买"是一种商业行为,也是一种社会行为,因而社会的发展变化必然会影响到相关词语的运用。非买类动词的购买义用法并不是一成不变的,而是随着社会的发展、事物的变化而发展变化的。其中有些仍然保留,甚至固化为词的义项,有些则逐渐淡出,为买类动词所取代。当然,这种变化是不均衡的,城市快于农村,经济发达地区快于非经济发达地区,年轻人快于老年人,等等。从某种意义上来说,具有购买义用法的非买类动词的使用情况是反映社会发展进程的一个标志。例如,过去购买粮食时量粮食的器具是斗、升,因此有些方言如崇明话把"买粮食"说成"量粮食":

(16) 量一斗米 | 量点大米子玉米粒 | 量几升粉米粉面。

现在斗、升这些量粮食的器具已不再使用,于是"量(粮食)"的购买义用法也就不复存在了。在计划经济时期,粮食定量供应,到粮店买粮常说成"领粮",现在没人这么用了。笔者在黑龙江大学对50名大学生的调查表明,知道"捡豆腐"的意思是"买豆腐"的同学只有18人,用过的只有1人。可见"捡"的购买义用法渐成式微之势,逐渐被"买"所取代。

1.4.3 从地域分布来看,不同方言相关动词的归属有些相同,有些不同。例如,表示"买(肉)"的意思,不同方言使用的具有购买义用法的非买类动词有相同的,也有不同的:北京话和衡阳话等用"切",东北官话和晋语等用"割",南昌话和安徽宿松话等用"剁",湖南攸县话等用"斫",安徽庐江话等用"斩平声",山东阳谷话等用"旋去声",山东聊城话等用"拉阳平",等等。不过,上述动词的语义类型是相同的,都属于分割类。这说明人们的认知角度和转喻用法是相通的。

1.4.4 从社会分布来看,说话人的阶层、职业、文化程度、收入、年龄、居住地不同,使用具有购买义用法的非买类动词的情况也有所不同。一般来说,社会地位和文化程度较低、收入较少、年龄较大、居住在农村和偏远地区的人,较多地使用具有购买义用法的非买类动词;社会地位和文化程度较高、收入较多、年龄较轻、居住在大城市的人,倾向于使用买类动词。当然也有相反的情况,如下文例(79)显然是一种新兴的用法。

二 具有购买义用法的非买类动词的特点

2.1 语音

具有购买义用法的非买类动词大都是单音节动词,少数是具有口语色彩的双音节动词。

2.2 语法

2.2.1 具有购买义用法的非买类动词有与没有购买义的非买类动词不同的语法特点。买方跟卖方说买什么东西时,没有购买义的非买类动词可以重叠或构成"V—V"格式,买类动词和具有购买义用法的非买类动词不能重叠或构成"V—V"格式。例如:

(17) 约两斤桃儿。
(18) 约(一)约这些桃儿有多少。
(19) *买(一)买两斤桃儿。

例(17)的"约"用于购买义,例(18)的"约"没有购买义。

2.2.2 基本义买类动词与具有购买义用法的非买类动词和状语"给我"同现的意义和条件不同。绝大多数具有购买义用法的非买类动词可以用于说给卖方听的祈使句"给我 VO"中,而"买"等基本义买类动词却都不能这样用。基本义买类动词的前面如果加上"给我",意思只能是请别人(不是卖方)为我、替我、帮我。例如：

(20) 给我约二斤苹果｜给我割一斤肉｜给我来盒中华(烟)｜给我拿包面巾纸。

(21) ?给我买二斤苹果。

例(21)只有请别人为之做买方时才成立,听话人不能是卖方。这是因为"买"本身便具有[＋方向性][＋内向性],无须再用介词"给"引进交付、传递的接收者。

2.2.3 具有购买义用法的非买类动词进入"VO的"短语的能力受限,有些能进入,有些不能进入,有些可能产生歧义。基本义买类动词都能自由进入"VO的"短语,不会产生歧义;引申义买类动词也都能自由进入"VO的"短语,多数不会产生歧义。例如：

(22) 买菜的｜请财神爷的。

(23) ?打酒的。

(24) 收废品的｜拴车的。

(25) ?割肉的｜?扯布的。

(26) *来张报纸的。

例(22)指买方。例(23)通常指买方,有时指卖方,需依靠语境来区分。例(24)指买方。例(25)在动词用于购买义时指买方,在动词没有购买义时指卖方,需依靠语境来区分。

2.3 语义

具有购买义用法的非买类动词原本并没有购买义,在使用中才产生了购买义。具有购买义用法的非买类动词除了原有的语义属性之外,还具有以下与"买"相通的语义属性：[＋方向性][＋内向性][＋具体性][＋途径性][＋终点性][＋有生性][＋内在性][＋有偿性]。[2]

2.4 搭配

具有购买义用法的非买类动词只能同表示商品的名词宾语搭

配,否则就没有购买义。例如,"给我约二斤黄瓜"中的"约"具有购买义,"给我约一下体重"中的"约"没有购买义。

具有购买义用法的非买类动词原本只表示从属于"买"的下位的、局部的、具体的动作行为,因此都比"买"对宾语语义类型的选择范围窄。不同的具有购买义用法的非买类动词对宾语语义类型的选择范围也有所不同。其中有些相对宽一些,例如"来";有些中等,例如"收";有些很窄,例如"开":

(27) 他今天上医院开了三样药花了不少钱。

2.5 语用

2.5.1 非买类动词的购买义用法作为一种语用现象,对语境有很强的依赖性。非买类动词用于购买义和非购买义时对语境有不同的选择。例如,单说"扯五尺布",无法确定"扯"有无购买义,只有置于一定的语境之中才可能确定。

(28) 师傅,请给我扯五尺布。
(29) 他给顾客扯五尺布少扯了半寸。

例(28)中的"扯"用于购买义,例(29)中的"扯"没有购买义。再如,"叫"的一个义项是"告诉某些人员(多为服务行业)送来所需要的东西"。"叫"究竟是哪类动词,要借助语境来判断。如果这种服务是有偿的,"叫"就用于具购买义,如例(30),否则就没有购买义,如例(31):

(30) 叫外卖|叫两个菜才花了二十二块钱。
(31) 秘书正打电话给首长叫车呢。

又如,"搬"的基本义是"移动物体的位置(多指笨重的或较大的)"。但有时在具体的语句中也会产生购买义。

(32) 搬运工正在搬牛奶。
(33) 他搬回来一箱牛奶。
(34) 他从超市搬回来一箱牛奶。

例(32)中的"搬"没有购买义,例(33)中的"搬"有没有购买义不好确定,例(34)中的"搬"用于购买义。

极端的情况是,借助一定的语境,有时动词隐而不现。这个空位既可以用买类动词,也可以用具有购买义用法的非买类动词来填充。由此看出买类动词和具有购买义用法的非买类动词确实是相通的。例如:

(35)一斤馄饨。(陈佩斯小品《胡椒面》)

这句话也可以说成"买一斤馄饨"或"来一斤馄饨"等。

2.5.2 使用者的选择。有些具有购买义用法的非买类动词不仅买方使用,卖方或非买卖方也都可以使用。例如:

(36)买方:给我割点儿肉。——卖方:割几斤?——买方:两斤。
(37)你割的肉真好。在哪儿割的?
(38)卖方:您要点儿什么?——买方:我要一杯咖啡。
(39)卖方:您来多少?——买方:来半斤。

而有些具有购买义用法的非买类动词的使用者则受到限制。东北官话中的动词"搲"和"捕"虽然具有购买义,却不能为买方或卖方使用,而只能为非买卖方使用。例如:

(40)买方:*给我搲/捕五筐苹果。——卖方:*搲/捕几筐?
(41)非买卖方:你搲/捕了这老多苹果啊?

三 非买类动词购买义用法的成因、类型及表达功能

3.1 成因——转喻用法

具有购买义用法的非买类动词是从语用角度分出的一个动词次类。这些动词原本没有购买义,其购买义是在使用时获得的,是一种动词的转喻用法。"买"是由多个环节组成的动作行为,表示"买"的某个环节的动词被凸显出来转指"买",这就是一种转喻用法。通过转喻,原本从属于"买"的下位的、局部的、具体的动作行为替代了"买"这一上位的、整体的、概括的动作行为。在转喻过程中,"买"的过程中某个较为具体的环节被凸显出来,表示这个环节

的非买类动词在保留原有语义属性的同时,还获取了"买"的语义属性,成为具有购买义用法的非买类动词。例如,非买类动词"配"原有的"按适当的标准或比例加以调和或凑在一起"和"把缺少的一定规格的物品补足"这两个义项中共有的[＋匹配性]语义特征在购买相关商品的过程中显得格外重要和引人注目,于是被凸显用来转喻"买"。人们习惯说"配眼镜"、"配钥匙",而很少说"买眼镜"、"买钥匙"。只是在购买没有度数的墨镜之类的眼镜时,也就是[＋匹配性]淡化或丧失因而不可能被凸显时,才会说"买一副墨镜"。顺便指出,引申义买类动词的购买义也是通过转喻获得的。例如,买香烛、纸马、佛龛等之所以用引申义买类动词"请",是因为购买者出于迷信,对购买的物品持一种虔诚的敬畏心态,唯恐用"买"字亵渎了神灵。这时,购买者对商品恭敬的态度就被凸显出来,于是"请"就通过转喻引申出"买"的义项来。

(42)所以,我请了这白钱,巴巴儿地和林姑娘烦了他来,替我烧了祝赞。(《红楼梦》第五十八回)｜财神怎么能买呢？这得叫请！(相声《请财神》)

非买类动词获得购买义用法的基础和前提是,它必须是表示"买"的过程中某一重要环节的行为他动词。行为自动词,语义相悖的"卖"类动词和与"买"的过程毫不相关的非买类动词,如非自主动词、状态动词、存现动词、心理活动动词、助动词、黏着动词等,都不会成为具有购买义用法的非买类动词。

一般说来,"钱物交换"是购买过程的中心环节,被凸显的环节距离中心环节越近,与中心环节的关系越密切,购买义越强,反之越弱。处于购买过程两端的意愿类环节和安装类环节的具有购买义用法的非买类动词的购买义就比较弱。

3.2 语义类型

3.2.1 意愿类。这里的意愿包括购买意向、愿望、态度、打算、决定、预约等。购买意愿先于购买行为,是广义"买"的初始环节,有时被凸显用来转喻"买"。例如"希望得到"的"要"的购买义用法:

(43)刚才碰见胡伯伯,他说咱那空调他要了,过会儿就送钱来。(电视剧《我爱我家》)｜先生,您需要点儿什么?——先给我来一杯扎啤吧。(《博雅汉语》初级起步篇II第四十五课)

3.2.2 索要类。买方向卖方索要所要购买的商品,是"买"的重要环节,有时被凸显用来转喻"买"。如例(13)的"要"、例(30)的"叫"。又如:

(44)我们挑了一张带太阳伞的小桌子坐下,志航点了豆浆、炒螺、鱿鱼,果然滋味非凡,价钱便宜。(《莲花山之歌》)

(45)喊桶水来｜喊两只盒饭。(湖南衡阳话)

(46)武大挑了担儿,引着郓哥,到一个小酒店里,歇了担儿,拿了几个炊饼,买了些肉,讨了一旋酒,请郓哥吃。(《水浒传》第二十五回)

3.2.3 挑选类。挑选是从若干事物中找出适合要求的。从许多商品中找出质量、规格等令人满意的商品,是购买过程中一个极为重要的环节,经常被凸显用来转喻"买"。例如:

(47)你去商场啊?正好我想去选件风衣,咱们一起去吧。

(48)她挑了一件羊绒衫,一个披肩,总共花了一千五。

(49)他挑选了几件小纪念品,别的没买。

3.2.4 寻找类。有些商品需要寻找才能买到,寻找便成为购买过程的一个重要环节,于是被凸显用来转喻"买"。例如:

(50)"今晚借二郎家歇一夜,小生有些须银子在此,相烦就此店中沽一瓮酒,买些肉,村中寻一对鸡,夜间同醉如何?"……吴用取出一两银子,付与阮小七,就问主人家沽了一瓮酒,借个大瓮盛了;买了二十斤生熟牛肉,一对大鸡。(《水浒传》第十五回)

(51)柳家道:"就是这样尊贵。不知怎的,今年这鸡蛋短得很,十个钱一个,还找不出来,昨儿上头给亲戚家送粥米去,四五个买办出去,好容易才凑了二十个来。"(《红楼梦》第六十一回)｜请问哪里可以买到药材?我是宫里的医女,我一定要找到药材才能够回去。(电视译制片《大

173

长今》)

例(51)中的"凑"属于下文所说的购买方式类。

又如,《现汉》对"踅摸"的解释是:"寻找:想到旧书店～两本书。"例句中的"踅摸"也属于非买类动词购买义用法中的寻找类。

(52)你逛商店顺便给我掂对设法寻找件衬衫,百八十块的就行。

3.2.5 拾取类。购买有些商品时,拿这些商品的动作具有引人注目的特点,经常被凸显用来转喻"买"。如例(6)和例(7)的"抓"、例(9)的"捡"、例(11)的"拿"。又如:捡鸡蛋(东北官话)|拣药(湖南攸县话)|撮几帖药(绍兴话)|我有个医心疼的方,叫庄客去县里撮药来,与你老母亲吃。(《水浒传》第二回)|倒蛋、倒鸡崽(湖南攸县话)|不卖就不卖了,了不起找别的批发商拿货。(香港电视剧《谈判高手》)

(53)那婆子满脸堆下笑来,说道:"老身去取瓶儿酒来与娘子再吃一杯儿,……老身直去县前那家有好酒买一瓶来,有好歇儿耽阁。"(《水浒传》第二十四回)

有时,购买的东西在其生产地,如菜地、果园、鱼塘、养殖场等,采摘的环节便被凸显用来转喻"买"。例如:

(54)我想摘筐苹果,多少钱?
(55)给我薅一块钱的小白菜。
(56)给我捞两条鲫鱼,十来块钱的。

3.2.6 接受类。购买有些商品如散装液体商品时,接受方式很有特点,于是被凸显用来转喻"买"。例如:

(57)装一斤酒|装一斤酱油|装一斤醋。
(58)拷酱油|拷醋|拷油|拷老酒。(上海话)
(59)这酒是从镇上小酒厂接的|她说要灌血肠,让你去屠宰场接点猪血。
(60)你爸看你回来可高兴了,特意给你灌桶水。(赵本山小品《送水工》)

3.2.7 分割类。有些商品在购买时需要由整体分割出一部分,这分割的环节就格外引人注目,是购买此类商品的标志性特征,经常被凸显用来转喻"买"。如 1.4.3 节用于买(肉)义的"割、切、斫、剁、旋去声、拉阳平、斩平声"等,例(3)中的"扯",例(4)中的"撕"。又如:

(61)剪布(闽语)｜刽 duì 撕;扯布(绍兴话)。

3.2.8 计量类。计量是购买过程中极为引人关注的一个重要环节,很容易成为注意焦点,经常被凸显用来转喻"买"。根据计量办法的不同,又可分为称量类、丈量类、测试类等。

3.2.8.1 称量类。例如:

(62)约二斤肉｜称一斤糖(闽语)｜□zhì 称一斤肉(晋语)｜量一斗米(崇明话)。

"约"和"称"等没有购买义时,其施事是卖方,可说"我给你约/称二斤肉",不大能说"我约/称二斤肉";用于购买义时,其施事是买方,可说"我约/称二斤肉"或"你给我约/称二斤肉",不说"我给你约/称二斤肉"。用于购买义的"约"和"称"实际上是买卖双方共同的行为,是买方给出数量,卖方按这一数量为买方称量。

3.2.8.2 丈量类。例如:

(63)约四尺布。

3.2.8.3 测试类。例如:

(64)你的眼镜破了,改天我陪你配副新的吧。(电影《我的兄弟姐妹》)

3.2.9 搭配类。例如:

(65)配个零件儿得多少钱?｜配条丝巾才花了十块钱。

3.2.10 加工类。有些商品在交给买方之前要进行加工,加工的环节有时被凸显用来转喻"买"。例如例(12)的"烫"、例(1)的"温"等。又如:

(66)铰二斤肉馅儿｜烤二十个肉串儿｜炒盘鱼香肉丝｜冲杯果珍｜熬两服药。

175

(67) 凤姐乃道:"这是二十两银子,暂且给这孩子做件冬衣罢。"(《红楼梦》第六回)

(68) 智深道:"洒家要打条禅杖,一口戒刀,不知有上等好铁么?""两件家生要几两银子?"(《水浒传》第四回)

(69) 到织锦店里织了三件补服:自己一件、母亲一件、妻子一件。(《儒林外史》第十九回)

(70) 次日,又在店里偷了几十个钱,走到吉祥寺门口一个刻图书的郭铁笔店里柜外,和郭铁笔拱一拱手,坐下说道:"要费先生的心,刻两方图书。"(《儒林外史》第二十一回)

3.2.11 购买方式类。有些购买方式很有特点,于是被凸显用来转喻"买"。例如:"接财神"、"迎财神"。又如,"捎"是一个非买类动词,《现汉》的解释是:"顺便带:～封信｜～件衣服｜～个口信。"前后两个例子都没有购买义,中间的例子可能用于购买义,意思是顺便代替他人购物。例如:

(71) 再捎点酱牛肉。(电视剧《大清官》)

"带"是一个非买类动词,《现汉》的解释是:"捎带着做某事:上街带包茶叶来(捎带着买)｜你出去请把门～上(随手关门)。"前一个例子括号里的解释说明其中的"带"用于购买义,这为本文的论述提供了佐证。

(72) 探春又笑道:"这几个月,我又攒下十来吊钱了。你还拿了去,明儿出门逛去的时候,或是好字画,好轻巧玩意儿,替我带几样来。"(《红楼梦》第二十七回)

(73) 我去把那三张卧铺票排回来去。(小品《有事您说话》)

(74) 买的人很多,我好不容易才抢抢购了一件。

(75) 我昨天去寺里求了一道护身符。

(76) 我没买着,这些是从他那儿匀来的。

(77) 他们上车补了三张票。

例(27)的"开"、例(40)的"搂"和"捕"、例(51)的"凑"亦属此类。

3.2.12 付款方式类。付款是购买过程的一个重要环节,有些付款方式很有特点,于是被凸显用来转喻"买"。例如:

(78) 他在食堂划了两个塑料袋。

指用划卡即刷卡付款的方式买了两个塑料袋。这是一种后起用法,使用范围还不大。

3.2.13 交换类。如例(15)。又如:

(79) 牛老把囤下来的几石粮食变卖了,做了一件绿布棉衣、红布棉裙子、青布上盖、紫布裤子,共是四件暖衣,又换了四样首饰,三日前送了过去。(《儒林外史》第二十一回)

(80) 林冲便道:"小人身边有些碎银子,望烦回些酒吃。"(《水浒传》第十回)

3.2.14 方向类。"买"是"内向性"动词,这是在默认人类经验体系的基础上确定的。"买"是货物从别人手中转移到自己手中,转移物朝"我"而来,而以"我、这里"为参照点是最自然的做法。有些非买类动词具有语义属性[+方向性][+内向性],这与"买"的语义属性恰好吻合,于是被凸显用来转喻"买"。如例(10)的"收"。又如:

(81) 他们聊到了房子盖好后小卖铺的进货问题。大红说,除了小百货之外,我看还可以进点书,这附近一个书店都没有。程文全说,进点杂粮也好卖,现在城里人都喜欢吃粗粮。(《柔软的石头》)

3.2.15 增添类。购买的结果是买方增加了原来不属于他的东西。这个环节有时被凸显用来转喻"买"。如"上货"的"上"。又如:

(82) 黄客人替他买了一顶方巾,添了件把衣服,一双靴,穿着去拜董知县。(《儒林外史》第二十三回)|宝钗笑道:"却又来,一年四百,二年八百两,取租的房子,也能看得了几间,薄地也可添几亩。"(《红楼梦》第五十二回)|或者从薪水里抽个二三百给父母添点生活用品,也就意思意思而已。(《青年心理》2003年7期)|在十一的前一天晚上,全家人都坐到一起,男主人拿支笔计划着明天上街要办的事物:儿子要一件外套、女儿该添双鞋、妻子要买件毛衣,还有一些柴米油盐。(《乡亲们的国庆节》)

177

第二例中的"看"属于挑选类。

3.2.15 搬移类。有些商家送货上门,搬移所购商品仍然是购买过程的一个环节,有时被凸显用来转喻"买"。例如:

(83)用户给水站打电话:送一桶水来。

通常,购买的商品由卖方手中交付到买方手中,购买过程就算结束了。但是,有时人们以"家"为参照,把购买的商品由购买地搬移到"家"的过程仍然视作购买过程的一个环节,于是搬移的方式被凸显用来转喻"买"。搬移毕竟属于购买的后续行为,这类动词的购买义相对较弱。如例(34)的"搬"。又如:

(84)她从菜市场拎回来两条鱼。
(85)他从早市提溜回来一条大鲤鱼。
(86)我看时间太晚了,就从饭店端了几个菜回来。
(87)宝玉笑道:"原来要这个,这不值什么,拿五百钱出去给小子们,管拉两车来。"(《红楼梦》第二十七回)

3.2.16 处置类。有的商品买方购买之后所采取的处置方式很有特点,有时被凸显用来转喻"买"。如例(8)的"拴"。又如:

(88)(鲁智深)叫道人去城里买了几般果子,沽了两三担酒,杀翻了一口猪,一腔羊。(《水浒传》第八回)

3.2.17 消费类。消费使用是购买的目的,也是购买过程的一个重要环节,有时被凸显用来转喻"买"。例如:

(89)你吃点啥?——来碗面条吧。(电影《其实俺不傻》)|我什么时候能开上劳斯莱斯呀?(电视剧《带着孩子结婚》)|住上新房子是她的唯一目标。

3.2.17 安装类。有些商家负责安装,安装仍然是购买过程的一个环节,有时被凸显用来转喻"买"。即便不是商家负责安装,人们有时仍然把所购商品的安装也视作购买行为的一个环节,于是被凸显用来转喻"买"。这离购买过程的中心环节就更远了,因此购买义较弱。例如:

(90)当时安电话还要交初装费呢。
(91)我想装台空调。

3.2.18 代动类。有些虚义动词或者叫泛义动词、代动词在一定的语境中有购买义用法。如例(14)的"来"。又如：

(92)国庆节那天,他和工友们把两张床并在一起,买了煤油炉子、脸盆和半袋面粉,他还托人买了一块手表和一辆自行车,又偷偷地搞了几斤糖,给工友们一散,这家就成了。(《一把乡土》)
(93)别光点素菜,再弄两个荤菜。
(94)到小铺儿去整两盒儿好烟抽。

3.2.19 其他类。有些具有购买义用法的非买类动词很难确切地归入购买过程的哪一个具体的环节,有时被凸显用来转喻"买"。例如：

(95)过了数日,智深寻思道:"每日吃他们酒食多矣,洒家今日也安排些还席。"

以上分类是相对的,相互之间有着密切联系。例如,挑选大都包括拾取的动作;拾取通常都不是随意的,而是有选择的。但二者的语义侧重点毕竟有所不同,分为两类有助于人们认识这种区别。

3.3 表达功能。从语体角度来看,具有购买义用法的非买类动词主要用于日常口语,书面语中的文艺语体,正式的谈话如商务谈判和其他书面语中很少使用。美国语法学家寇姆曾经指出:"人们在口语中不喜欢用一个实义动词来构成谓语,因为这种方法使人觉得太正式,太拘谨。在口语语言中,……有一种使用比较具体的表达形式的趋向。"[3]汉语中非买类动词的购买义用法便是一种比较具体的表达形式。在日常口语和文艺语体中,如果不论什么场合一律都使用"买",难免会显得单调、呆板、拘谨、枯燥、乏味。使用选择性各异的具有购买义用法的非买类动词,既能表达"买"的意义,又带有比较具体实在的意义,同单纯使用"买"相比,不仅增加了信息量,而且具有特殊的表达功能,与相关词语的搭配更加自然贴切紧密,表达更加灵活多样生动形象、富有口语色彩、生活气息和时代特点。

四　余论

4.1　词在一定的语言环境中反复使用中获取某种意义并不是个别孤立偶然的现象。与具有购买义用法的非买类动词相对应,还有一种具有出卖义用法的非卖类动词。例如:

(96)"你这个挂件多少钱?可不可以让给我?"她指着我胸前那块"雨云"。(亦舒《我的前半生》)

(97)挥泪狂甩卖;抛售。(相声动漫《关公战秦琼》)

(98)关于粮食定购,他说,生产队普遍要求包死,就是把上交大队的、交给国家的粮食数都定下来,其余都是生产队的,这样就有个奔头。(《毛泽东传》)

(99)送挨家挨户地卖财神。

(100)撒挨家挨户地卖财神。

《现汉》对"匀"的解释是:"抽出一部分给别人或做别用:～出一部分粮食支援灾区｜工作太忙,～不出时间照顾家里。"这两个例句中的"匀"都没有购买义,也没有出卖义。但是,下面两个例子中的"匀"一个用于购买义,另一个用于出卖义。

(101)我来晚了没买着,这是从别人那儿匀来的。

(102)这种纱巾她没买着,我匀给她一块。

又如:

(103)他配眼镜花了一百多块钱。

(104)按优惠价配售给他们两台小轿车。

(105)我跟你说,我不但要盘个店,我还要让你穿得体体面面。(电视剧《老爸老妈兄弟姐妹》)

(106)不只这一部,有一批这样的旧版书、线装书,都这样论斤约了。(中央电视台10频道2005年9月16日《百家讲坛·刘心武揭秘红楼梦》)

具有出卖义用法的非卖类动词也不是一成不变的。例如,在计划经济时期,粮店按时卖粮称"放粮",现在已经没人这么用了。

具有购买义用法的非买类动词与具有出卖义用法的非卖类动词数量不对称,前者多于后者。

4.2 英国语言学家帕默尔(F. R. Palmer)指出:"学习一种语言在很大程度上是学习如何运用这一语言的动词。"④汉语非买类动词购买义用法的研究,对于语言研究与教学尤其是对外汉语教学以及辞典编纂、中文信息处理等具有重要意义。本文的讨论说明,尽管可以根据意义对词进行分类,但这种分类只能是相对的,因为词的语义在实际使用过程中有时会产生变异。例如,鲁川(2001)把买类动词归在动态大类转让中类索取小类中,定义为"主体有偿地购买或交换等索取客体所有权之行动"。⑤而绝大多数具有购买义用法的非买类动词原本不属于这个类别,但有时在使用中又属于这个类别。在语言研究和信息处理中如何用动态的眼光认识和处理这种变异情况,是一个需要进一步深入系统研究的问题。

附 注

① 为本文提供方言用例的学者有:张惠英、陈立中、温端政、熊正辉、李如龙、彭兰玉、唐爱华、周元琳、刘宪康等。谨致谢忱。

② 参看延俊荣《语义兼容对"V""给"并置的制约》,新世纪第三届现代汉语语法国际研讨会论文(2005年 浙江金华)。

③ 转引自刁宴斌《现代汉语虚义动词研究》93页,辽宁师范大学出版社2004年。

④ 见[英]帕默尔(F. R. Palmer)《英语动词》(The English Verb)。转引自贺季萱、姚乃强《汉英动词漫谈(一)——汉英动词分类比较》,《解放军外国语学院学报》1983年第1期。

⑤ 见鲁川《汉语语法的意合网络》79页、86页,商务印书馆2001年。

参考文献

陈祖荣　1995　《浅谈动词的分类问题》,《四川师范学院学报》第1期。

刁晏斌　2004　《现代汉语虚义动词研究》，辽宁师范大学出版社。
范　晓　1986　《交接动词构成的句式》，《语言教学与研究》第3期。
鲁　川　2001　《汉语语法的意合网络》，商务印书馆。
马思周等　1990　《东北方言词典》，吉林文史出版社。
梅家驹等　1983　《同义词词林》，上海辞书出版社。
孟琮等　1999　《汉语动词用法词典》，商务印书馆。
沈家煊　2005　《汉语语法研究的新探索（代序）》，《现代汉语语法的功能、语用、认知研究》，商务印书馆。
税昌锡　2005　《动词界性分类试说》，《暨南学报》第3期。
王洪轩　1987　《动词语义分类举要》，《河北大学学报》第2期。
延俊荣　2005　《语义兼容对"V""给"并置的制约》，新世纪第三届现代汉语语法国际研讨会（浙江金华）。
尹世超　1997　《哈尔滨方言词典》，江苏教育出版社。
赵艳芳　2001　《认知语言学概论》，上海外语教育出版社。
中国社会科学院语言研究所词典编辑室　2005　《现代汉语词典》，商务印书馆。

从"嫁娶难题"引发的两个问题

张 宝 胜

一 从"嫁娶"难题说起

按照乔姆斯基的管辖与约束理论,宾语受动词的管辖,所以可以自由移出;主语不受动词的管辖,所以移出受到限制。英语的例子如下(转引自沈家煊(1999)):

(1) Who do you think [John will meet $_t$]?

　　Who do you think [that John will meet $_t$]?

(2) Who do you think [$_t$ will win]?

　　*Who do you think [that $_t$ will win]?

t 表示该成分提取之前所在的位置。(1)提取的是宾语,有没有关联词 that 出现,句子都是成立的。(2)提取的是主语,不使用关联词 that,句子成立;用了 that,句子不成立。这个例子说明,英语在提取主语和宾语的时候表现出不对称:提取宾语不受限制,提取主语受限制。

从事汉语生成语法研究的学者也曾经热烈地讨论过主语和宾语在提取时所发生的不对称问题,他们选择的是汉语的一对反义动词"嫁"和"娶",这就是有名的"嫁娶"难题。首先是 Huang(1984)以下面的例子证明主语和宾语在提取时存在的不对称:

(3) a. 李小姐$_i$还找不到一个[e_i可以嫁 e_j]的男人$_j$

　　b. *李小姐$_i$还找不到一个[e_j可以娶 e_i]的男人$_j$

a 句提取的是方括号内定语从句里的宾语作全句宾语的中心语（"男人"），Huang 认为 a 句之所以成立，是因为方括号内定语从句的空主语 e_i 受全句主语"李小姐"约束（同指），定语从句的空宾语 e_j 受全句宾语"男人"约束（同指）。b 句提取的是方括号内定语从句里的主语作全句宾语的中心语（"男人"），之所以不成立，是因为并非方括号内定语从句的空主语 e_i 受全句主语"李小姐"的约束（不同指），而是空宾语 e_i 受全句主语"李小姐"约束（同指）。可见，跟英语一样，汉语在提取主语和宾语的时候也是不对称的：定语从句的宾语可以提取出来当全句宾语的中心语，而定语从句的主语不能提取出来当全句宾语的中心语。

就这个例子而言，分析很是到位。但要就此得出结论，说汉语定语从句的主语不能提取出来当全句宾语的中心语，则不妥。我们很容易找到相反的例子：

(4) a. *这个人$_i$还找不到一辆[e_i 修理 e_j]的车$_j$

b. 这辆宝马车$_i$还找不到一个[e_j 修理 e_i]的人$_j$

此句跟(3)正相反：a 句提取定语从句的宾语当中心语，句子不能成立；b 句提取定语从句的主语当中心语，句子反而能够成立。

其实，即使是从事汉语生成语法研究的学者，也不以 Huang(1984)的分析为然。Xu(1986)用"肯"替换(3)里的"可以"，得出：

(5) a. *李小姐$_i$还找不到一个[e_i 肯嫁 e_j]的男人$_j$

b. 李小姐$_i$还找不到一个[e_j 肯娶 e_i]的男人$_j$

Xu 认为，(5)句的定语从句主、宾语提取的情况跟(3)也是相反的，a 句提取的是宾语，句子并不成立；b 句提取的是主语，句子反而成立。

我们认为这个证明不一定很成功。在我们看来，b 句的可接受度并不比 a 句高。凭以汉语为母语的人的语感，通顺的说法恐怕应当是：

(6) 李小姐ᵢ还找不到一个[eⱼ肯娶她ᵢ]的男人ⱼ

但是,用(4)来证明由(3)得出的结论的不完备还是具有说服力的。这自然让人想到,问题是不是出在定语从句里的动词"嫁/娶"上面?

二 "嫁"与"娶"的不对称

沈家煊(1999)成功地论证了"嫁"和"娶"的不对称。他首先从句法结构入手,揭示"嫁"和"娶"这对反向动词的不同:

(7) a. 宝玉娶宝钗

b. 宝钗嫁给宝玉(但是:ˀ宝钗嫁宝玉)

"嫁"的宾语前面要加上个介词"给"句子才通顺,这说明"嫁"相对于"娶"是有标记项。

(7)是主动句的形式。把"嫁"和"娶"取被动句的形式,"嫁"相对于"娶"依然是有标记的:

(8) a. 宝钗被宝玉娶了

b. 宝钗被薛姨妈嫁出去了(但是:ˀ宝钗被薛姨妈嫁了)

接着又从认知的角度,挖掘了"嫁"和"娶"不对称的理据:"娶"有"获取"的主动义,是正向动词;"嫁"有"出让"的被动义,是负向动词。认知上的理据是,人总是希望"获取"而成为事物的领有者。如在婴儿面前放一件中性的东西(不为婴儿所喜欢或害怕),婴儿总是伸手去够那件东西企图得到它,而不是推开它。

在分析了"嫁"和"娶"的不对称后,沈先生又分析了(5)跟(3)主、宾语提取情况相反的原因。他赞同 Xu(1986)的观点,即认为(3)b不成立,但是用"肯"替换句中的"可以"成为(5)b,句子是成立的。因为"肯"和"可以"虽然都是情态助动词,但二者也是不对称的:"肯"有"主观上乐意"的意思,"可以"有"客观上不得不"的意思。从这一点出发,可以说"肯"是正向的情态助动词,"可以"是负向的情态助动词。主、宾语提取的不对称在(3)和(5)上出现的颠倒其实是语义上正负值互相作用的结果。并认为这种颠倒也是"关联标记模式"中的标记颠倒。

据我们对关联标记模式的理解,似乎应该这样分析:一般说,正向对于负向是无标记的,因此,"肯"和"可以"这一对情态助动词,"肯"是无标记项,"可以"是有标记项;"嫁"和"娶"这一对反向动词,"娶"是无标记项,"嫁"是有标记项。于是可以得出下面的两个无标记组配:

(9) 无标记组配　　　　　无标记组配
　　可以　　　　　　　　肯
　　嫁　　　　　　　　　娶

沈先生在同一部著作里,又把主、宾语提取的不对称解释为:空主语是否受主语约束要取决于空主语施事性的强弱。(3)b句中的空主语施事性强,所以不受主句主语的约束;(3)a句中的空主语施事性弱,所以受主句主语的约束。显而易见,(3)a中"可以嫁"的空主语施事性弱,它受到主句主语"李小姐"的约束,因而句子成立;(3)b中"可以娶"的空主语施事性强(因为"娶"是正向的),它不受主句主语"李小姐"的约束,因而句子不成立。用这个观点解释(5)a的不成立非常管用,因为"肯嫁"的空主语施事性一定比"可以嫁"的空主语施事性强。但用来解释(5)b的能够成立却不管用。因为按照沈先生对"肯"和"可以"这一对情态助动词的分析,(5)b中"肯娶"比起(3)b中"可以娶"的空主语施事性要更强一些。因此,如果(3)b不能成立,(5)b应该更不能成立才对。

问题出在什么地方了呢?我们认为,问题在于对"嫁"和"娶"这一对反向动词的不对称还有深入研究的空间。"嫁"和"娶"的不对称不仅表现为"娶"是一个正向动词,"嫁"是一个负向动词。深入研究,我们发现这只是问题的一个方面,"嫁"和"娶"的不对称还有其他的表现。

"嫁"有两个意思,三种用法,在这三种用法上并不跟"娶"一一相对。

第一个意思是"男婚女嫁"的"嫁"。在这个意义上,有一种用法"嫁"和"娶"一样,即都可以带宾语。如:

(10) 女人嫁汉,男人娶妻。

虽然沈先生已经指出,"嫁"的对象之前一般要加上个介词"给"句子才显得更通顺,但在能够带对象宾语这一点上,可以粗略地认为"嫁"和"娶"是相同的。

在这个意思上,"嫁"还有不带宾语的一种用法:

(11) a. 他女儿早嫁了。

b. 他女儿早嫁出去了。

c. 他女儿嫁到美国了。

d. 他女儿嫁得很不如意。

而"娶"则没有不带宾语的用法:

(12) a. *他儿子早娶了。

b. *他儿子早娶回来了。

c. *他儿子娶自美国了。

d. *他儿子娶得很不如意。

要使跟(11)"嫁"字句相对的"娶"字句成立,必须把宾语补出来:

(13) a. 他儿子早娶老婆了。

b. 他儿子早把老婆娶回来了。

c. 他儿子从美国娶了一个老婆。

d. 他儿子娶老婆娶得很不如意。

第二个意思是"把女儿嫁出去"。在这个意思上,它跟"娶"又相对又不相对。可能有人会说,跟"嫁(女儿)"相对的不正是"娶(媳妇)"吗?好像是这样:

(14) a. 李家二老嫁女儿。

b. 王家二老娶媳妇。

但是,仔细分析,这两个句子是不完全相同的:a 句表达的是"给女儿办喜事","女儿"作为宾语在句中出现;b 句表达的是"给儿子办喜事",可是"儿子"并没有作为宾语在句中出现。(10)里"女人嫁汉"和"男人娶妻"可以看作是一个过程的两个不同方向,因此,"嫁"和"娶"是真正意义上的相对。(14)b 里的"媳妇"不是指"妻子",而是指"儿媳妇"。可见,(14)b 跟(14)a 在意义上并不相对,跟"嫁女儿"意思相对的毋宁说是"招女婿"。

如果以 A_1、A_2、B 代表以上说的"嫁"所表达的两个意思三种用法,则"嫁"跟"娶"的对立可以通过下表清楚地看出来:

用 法		嫁	娶
A	A_1	+	+
	A_2	+	—
B		+	+/—

从"嫁"和"娶"对立的分析中,我们可以看出,除了沈先生所指出的"嫁"的主语的施事性弱于"娶"的主语这一点之外,"娶"的宾语是"娶"的必有论元,在句子里是必须出现的;而"嫁"的宾语是可以省略的。这一点从(11)—(13)的对比中可以清楚地看出来。因此,"娶的人"一定是指被娶的女子,如果要指男子,一定得说"娶妻的人"。而"娶的"也应该指被娶的女子。为了验证这个看法是否正确,我们检索了北大语料库,找到含有"娶的"的例句 37 个,无一例外,句中"娶的"都指被娶的女子。如:

(15) 他总是最宠那新娶的,顶年轻的。

(16) 今儿个我那哥们儿王短腿要娶续弦媳妇儿,他倒艳福不浅,娶的是一个黄花闺女。

(17) 我们院小孩的妈没有几个是大房,净是后娶的。

(18) 娶的竟是我们文工团的元老,荣任前线话剧团副团长的阮若琳。

而"嫁的"则既可以指嫁给男子的女子,又可以指女子所嫁的男子。我们也检索了北大语料库,找到含有"嫁的"的例句20个,果然验证了我们的看法。"嫁的"指嫁给男子的女子,如:

(19) 有一位中年不嫁的女科学家听他演讲电磁现象。
(20) 女的嫁的嫁了,不嫁的或有职业,或在等嫁,都忙着各人切身的事。

"嫁的"指女子所嫁的男子,如:

(21) 二凤要嫁的就是大福子。
(22) 嫁给任何人,就要忠于任何人,况且嫁的是博士?

如果建立在语料调查基础之上的上述分析是合理的,那么,"娶的男人"就是一个不可能出现的组合形式,因为"娶的"只能指被娶的女子,这跟"男人"在语义上发生了冲突。所以,认为(3)b不成立是因为句中的"可以"(负向)跟"娶"(正向)的组合是一个有标记的组配所导致的,这种看法是难以成立的。我们认为,把句中的情态动词"可以"更换成"肯"变成(5)b,"肯"(正向)跟"娶"(正向)的组合虽然成了一个无标记的组配,句子还是不能成立。即使把"肯"换成一个"主观上乐意"程度更强一些的"愿意",句子依然不能说:

(23) *李小姐$_i$还找不到一个[e$_j$愿意娶 e$_i$]的男人$_j$

问题就在于"娶的男人"不能说,只有把定语从句的空宾语补出来,成为(24),句子才是通顺的。

(24) 李小姐$_i$还找不到一个[e$_j$肯娶她$_i$]的男人$_j$

当然,"嫁"和"娶"这两个动词在句法上的对立还有着深层次的社会文化方面的原因。简单地说,就是中国人以男方为中心的"嫁娶"文化观念。刘丹青(1991)对此问题有过深刻的论述,本文不赘。

三 "肯"的语义特征

作为情态助动词,"肯"是比较特殊的一个。沈家煊(1999)正确地分析了"肯"和"可以"的不对称:"肯"有"主观上乐意"的意思,"可以"有"客观上不得不"的意思。"肯"具有主动义,"可以"具有被动义,从这个意义上讲,"肯"是正向的情态助动词,"可以"是负向的情态助动词。我们认为,这也只是问题的一个方面。

深入分析,我们发现了问题的另一个方面:"肯"虽然有"主观上乐意、同意"的意思,但常常不是表示真正意义上的"乐意",而是表示有条件的"同意"。证据之一就是,如果要做的一件事,按照通常的社会评价标准来看,是不需附加任何条件的大好事,就只能用"愿意"而不能用"肯"。比较:

(25) a. 人人都愿意住得舒服些。
　　　b. *人人都肯住得舒服些。

(26) a. 现在老年人都愿意健康长寿。
　　　b. *现在老年人都肯健康长寿。

前面分析过,"娶的男人"不能说,要说得说"娶妻的男人"。但是:

(27) a. *张三是一个肯娶的男人。
　　　b. *张三是一个肯娶妻的男人。
　　　c. 张三是一个不肯娶妻的男人。

a 句不成立是因为"娶的男人"不能说;b 句不成立,是因为"娶妻"对任何男人都是天大的好事,跟"肯"不能搭配,"娶妻"能说而"肯娶妻"不能说。

可见,"肯"并非真正意义上的正向词。我们的这一观点同样有语料的支撑。检索北京大学语料库,得到"不肯 Vp"的例句 1053 个,得到"肯 Vp"的例句仅 113 个。实际上《现代汉语八百词》早就指出过,"'肯'与形容词短语连用,多用于反问句和否定句"。我们的调查说明,《现代汉语八百词》的这个说法同样适用于"肯"与动词短语连用的情况。按照标记理论,语言的否定形式相对于肯定形式是有标记的,但是,1053 个"不肯 Vp"相对于 113 个

"肯Vp"来说却应该看成是无标记的。合理的解释只能是:"不肯Vp"的组成成分在组合时发生了标记颠倒,即两个有标记的成分在一起形成了一个无标记组配。动词否定形式是有标记的,由此反推出"肯"也是有标记的。而正向词是无标记的,因此,说"肯"不是真正意义上的正向词,毋宁干脆说它是个负向词。如果把"肯"看成是负向词,则"不肯Vp"大大多于"肯Vp"的语言事实就得到了合理的解释。

就我们检索到的113个"肯Vp"的例句来看,大致分为三种情况。

一为反问句。含有"肯Vp"的反问句,当然表达的还是"不肯Vp"的意思。如:

(28) 王二奶奶肯当堂对质吗?

(29) 这样一个人物,他怎么肯当个放羊的呢?

(30) 再说,世界上还有三分之二的人民没得到解放,谁肯到给资本家当奴隶的地方去受苦受罪呢?

二是"肯Vp"中的Vp在说话人看来多是不易实现的事情。如:

(31) 您要肯放下架子,就跟我学医吧。

(32) 他肯花八百块钱买两匹骡子,还不能花八百块钱买一条命吗?

(33) 云奶奶是自谦自卑惯了的,那五肯来同住,认为挺给自己争脸,就拿他当凤凰蛋捧着。

以(33)为例作一分析。说话人认为云奶奶是个自谦自卑的人,因此,她会把有点儿贵族血统的那五跟她住在一起这件事,看成是件很难实现的事情。我们知道,"难"与"易"相比,"难"是个负向词,前面我们已论证了"肯"也是负向词,所以,这种情况的"肯Vp"也可以看成是发生了标记颠倒的无标记组配。

三是"肯Vp"的前面有副词"才"。这种"才肯Vp"的句子很多,在113个"肯Vp"的句子中竟有48个。如:

(34) 我尽力回旋,寻找真理,慢慢才肯定方向,落到实际。

(35) 只有最软弱的人,才肯丢了老婆而一声不哼。

(36) 在南京她同邢志伟一起听音乐会时,她总是要将自己修饰得光彩照人才肯出门。

张宝胜(2003)曾经论证过"才"是一个主观负向副词,因此,"才肯Vp"也应该看成是两个有标记的语言形式发生了标记颠倒的无标记组配。

四 结语:再回到"嫁娶"难题

如果同意我们以上的分析,认为"肯"是一个负向的情态助动词,就会碰到一个难题:"嫁"是个负向动词,因而"肯嫁"是一个无标记组配。如果(3)a(李小姐还找不到一个可以嫁的男人)能说,那么(5)a(李小姐还找不到一个肯嫁的男人)也应该能说,但是我们为什么还是赞同 Xu(1986)的看法,认为它是个不合格的句子?

我们认为,要回答这个问题,须从语用上面找原因。说(5)a这个句子的时候,有一个这样的预设:李小姐想嫁人(因为她正在寻找这样的男人)。有了这个预设,"嫁"在句中就成了正向动词(想干的事相对于不愿干的事是正向的),它跟负向的情态助动词"肯"不易组合(因为是有标记的组配),所以(5)a是个不合格的句子。

我们检索北大语料库,只找到了含有"不肯嫁"的句子(例从略),没有找到含有"肯嫁"的句子,这就支持了我们的分析。

在(3)a和(5)a里,从句的空主语都受到主句主语的约束,从句的空宾语都不受主句主语的约束,但句子一个成立,一个不成立。就这两个句子而言,从句的空主语和空宾语跟主句主语是否同指并不受制于句法,而是语义和语用的制约起了作用。(5)a之所以不能成立,是因为有了"李小姐想嫁人"这样的预设,这是语用的因素在起制约作用。而"嫁"因此从负向动词变成了正向动词,是语义发生了变化,也就是语义的因素在起制约作用了。

(3)a 和(5)a 是从句的空主语都受到主句主语的约束,但一个是合格的句子,一个是不合格的句子。我们再看一组例子:

(37) a. 李小姐ᵢ还找不到一个[eᵢ愿意嫁 eⱼ]的男人ⱼ
b. 张先生ᵢ还找不到一个[eⱼ愿意嫁 eᵢ]的女人ⱼ

a 句的从句的空主语受主句主语的约束,b 句的从句的空主语不受主句主语的约束,但这两个句子却又都是合格的句子。这显然是受到"李小姐找丈夫"、"张先生找老婆"这样的语义-语用因素的影响。

徐烈炯(1994)曾明确指出,从句的空宾语能否与主句主语同指受语义和语用因素影响,并不存在句法上的限制。上面这个例子证明了徐先生的看法是正确的。

本文从"嫁"、"娶"的不对称和情态助动词"肯"的语义特征入手,进一步证明了,至少在汉语里,空语类是否受主句主语的约束(实际上也是主语和宾语的不对称的一种句法表现)并不受制于句法,而是语义和语用的因素在起作用。

参考文献

吕叔湘主编　1980　《现代汉语八百词》,商务印书馆。
刘丹青　1991　《"娶"与"嫁"的语法对立和汉民族对婚姻的集体无意识》,《文化的语言视界——中国文化语言学论集》,上海三联书店。
沈家煊　1999　《不对称和标记论》,江西教育出版社。
徐烈炯　1994　《与空语类有关的一些汉语语法现象》,《中国语文》第 5 期。
张宝胜　2003　《副词"才"的主观性》,《语法研究和探索(十二)》,商务印书馆。

汉语主句现象进入关系从句初探*

唐 正 大

〇 引言

"主句现象"(main clause phenomena)原指一些只能出现在主句、而不能出现在从属小句中的构式和形态(Emonds 1970,Hooper & Thompson 1973,这些论著中也叫"根句现象":root phenomena),英语例如:

否定副词使主要谓词前置:*She didn't agree that *never before have I seen a turtle*.

方位短语前置:*I saw a girl who *into the garden ran*.

表示传信情态的 indeed:*He regrets that *indeed*, an exam is required.

汉语这样的情况更多,这里仅举二例:

易位句:(主句)这把锄头很得劲,用起来。(引陆俭明 1980)
  (关系从句)*<u>很得劲用起来</u>的锄头。

"苹果"为受事时:(主句)苹果不喜欢吃。
  (关系从句)*<u>苹果不喜欢吃</u>的人
  (主语从句)*<u>苹果不喜欢吃</u>让孩子们缺少维生素 C。

---

* 本研究得到国家社科基金项目"汉语主句现象与从句环境"(07CYY020)国家社科基金十五规划重点项目"名词短语句法结构的类型学比较"(03AYY002)和中国社会科学院青年科研启动基金资助;感谢刘丹青、蔡维天、石定栩、张宝胜诸位先生提出宝贵意见。作者文责自负。

Green(1976)以前的论述,其主要兴趣点在于主句与从句、句子和短语(词组)的不同,以及主句现象对于从属小句环境的排斥;但她设计了一些特定的句法和话语环境,使这些主句现象又可以嵌套入从句中;这样,主句现象定义得到了扩展,即:只能出现在主句而排斥从句环境的、或者进入从句需要特定的句法、语义和语用条件、甚至韵律结构等条件允许的构式和形态。近年来的研究主要关注后者,即主句现象嵌套的标记性,如Whitman(1989)、Choi(2000)、Heycock(2006)、Hackstein(2006)等对于英语、日语、朝鲜语和德语主句现象的研究。汉语及各方言和中国境内民族语言这方面的研究就更少了。

汉语语法研究中与此密切相关的实际上是关于短语(词组)和句子、从句和主句之间关系的讨论。八十年代以来,朱先生的短语本位理论体系影响深远。他(1982)认为,词组和句子之间的关系是型(type)和例(token)的"实现关系"(realization);郭锐(1996)将"朱先生的原则""贯彻到底",认为二者之间是"形成"关系,在词组—句子一体化方向上走得更远。

注意到汉语句子相对于短语而言的复杂性和灵活性的较早研究可追溯到吕叔湘(1984[1979])。认识到形式和功能、句子和短语之间的重大区分、并在新的语法单位分级体系中探讨二者关系的代表作如杨成凯(1994)和刘丹青(1995b)。刘文引进"形式升级—功能升级"的理念,认为短语到句子是"功能升级",是"输入"和"输出"关系。这里,输入和输出之间发生的故事,就是该时期热烈讨论的完句成分问题,如孔令达(1994)等。对此,郭锐(1996)一方面认为"句子跟词组的关系和句子成立的条件是两个问题",另一方面却将不能"还原"或切分为短语的句子(如易位句、插入语)看作"不纯净"现象。刘丹青(1995a)列举了更多这种句子—短语不同质的现象,并在此基础上认为汉语具有"语用优先"的特点。

"杂质"多了,就不是杂质了,而应该是值得关注的"现象"。这种现象就是从上世纪70年代初英语语法学界就开始讨论的"主句现象"。对此,汉语语法研究虽然注意不足,但这种"现象"在汉语中却尤其丰富。很多范畴其实都可以因此作一统一观察,例如对于语气词、话题结构、原位(in-situ)疑问、言语行为等的研究……这些都是在句子—短语一体化体系中很难解决的问题。例如无论是"实现关系"或"形成关系"的出发点,甚至对于完句成分的研究,都建立在这样一个假设基础上:即,短语是备用单位,先于句子而存在。可实际上,当大量句子剔掉情态成分、再经切分后,剩下的"片段"并不是短语,没有"完整意义";而短语必须是"形式与意义的结合体"。例如句子"<u>喜欢哪种发型的人</u>今天来过呢?"中可以切出定中短语"*喜欢哪种发型的人",而这个短语在语义上是荒谬的(semantically ridiculous),所以<u>不</u>应该享有"事先存在"(prior existence)这一理论出发点。一旦我们观察自然口语、方言语料,会发现更为大量的这种由语用、语义动因驱使的无法在短语—句子一体化体系中处理的现象,更会发现主句和关系从句(参看唐正大 2005)、宾语从句等嵌套环境的句法差异。

本文主要观察主句现象在关系从句中的嵌套问题,汉语中相关的专题研究似乎不多,零星地注意到这种嵌套的有标记性的例如石毓智(1998/2000),其中一些例子表明:一些语序现象进入定语从句是有标记的。

关系从句结构是嵌套环境(embedded context)的一种,即一个从句嵌套于一个名词短语内部,做这个名词短语的核心名词的定语;本文主要观察:汉语的一些主句现象是否可以进入关系从句? 如果可以,会不会遇到限制? 会遇到哪些限制? 等等。初步结论可以概括为:某些主句现象并非完全不能进入关系从句,但进入时受限制;进入关系从句的必要条件是能够表达命题;能够进入关系从句的主句现象一般是有标记项,其标记性包括从句和主句在语义和语用上的和谐、以及其他特殊的语用条件等。

一 语气和句末语气词

和典型 SVO 语言不同,和藏缅语言等典型的 SOV 语言相似,汉语具有丰富的句末语气词系统,表达或辅助表达各种语气或情态。小句末尾带上语气词就成为一种主句现象。从生成语法角度看,语气词是 CP 的中心语或 C 成分(C-elements,参汤廷池 1989、谢丰帆和司马翎);而关系从句是嵌套于 DP/NP 内部的 IP,所以 C 成分不能出现于其中。类型学上也可以找到平行证据,具体可参考 Heycock(2006)和 Whitman(1989)关于朝鲜语、日语和其他阿尔泰语言句末助词的讨论。下面观察汉语的语气和语气词"入关"的情况。

1.1 汉语语法研究中一般所说的"语气"和语气系统和句子类型相关,即:疑问、祈使、感叹等,这些不能出现或"存活"关系从句结构中:

(1) *一块有没有切过的肉　　　*那个为什么戴眼镜儿的人
(2) *让快滚出去(吧)的那个人　　*去吃饭(吧)的我们
(3) *太让人伤感(了)的一本书　　*真难看得懂(啊)的文字

这几种类型不能"入关"的原因各有不同。例(1)不成立应该是因为,"有没有切过(肉)"和"为什么戴眼镜儿"不能表达命题,而我们知道,"关系从句可以而且必须表达一个命题"(参看 Givón 1990 的观点和唐正大 2005 的论述)。下文第三部分详细讨论命题表达对于"入关"的必要性。但是"例外"情况也是有的:某些疑问表达形式可以进入关系从句:

(4) 你见到了<u>喜欢什么/谁/哪个</u>的人?
<u>杀过谁</u>的人会让她如此伤心?
专案组昨天抓住了<u>什么时候作案</u>的歹徒?

从哪儿飞来的这群燕子竟如此不知疲倦？
怎么烧的菜才合你的胃口？
？你最喜欢吃怎样做的面条？
A：I loves a girl who loves chrysanthemum.
——You said you love a girl who loves `WHAT?

(5) 有没有切过肉的问题　　他为什么戴眼镜儿的疑问
the question (of) whether/why...

　　对于例(4)类情况已多有讨论,如胡建华、潘海华(2005)等。汉语的特殊疑问句不同于英语的移位类型,而属于原位(in-situ)类型,即"什么、谁"等疑问词可占据原来主宾语或状语等的句法位置。英语的这种"假原位"现象只能出现在回声问中,如(4A),而汉语则可不必受此限制。当然,这种格式的成立是有条件、有标记的：表现在,这类句子中的疑问词需要占有焦点重音,而且似乎要求独占,否则不合语法。而疑问词出现在主句中不一定需要这样的焦点重音：

`张三 喜欢谁？	喜欢 *(`)谁 的那个人讨厌张三？
谁喜欢 `张三？	*喜欢 `谁 的那个人讨厌 `张三？
	*喜欢`谁 的那个人 `讨厌 张三？ ……

　　关于例(4)成立而例(1)不成立的解释,可以参看胡建华、潘海华(2005),此不赘述。而例(1)改造成例(5),就可以说了。实际上这也不是例外：首先,例(5)中两式不是严格的关系从句结构,而是表"自指"的定语从句,功能和补足语小句或内容小句相仿,其核心名词"问题、疑问"在关系从句中不占据论元位置；更重要的是,这里的"有没有、为什么"引导的疑问从句是作为疑问本身而存在的(question qua question),属于"言域",是元语言现象,疑问语气也没有像例(4)那样"溢出"从句。

　　关于例(2)：我们知道,关系从句必须表达一个命题,而且必须是一个预设的命题。例(2)不成立,不仅是因为有语气词出现,更重要的是,祈使句是一种典型的"以言行事"表达,即在"行事"的时候,言语部分所表达的事件一般还没有发生,自然不可能成为已经预设的命题。所以,即使以上两句改为"让他快滚出去的那个人(歧义)、去吃饭的我们",虽然貌似合法,但已经不再施加"祈使"这一言外之力(illocutionary force)了,在时体上的意义也默认为"已经让他快滚出去了、已经去吃饭了",与原句不同。关于言语行为和关系从句的关系,下文第二部分有更多论述。

关于例(3):"太让人伤感了!"一般只能以主句形式出现,"太……了"赋予整句以感叹的语气,"了"是语气(助)词,不能进入关系从句这一嵌套环境。如果说疑问和祈使不能进入关系从句是因为它们"不足以"表达命题的话,那么感叹句虽然也预设了命题(有一本书让人伤感),但却由于表达了说话者(speaker)的情态,这就"超出"了命题表达,过犹不及,仍然难以进入嵌套环境。然而,似乎又遇到了"例外":

(6) 到太寂寞了的时节,她会……去和那些有钱的……善男善女们鬼混半天。(《四世同堂》)

(7) 老人的话太多了,所以随便的就提出一句来——话太多了的时候,是在哪里都可以起头的。(同上)

(8) 也许是打得太多了的缘故吧,大腿上起了泡。(唐弢《心上的暗影》)

(9) 陈升没有平时的温和,或许是太忙了的缘故。(林徽音《九十九度中》)

(10) 我是这样怕与你灵魂接触,因为你太美丽了的缘故。(沈从文《月下》)

以上是从北大中文语料库"现代汉语"中搜索所有"太……了的"例句。对于这些,我们认为,例(6)—(10)中的"了"已经不是谓词位置上那个语气词了,我们认为至少不能排除成为作为体标记的"了"的可能性,论证如下("⊃"表示蕴涵关系):

(11) 到太寂寞了的时节,她会去和他们鬼混半天,⊃ 而之前不太

199

寂寞的时候,她就不去。

(12) 话太多了的时候,是在哪里都可以起头的,⊃ 而之前不太多的时候,就不是这样了。

(13) 也许是打得太多了的缘故吧,大腿上起了泡,⊃ 而之前打得不太多,就没起泡。

(14) 陈升没有平时的温和,或许是太忙了的缘故。⊃ 而平时(之前)不太忙,也就温和多了。

(15) 我是这样怕与你灵魂接触,因为你太美丽了的缘故。⊃ 而如果在其他不太美丽的情况下,我就不怕了。

而如果是典型的感叹句表达,这样的蕴涵关系(implication)就没有了:

(16) 陈升简直太忙了! *⊃ 而平时(之前)不太忙。

所以,可以这样说,语气表达以及用来标示它的句末语气词不能进入关系从句这一嵌套环境中。证据还可以有一些。例如,相比一些方言而言,普通话对于直陈(indicative)语气的表达更多地可以不要求句末语气词共现。而一些方言中相应情况下,语气词似乎是主句成立的必要条件,例如:

普通话:张三在干什么？　　——他在吃饭(呢)。
　　　　　　　　　　　　——吃饭(呢)。

河南鹤壁:张三搁那儿干啥嘞？　——他(搁那儿)吃饭嘞。
　　　　　　　　　　　　　　——他吃着[tə.]饭嘞。

陕西永寿:张三做啥呢？　——兀到哇儿那儿吃饭呢。
　　　　　　　　　　——吃饭着呢。

青海西宁:啊[.lia] 他拿来一支笔。傢拿着来了一支儿笔啊。傢一
　　　　支儿笔哈拿上[.D]着来了。

吴方言中,语气词的强制性就更强了。这些语气词也不能进入关系从句,从一个侧面说明,普通话的主句"他在吃饭。"虽没有语气词,却并非没有语气,看作零标记语气是有道理的。而"(在)吃饭的那些人"中的"(在)吃饭"不但是"零标记",而且是"零语气"。

强制使用句末语气成分(口语中借助韵律手段也可以省去语气成分)以完成主句,这在日语和阿尔泰语言中多以形态句法手段固定下来,总居于主句末尾,难以出现在关系从句的末尾。如日语句末的-ka、-ne、-yo,朝鲜语-ka、-la、-ma,乌孜别克语-mi、-kɷ、-dæ等(参程适良等1987),等等。

1.2 虚拟语气

直陈与虚拟(subjunctive)是语气或情态研究中的另一重要区分。虚拟表达与从属小句有一种天然的密切联系(Jespersen 1924:314)。但Lakoff(1968:172)和Palmer(2001:108)也发现了很多虚拟表达出现在主句中的情况。汉语的虚拟表达更多地出现在从属性的条件句(conditionals)中,而该条件句在普通话中一般没有专用的虚拟标记,以区别于现实条件句;话题标记也往往可以用于条件句中。

普通话:我要是没吃那个苹果(的话/吧),就不会肚子疼了。
—— *我要是没吃(的话)的那个苹果
—— 我要是没吃(的话)就不会拉肚子的那个苹果

条件从句部分不能进入关系化,这不足为怪,从句部分由于语义不完整,不能表达命题,这和虚拟与非虚拟的对立无关。上句中从句和主句从真值语义角度讲,都有虚拟意义,但由于缺少专用的、形态句法的虚拟表达,整句仍然可以表达命题,从而能进入关系从句。此外普通话的主句虚拟语气似乎完全不可以"入关":

你早该杀掉的那只黄鼠狼 今天又吃掉了咱家一只鸡。

从现在掌握的材料看,中原官话的关中方言和陕北晋语的虚拟条件句和现实条件句有独特的标记,而且虚拟的从属小句也可以独立成句,尤其表达不切实际的愿望。这些均不能进入关系从句:

陕西永寿:你夜来再给我没打电话些,你就见不到我咧。 你要是昨天没给我打电话,你就见不到我了。

——你夜来再给我没打电话些！　你要是昨天没给我打电话的话,那该多好啊！
——*你夜来再给我没打电话些你就见不到的那个人
——?你夜来再给我没打电话你就见不到的那个人
陕西延川:这场雨要早下给几天来些!　（邢向东 2006:156）
——*要早下给几天来(些)的雨

上海话和一些北部吴语一种表不切实际愿望的虚拟语气也可以出现在主句中,而且不是条件句,虚拟标记出现在小句句首或谓词前,如上海话"蛮好",句末可以没有语气词,但这样的小句也不能进入关系从句:

上海话:蛮好吾/吾蛮好　拨/拿　伊　保存辣发件箱个。　如果我(当初)把它保存在发件箱里了那该多好!

*蛮好吾/吾蛮好　保存辣发件箱（个)哀个　信件　如果我(当初)保存在发件箱里该多好的信件

总的说来,虚拟语气进入关系从句是一种相当受限制的句法现象,但不是完全不可能,值得进一步研究。

1.3　和语气、情态、话语功能有关的易位现象

易位(例如前置 preposing 和后置 postposing)现象一般和语气、情态都有一些瓜葛(参 Green 1976、Michaelis & Lambrecht 1996、邓思颖 2006),口语中的易位则往往还承担一定的话语功能(张伯江、方梅 1995),这也是一种主句现象。但根据 Green,在英语中如果在说话者态度(speakers'attitude)允许的情况下,这种易位可以出现在一定的嵌套环境中(其中包括关系从句)。而汉语的易位格式似乎只能被排除在关系从句之外(下面部分例句借用或改造自张伯江、方梅 1995、方梅 1994 和邓思颖 2006):

(17) 书搁那儿了我给。　——*搁那儿了我给　的　书
(18) 祥子一扭头走了,怅惘地。　——*一扭头走了怅惘(地)的祥子
(19) 我不想结婚,现在。　——*不想结婚现在　的　我/那个人

(20)〈温州〉阿妈吃爻先！阿妈先吃了吧！　——*吃爻先 个 女是我阿妈。

(21)〈香港粤语〉边个写先？谁先写？　——*边个写先 嘅书 最好睇？

当然,不是所有的易位现象都不能进入关系从句,部分话题结构就是例外。进一步讨论见第五部分。

二　言语行为与关系从句

言语行为(speech act)表达也是主句现象,跨语言看,多由主句形式表达(Lee 1975;Green 1976)。言语行为表达进入关系从句后的结果一般是:"言语"尚在而"行为"已逝:

(22) 现在,我宣布大会开始！

——*现在,宣布大会开始的人是我！　宣布大会开始的人是我。(>大会已经被宣布开始)

——*现在,我宣布的大会开始！

然而 Lee(1975)发现,英语的一些实施动词(performative verbs)可以出现在嵌套句中,例如位于情态表达之内,而仍然"施力":

(23) May I SUGGEST that he leave here?

我们可以看到,英语和汉语中这种嵌套即使再深一些,也还是有"言外之力",并完成一次言语行为:

(24) What I am obliged to RECOMMEND here is that Ralph deserves the job.

(25) 我今天不得不宣告的是,华远公司破产！　= 我今天宣告,华远公司破产！

这两种情况都属于无核关系从句。[①] 这里,实施动词先嵌套于情态短语(MoodP)中,然后再嵌套入限定词短语(DP)。即便这样,它们仍然可以用"言语"的形式实施某种"行为"。当然,这受一定的言谈和语用因素的影响,是一种高度受限制、高度有标记的表达。

例如去掉"不得不、要"等情态词、或"现在"等表示现场性的时间词之后,这种"施力"的功能似乎就趋于消失:

(26) 我宣告的是华远公司破产。(我已经宣告了关于华远公司破产的消息。)

这种"是－分裂句"的关系从句部分"我宣告"更自然地理解为一个预设的命题,即"存在过一个事件,即'我宣告了华远公司破产'这件事"。

这里,表示义务情态(deontic modality)的成分使言语行为这一主句现象的嵌套成为可能。Green 也给出很多这样的环境和句法条件,分析英文中可以内嵌的主句现象,其是否合法更多决定于言者态度。情态词对主句现象嵌套起的积极作用还可以参看第三部分例(36)。

三 动词简单重叠式进入关系从句的限制

方梅(2004)、刘丹青(2005)注意到动词[简单]重叠式分别不能进入北京话和苏州话的关系从句;对此,"目前还难有完满的解释":

(27) *这是老张拍拍桌子的声音

(28) *走走位客人是我朋友。

刘丹青(1986)注意到这种以重叠表小的主观性。我们认为,不仅是因为动词重叠在汉语中表"言者情态",更重要的是,它们不能成为合法的**命题**表达。是不是命题可以有两种测试办法,首先是看是否可以用认识情态(**epistemic modality**,命题情态的一种)算子"的确"加以强化:

(29) 表1:能否表达命题与能否进入关系从句:以"拍桌子"为例

动词	用"的确"测试	关系化主语	关系化宾语
拍	这个人**的确**拍桌子	拍桌子的人	这个人拍的桌子

拍过	这个人**的确**拍过桌子	拍过桌子的人	这个人拍过的桌子
拍了	这个人**的确**拍了桌子	拍了桌子的人	这个人拍了的桌子
拍着	这个人**的确**拍着桌子	拍着桌子的人	这个人拍着的桌子
拍了一下	这个人**的确**拍了一下桌子	拍了一下桌子的人	?这个人拍了一下的桌子
拍拍	*这个人**的确**拍拍桌子	*拍拍桌子的人	*这个人拍拍的桌子
拍了拍	?这个人**的确**拍了拍桌子	?拍了拍桌子的人	??这个人拍了拍的桌子
拍来拍去	这个人**的确**在这里拍来拍去	拍来拍去的人	让人拍来拍去的桌子
拍拍就晕	这个人**的确**拍拍桌子就晕	拍拍桌子就晕的人	?这个人拍拍就晕的桌子

"的确"虽然仍可以副词身份出现,但其功能是加在整个命题上的,是命题的外部操作。② 上表可以看出,"拍拍"句不能被"的确"加以强化,不能表达一个命题,这样,进入关系从句自然要被阻挡了。

命题可以被断言,可以用"的确"等测试,也可以用常规的疑问和否定手段对其进行疑问和否定(参看 Hooper & Thompson 1973:472)。我们尝试对这种简单重叠式进行否定,发现,它们是不容否定的:

(30) 拍拍桌子,快!
——*不要(别)拍拍桌子!
(31) 这张三真是有病,讲话的时候么动不动拍拍桌子,搔搔脑门儿,真是不雅!
——*张三最近好多了,讲话也不拍拍桌子、不搔搔脑门儿了!
(32) 这些年张师傅盖盖房子,种种地,研究研究花草,倒也清闲。
——*这些年老张没有盖盖房子,种种地,也不怎么研究研究

205

花草,一点也不清闲。

如上所述,关系从句在语义上必须表达预设的命题,其真值毋庸置疑,所以可以被断言;在句法上可以加"的确",可以被疑问和否定。而动词简单重叠式不能表达命题,也就"入"不了"关"。

反过来说,当一种不能表达命题的格式转换为能够表达命题的格式,它的"入关"前景也就会大大改善。看下面两个例子:

(33) 那个领导走了。
——那个领导的确走了。
——走了的(那个)人

(34) 你如果再磨蹭的话,我走了!
——*你再磨蹭,我的确走了!("我的确走了"不能理解为"我真的要走了")
——*走了的我("走了的我"不能理解为"将要走了的我")

张伯江(2002课堂讨论)指出,诸如例(34)中的"我走了"实际上是"我要走了",也就是说,"要"是"了"的承担者,也是情态和体意义的承担者,此灼见。我们知道,"我走了!"表达愿望(volitive),是一种动态情态(dynamic),若要转换为命题表达,可以加上一个"要/想要"(我的确要走了)。而如果表达第三人称情态/施者情态的话,这个"要/想要"即使在主句中也一般不可省略:

(35) 你如果再磨蹭的话,领导*(要)走了。

这是个在情态上具有歧义的句子,"要"可以是"领导"的意愿,属"施者情态"(agent-oriented modality)中的动态情态(dynamic);也可以是"言者情态"(speaker-oriented modality),③ 表说话者的认识情态,是对于"领导走"这一事件发生的可能性的测度,几近于英语的 may。

上面我们论述到,动词的简单重叠式不能进入关系从句,但是如果在它们之上加上一些表情态的词,似乎就又可以了:

(36) 真正想/愿意练练车的人反而没车可练。

因为这些人"的确想练练车"。这也附带地显示出,并不是所有表"主观性"的情态成分都不能进入关系从句。那究竟哪些情态成分或情态表达不能进入关系从句、而哪些又能呢？对于这一相当复杂的问题,下面第四部分恐怕也只能浅尝辄止了。

四 关系从句对于情态表达的过滤作用和例外情况

4.1 施者情态/动态情态、言者情态/义务情态、认识和传信情态与"入关"

一般的看法是,言者情态应该比施者情态要更难进入嵌套环境中,当然这也包括关系从句。下面我们以"能"和"应该"为代表,来观察命题情态和事件情态进入关系从句的情况。"能"既可以表达动态情态这一施者情态,也可以表达说话人意志的义务情态,后者属于言者情态的一种。而"应该"可以表达义务情态,也可以表达说话人对于命题真值或事件真实性的判断,二者都属于言者情态。

(37) 我知道这个人是老司机,当然**能**开车(dynamic: agent's ability),但是,这么大的雾,他今天**不能**(deontic: speaker's permission)开车！这是我的命令！

——*这是一位能开车和/但不能开车的老司机！

——(*今天)不能开车的那个人,刚才买饭去了。("今天"标记事件谓语,与标记属性谓语的"不能"在谓语类型上不谐)

但麻烦的"例外"接踵而至,将"能"放入合适的语境中,它又可以表示说话者意志了：

(38) 现在,我命令：今天*(·)不能开车的司机有张三、李四、王五……。

这是一个适合表达允许类义务情态的语境,是一个言语行为表达；其中,"不能"即使深嵌在关系从句中,其"言外之力"也可以跳出来,表达言者的意志,实施一个行为。但同样,这样做必须满足一个韵律条件:"不能"需要获得焦点重音。这与上文1.1例(4)疑问词内嵌的情况一致。

"应该"和说话者情态有关,有歧义:要么属于义务范畴(事件情态的一种),要么属于认识范畴(命题情态)的一种。那么,"应该"句的"入关"情况如何?

(39) 都九点钟了,职员们应该在办公室。(歧义:义务情态 vs. 认识情态)

——*那些(九点钟)应该在办公室的职员 都是从全国各地借调过来的。

例(39)中,主句中的"应该"无论重读还是弱读,义务和认识之间的歧义都不能相互排除;而这个关系从句中的"应该",无论理解为义务情态还是认识情态,我们都觉得不自然。下面我们再设计一些适合的环境,看看这两种"应该"究竟是否注定要被永远挡在"关外":

(40) 公司规定,九点钟前*(')**应该**到办公室的职员 包括 一处、四处和后勤处。

(41) 那你说说看,这九点钟前*(')**应该**到办公室的职员 会是谁呢?

例(40)的语境适合了义务情态的表达,再辅助以重音手段,所以"应该"虽然嵌套,仍能非常突出地表达言者情态,即期望或敦促听者按照自己意志行事。④例(41)则适合认识情态的表达,所以,"应该"仍能在嵌套很深的情况下对"在办公室"这一事件的真实性进行判断。

关于认识情态,对于事件真实性或命题真值的确信程度直接影响情态词的"入关"前景:"肯定"和"也许"是一对认识情态副词;然而,"肯定"等情态词可以进入关系从句并表言者的认识情态,但"也许"也许就不行了:

(42) 肯定杀过人的那个家伙是张三。

歧义1:那个家伙肯定杀过人,他就是张三。 ("肯定"的辖域是"杀过人")

    歧义2：杀过人的那个家伙肯定是张三。 ("肯定"的辖域是"是张三")

（43）也许杀过人的那个家伙是张三。

    无歧义：杀过人的那个家伙也许是张三。 ("也许"的辖域只能是"是张三")

这可能是因为"肯定"的语义特点决定了它可以用在强调(emphasis)的话语环境中，而强调使得言者的认识情态可以进入嵌套很深的关系从句。⑤另外，"也许"的出现弱化了命题的真值，而关系从句所表达的命题必须是预设的，当然不允许真值的模糊(opaque)。

然而设计一个与确信度不高的语境，使其与"也许"和谐，这时"也许"也许就可以"入关"了：

（44）那么，这个 *(?)也许杀过人的人，他又是谁呢？

那么，传信(evidential)情态进入关系从句的情况如何呢？初步观察，传信范畴的表达进入关系从句好像更难一些，但似乎也不是不可能；当然关系化宾语时，传信情态的表达还是困难：

（45）我觉得张三肯定杀过人。

  ——张三就是那个 *(?)我觉得肯定杀过人的那个凶手，虽然很多人认为他没杀人。

    ——李四他爹就是 那个 *(?)我觉得张三肯定欺负过的人。

4.2 "好"、"多（么）"等感叹标记进入关系从句的情况

上文论述到，不能成为命题表达的格式则不能进入关系从句，但1.1例（4）给了我们一个反例：汉语特殊疑问句的疑问词可以进入关系从句结构这个"孤岛"，接着4.1的讨论也显示，借助韵律、焦点重音、语义和语用上的和谐等条件，即使是一些表达言者情态的结构，也可以进入关系从句。但无论怎么说，这样的反例总是高度有标记的、不常用的。接下来，我们要遇到的另一个类型的反例

209

就相当无标记和常见了,如例(46)和(47)。

这也是一个非常特殊而且有趣的现象:"好(大)"、"多么(漂亮)"等强烈表达感叹语气,可以看作广义的言语行为:用言语的形式表达感叹这一"行为"。应该是一种主句现象。但它却能够很自然地用在嵌套环境中,而且以下列嵌套格式为优势:

(46) **好**让人敬畏 的 一棵树!
(47) **多么**陶醉人 的 乐曲 啊!

这种结构独特性在于,它表层借用名词短语的句法形式,但却很不安分于名词短语的职责,表现在:

第一,虽然采用了名词短语的形式,做论元却受限制。这种格式多独立成句,而做主语或宾语却要受到较多的语义、语用条件限制;第二,虽然是名词短语的形式,其话语功能却不在于指称,而在于语义上的"述谓",和语用上的表感叹这一更高层次的功能。⑥第三,其核心名词是典型的实指(specific),却更多地采用了光杆名词或"一+量+名"这种无定形式(indefinite)。下面就是它们"有条件地"履行 NP 职责的一些表现:

(48) *我昨天 大概 看见了 好让人敬畏 的 (一棵)树。

　　昨天从草甸上回来时,忽然看见了 好让人敬畏 的 (一棵)树。

(49) *我昨天 肯定 把 多么陶醉人 的 (一支)乐曲 听完了。

　　好你个张三,你看你把 多么陶醉人 的 (一支)乐曲 拉得比驴叫还难听!

(50) *好让人伤感的(一个)爱情故事 是韩寒写的 。

　　好让人伤感的(一个)爱情故事 就这样被葛优演成肥皂剧了。

(51) *我 记得 多坑人的(一个)面馆 昨天开张了。

　　一碗炸酱面50块钱!你可以想象张三开了 多坑人的一个面馆!

我们用"☐"把造成上述句子不合语用的"罪魁"标示出来。不难从中看出,这些表感叹的成分要进入关系从句结构,必须使整个句子处在该感叹算子的作用之下。传信情态、认识情态、直陈情态都很难与感叹相容,所以造成语用上的不和谐(pragmatic oddity)。相关论述还可参看陈一(2005)。

以上两种感叹表达里面,感叹算子和感叹表达"溢出"关系从句的层层嵌套,不但统治整个名词短语,使其发生话语功能的转换,而且继而统治整个句子。

关于上面说到指称形式的第三个特点,暂时还没想到更满意的解释。Zhang(2006)论证了汉语"修饰语—数量—名"这种结构的表实指(specific)功能,但也没涉及这种有感叹表达出现的时候,为什么核心名词采取无定形式更自然(好大的一/*这棵树!多伤人一/*那句话!多令人头疼的一种/*这种蝗虫!)。

五 话题结构进入关系从句的受限制等级

根据 Whitman(1989),话题标记和句末语气成分都属于主句现象,会遇到相似的限制,即不能进入关系从句结构。⑦但汉语的话题结构——甚至是有话题标记出现的结构——却并非完全不能"入关",虽然也有一些限制。下面先做一些初步观察:

受事做话题时,在一定的允准条件下,整个话题结构进入关系从句较为容易:

(52) 这本书(没)读过的人啊,看来真不少。
(53) 苹果削*(好了)的人都有谁啊?
   苹果削*(不太来)的人都有谁啊?
   苹果*(没)削的人都有谁啊?
   苹果*(不会)削的人都有谁啊?
(54) ?熊掌吃过的人啊,我看不多;鱼吃过的人呢,可真不少。
(55) 鱼和熊掌*(都/也)吃过的人啊,不多。

话题焦点敏感算子"都/也"对话题结构这种主句现象嵌套入关系

211

从句结构有一定的"护生"作用。而且一些格式中,第一个名词短语的后面还可以加上话题标记"么、嘛、呢"等。

分裂式或拷贝式话题结构进入关系从句的受限情况:

(56) *苹果张三削了的皮　　*皮张三削了的苹果　　?苹果削了皮的那个人

　　　　　　　　　　　连皮张三都/也　　　苹果没削皮/只削
　　　　　　　　　　　没削的苹果　　　　了皮 的那个人

　　　　　　　　　　　连皮**么**张三都/也　　苹果**么**没削皮/只
　　　　　　　　　　　没削的苹果　　　　削了皮 的那个人

书**么**没读多少的人　　书**么**只读前　　　书**么**没读多少、人
　　　　　　　　　　　三页的人　　　　**么**倒得罪了很多
　　　　　　　　　　　　　　　　　　　　的这些人

书**么**书没读多少的人　书**么**只读前　　　书**么**书没读多少、
　　　　　　　　　　　三页的人　　　　人**么**倒得罪了很
　　　　　　　　　　　　　　　　　　　　多的这些人

话题焦点敏感算子"都/也"、否定、动词的后续成分等句法因素的出现,使话题结构这种主句现象可以嵌套于关系从句中,甚至还可以带上话题标记,这说明了两个问题:第一,话语因素仍然对MCP的嵌套具有"护生"作用;第二,汉语的话题结构已经远超出了纯粹语用现象,而正在成为一种固化程度很高的句法现象。回到"三个平面"的理论体系中来观察该问题。根据三个平面理论,话题结构是语用现象,属于"句子结构",关系从句就是做定语的主谓短语或动宾短语,短语属于"句法结构"。如今,话题结构已经能够进入关系从句这一"短语"中了,按照三个平面理论进行逻辑推论,汉语的话题化现象自然也可以成为一种"句法现象"了。

六　小结

上文简单讨论了 5 个方面的主句现象进入关系从句的受限制情况和进入关系从句的条件,基本上可总结为:主句现象进入关系

从句要么不被允许,要么要受到限制。句末语气词不能以出现在关系从句末尾;特殊疑问词由于汉语的"原位"疑问的特点,可以进入关系从句,但必须占据焦点重音,与此相似的有一些感叹成分。感叹成分、情态表达进入关系从句除了需要韵律上的标记性以外,还要求语义和语用上的和谐性。部分言语行为也可以用关系从句形式表达,但需要占据焦点重音,也要受到语义语用限制。汉语话题结构高度句法化,在一定的句法因素(如话题焦点敏感算子)的作用下可以进入关系从句。

附 注

① 关于无核关系从句 headless relative clause 的概念参考 Givón(1990)。

② 这一点与杨成凯(1995)论述的高谓语"是"对于命题的作用有些相似。

③ 关于"言者情态"和"施者情态",最早可参考 Bybee(1985:165)。

④ 关于言者情态所具有的"敦促听者按说者意志行事"这一方面的论述,参考 Bybee & Fleischman(1995:6)。

⑤ 关于强调对于嵌套的允准作用,可参考 Green(1976)。

⑥ 这一点近似于赵元任 1979[1968]所说的"逻辑谓语"。

⑦ 当然很快 Choi(2000)就举出朝鲜语和日语的一些话题结构进入嵌套环境的反例,对这一观点进行了反驳。

参考文献

陈 一 2005 《句类与词语同现关系刍议》,《中国语文》第2期。
程适良 阿不都热合曼 1987 《乌孜别克语简志》,民族出版社。
邓思颖 2006 《粤语疑问句末"先"字的句法特点》,《中国语文》第3期。
方 梅 1994 《北京话句中语气词的功能研究》,《中国语文》第2期。
—— 2004 《从章法到句法——汉语口语后置关系从句研究》,《庆祝〈中国语文〉创刊50周年学术论文集》,商务印书馆。
胡建华 潘海华 2005 《指称性、离散性与集合:孤岛中的疑问句研究》,《语法研究和探索》(十三),商务印书馆。

黄南松 1994 《试论短语自主成句所应具备的若干语法范畴》,《中国语文》第6期。

孔令达 1994 《影响汉语句子自足的语言形式》,《中国语文》第6期。

李人鉴 1964 《关于动词重叠》,《中国语文》第4期。

刘丹青 1986 《苏州方言重叠式研究》,《语言研究》第1期。

——— 2005 《汉语关系从句标记类型初探》,《中国语文》第1期。

刘祥柏 2000 《汉语方言体貌助词研究与定量分析》,《中国语文》第3期。

沈家煊 1995 《正负颠倒和语用等级》,《语法研究和探索》(七),商务印书馆。

石毓智 1998/2000 《有标记和无标记语法结构》,第十次现代汉语语法讨论会论文,又见《语法的认知语义基础》,江西教育出版社 2000:179—191。

汤廷池 1989 《普遍语法与汉英对比分析》,《汉语词法句法续集》,台湾学生书局,213—256。

唐正大 2005 《汉语关系从句的类型学研究》,中国社会科学院研究生院博士毕业论文。

谢丰帆 司马翎 《生成语法理论和汉语语气词研究》http://web.mit.edu/ffhsieh/www./CP-draft-CHN.pdf.

邢向东 2006 《陕北晋语语法比较研究》,商务印书馆。

杨成凯 1994 《关于汉语语法单位的反思》,《汉语学习》第2期。

——— 1995 《高谓语"是"的语序及篇章功能研究》,《语法研究和探索》(七),商务印书馆。

张伯江 方梅 1995 《北京口语易位现象的话语分析》,《语法研究和探索》(七),商务印书馆。

赵元任 1979[1968] 《汉语口语语法》,吕叔湘译,商务印书馆。

Bolinger, Dwight 1977 Another glance at main clause phenomena. *Language* 53. 3:511—9.

Bybee, Joan & Suzanne Fleischman (eds.) 1995 *Modality in Grammar and Discourse*. Amsterdam: Benjamins.

Bybee, Joan L. 1985 Morphology. A Study of the Relation between Meaning and Form. In *Typological Studies in Language*. Amsterdam: Benjamins.

Choi, Seungja　2000　*Topicality, Genericity, and Logophoricity: the Postpositional Markers nun in Korean and wa in Japanese from an Argument Perspective*. Ph. D. Dissertation, Connecticut, Yale University.

Emonds, Joe　1970　*Root and Structure-Preserving Transformations*. Ph. D. Dissertation, Cambridge, MIT.

Givón, Talmy　1990　*Syntax: A Functional-Typological Introduction*, John Benjamins B. V. 644—98.

Green M. Georgia　1976　Main clause phenomena in subordinate clauses. *Language*. 52. 2: 382—97.

Hackstein, Olav(Handout) Another Look at Main-Clause Phenomena in German Subordinate Clauses. http://www. hf. uio. no/forskning-sprosjekter/sprik/docs/pdf/DGfS/Hackstein_Handout. pdf

Heycock, Caroline　2006　Embedded Root Phenomena. In Martin Everaert and Henk van Riemsdijk (eds.) *The Blackwell Companion to Syntax*, Vol. 2. MA: Blackwell Publishing Ltd. ; 175—209.

Hooper, Joan & Sandra Thompson　1973　On the Applicability of Root Transformations. *Linguistic Inquiry* 4: 465—497.

Jespersen, O.　1924　*A Modern English Grammar*. Heidelberg: Karl Winter.

Lakoff, R. T.　1968　*Abstract Syntax and Latin Complementation*. Cambridge, MASS. : MIT Press.

Lee, Chungmin　1975　Embedded performatives. *Language* 51. 1: 105—8.

Michaelis & Lambrecht　1996　Toward a construction-based theory of language function: the case of nominal extraposition. *Language* 72. 2: 215—47.

Pak, Miok Debby Jussive clauses and agreement of sentence final particles in Korean. http://www. georgetown. edu/faculty/portnerp/nsfsite/Jussive_MiokPak. pdf

Palmer, F. R.　2001　*Mood and Modality*. Cambridge: Cambridge University Press.

Ross, J. 1973 Slifting. In M. Gross, M. Halle, and M. Schutzenberger (eds.) *The Formal Analysis of Natural Languages*. The Hague: Mouton.

Tsai, Wei-Tien Dylan 1994 On Nominal Islands and LF Extraction in Chinese, *Natural Language and Linguistic Theory* 12: 121—175.

Whitman, J. 1989 Topic, Modality, and IP Structure. In *Harvard Workshop on Korean Linguistics III*. 341—56. Cambridge: Harvard University.

Zhang, N. 2006 Representing specificity by the internal order of indefinites. *Linguistics*. Vol. 1—41: 1—21.

一类"条件隐于加语"现象*

高增霞

一 现象

"条件隐于加语"是吕叔湘先生在《中国文法要略》(418—419)中提到过的现象:"表面上看不是假设句,但里头实在含有条件的意思。"如:

(1)[吉老太太]我不相信,一个女人会做了饭,就不会做文章。[吉先生]不错,不过困难的不是会做了饭的女人不会做文章,是会做了文章的女人就不会做饭。(《一只马蜂》)

(2)杀人者死,伤人及盗抵罪。(《汉·高帝纪》)

第一个例句,吉老太太用的是假设句,吉先生的话就把条件隐含在定语里了。第二个例句,要是把"者"字除去,在后句头上加个"则"字,就成了普通的假设句了。

这种现象,就是定中结构和主句谓语部分句有一种逻辑语义关系,用现在的说法,就是表面上是单句,表达的却是复句的语义内容,复句的前一分句降级为定语这种句子成分。这样的情况,可以出现在主语位置上,也可以出现在宾语位置上。本文讨论的是前一种情况。我们看到,除了条件关系,其他如对比、因果、并列、转折等也可以"隐于加语",如:

(3)(河南省西峡县经过不懈奋斗,)昔日贫瘠的山村如今城镇化率已达到41%,(被建设部、中央文明委等六部委授予"全国创建文明小城

---

* 本研究得到国家社科基金 2005 年度重点项目"汉语动态呈现语法研究"的资助,编号 05AYY003。本文的写作得到方梅先生很多指导,谨致谢忱。

镇示范点"。)(《光明日报》2006/2/27/10)(对比)

(4)(……他还穿着那件过冬的破棉袄,……太阳现在正当他头顶,他的影子落在泥地上,短短地像一段乌焦木头。)还穿着破棉袄的他,觉得浑身燥热起来。(茅盾《春蚕》)(因果)

(5)这个终身信奉武力的人,竟然留下如此丰厚的和平遗产。(《学习时报》,2006/2/20/7)(转折)

(6)这类地主富人家看也不看的饭食,母亲却能做得使一家人吃起来有滋味。(朱德《回忆我的母亲》)(转折)

(7)刚刚失去爱子的她又要面对新的危难。(加合)

(8)一个心胸开阔的人是不会为别人无聊的态度生气的。(《动物寓言王国》4,412)(条件)

我们之所以能感受到这些句子主、谓之间并不是单纯的成分之间的陈述和被陈述关系,而是句子之间的逻辑语义关系,很大程度上是因为在句子中出现了具有提示作用的词汇,如例3中具有主观色彩的副词,例4、5中的关联词语,例7中的"是……的"框架,以及例1中对举的实词。另外一个重要的提示,是在韵律上,这些句子在主语后都有一个停顿,定语部分有单独的句子重音。在书面上或者表现为主语后有标点,或者表现为主语后有隔断词,如下句中的"请":

下车的乘客请做好准备

其实前面提到的具有提示作用的副词、关联词语等也起到了这种隔断作用。在韵律上的这种隔断,使得定中部分和后面的部分不再像一个普通的单句。

邢福义先生在《论定名结构充当分句》中就认为下面这样的定名结构是分句,与后文构成复句关系:

这么远的路,他从来不坐车。

尽管从结构上看,这个句子和单句"那场火,幸亏消防队来得快"类似,但邢先生认为很有必要把前面的定名结构看成一个分句。

而有意思的是,另一种比较复杂的情况,就是关联词语用在句子成分之间的情况,如"只有具有这种革命风格的人,才能写出反映这样的人的诗来。"一般解释为某些关联词语的特殊用法,句子仍然是单句。(林裕文 1962)

在这里我们并不想讨论单复句的归类,我们注意到的是,这类句子是很有特点的,就其功能看,可以明显划分为两类:用于说理抒情的、用于列举分类的。前者分布在文学性语体中,后者分布说明性的规约文体中。具体来看,前者又可以分为三种情况:中心语定指的、中心语是无指的、中心语是类指的。

二 带有非限定性定语的定指中心语

2.1 定语的非限定功能

从语料中可以看出,隐含着某种复句关系的定语所修饰的中心语,很大一部分是代词或专名,这些句子都出现在文学性语体当中,例如:

(9) 这个被犹太民族尊为"救星"和"战神"的沙龙,在阿拉伯人眼中却从来是一名冷血屠夫。(《学习时报》2006/2/20/7)

(10) 惨淡经营了二十多年,直到如今还没有一块葬身之地的我的父亲和母亲,留着一对棺柩,也还浮厝在那里的一个荒凉的寺院里。(缪从群《北南西东》)

(11) 一向伶牙俐齿的我当时却喃喃地不知说什么好,脸一定也红了。(王朔)

(12) 在社会上虽是一个懦弱的受难者的我,在家庭内却是一个凶恶的暴君。(郁达夫《茑萝行》)

(13) "家",久已成为他们的信仰。刚刚变成为无产无家的他们怎么就能忘记了这久长生根了的信仰呵!(茅盾《春蚕》)

(14) 新婚以后,只有忙碌,似乎还没工夫尝到甜蜜。嫁前不问家事的她,现在也要管起柴米油盐来。(钱钟书《纪念》)

(15) 这意味着,曾经以独特的嗓音唱《我的未来不是梦》《天天想你》等脍炙人口的歌曲而风靡海峡两岸的他,再也不能开口演唱了——张雨生成了可怜的植物人。(《新远见》22)

对于代词或专名作中心语的现象,学界曾经进行过讨论,结论是,代词或专名不能作中心语,这样的现象是个别的,是一种修辞现象(太田辰夫 1958:95、曹逢甫 2005),是"欧化"句式(王力 1945:485、詹开第 1982),甚至被批评为一种不规范的现象(丁声树 1961:42、朱德熙 1982:81、房玉卿 1992:76、吕冀平 2000:113)。但是如果这类现象不是个别的,而是占有相当比例的时候,就会影响语法系统。我们看到,这种现象在汉语的书面语中已经形成一种比较稳定、比较常见的句式,甚至在儿童读物中(如《动物寓言王国》)都使用了这种句式,可见它已经不是个别现象了。

代词、专名显然都是定指的,那么这些代词、专名的定语的功能就应该是非限定性的。我们知道,普通语言学上根据功能把关系子句(即汉语语法学中的"定语")一般分为限定性的(defining)和非限定性的(non-defining)两种。根据莱昂斯的定义:

限定性关系子句典型地用于提供描写性的信息,意在使听话人能够识别包含有关系子句的表达式中的指称对象。(Lyons, 1977:761)

因此所谓限定性关系小句,就是指从时间、处所、领属等方面对中心语加以限制的小句,其作用是指出中心语所表示事物的范围。而其意图不在于使听话人识别对象的定语就是非限定性的,主要是为了进一步描述说明,以提供更多信息。(曹逢甫 2005)所以,判断一个定语是限定性还是非限定性的,根据的是中心语是否定指。如果定语修饰的中心语是定指的,定语的功能就是非限定性的;如果定语修饰的中心语是非定指的,定语的功能就是限定性的。所以,这种中心语是定指的定语的功能,就应该属于非限定性的。

而对于汉语中有没有非限定性定语,是有争论的。邓守信(1987)认为,中心语是代词或专名的不一定是定指的,例如在"住我隔壁的钱先生,你认识吗?"听话人并不知道"钱先生"是谁。所以他不承认汉语中有非限定性定语。曹逢甫(2005)指出:汉语的非限定关系子句似乎处在边缘地位,多数人会将英语的非限定子句变成汉语主题链中的一个说明子句,因此他也不认为汉语中有非限定性定语,书面语中存在着非限定性定语的这种情况,只是风格上的不同,而非系统上的不同。

邓先生注意到了汉语口语中的一种现象,但是这种现象不能否定上文中我们提到的代词或专名确实是定指的情况。曹先生认为这种现象不构成系统上的区别。这是从整个汉语语法系统的角度出发作出的结论。我们认为,书面语和口语应该有各自的语法系统。近来很多学者倡议要分语体进行研究(方梅2006,张伯江2006)是在大量语言研究的基础上提出来的,不同的语体在语法上确实是有不同质的成分的,只有分别研究,才能更接近语言本质。虽然汉语口语中专名或代词做中心语的现象还不能说明汉语口语中存在非限定性定语类型,但是在书面语中确实这种现象已经非常普遍了,我们看到,有的中心语虽然是普通名词的形式,但是其定语的作用也是非限定性的。例如:

(16)刚才还热情拥抱的两只狗,为了争夺那根骨头,立刻打了起来,谁也不让谁!(《动物寓言王国》(1))

(17)就这样,得不到帮助的驴子,就在池塘里被淹死了。(同上)

(18)好心的鹈鹕不忍心拒绝,真的就替布谷鸟孵蛋。(同上)

(19)信奉"先做后说"的瑞典人对此一直低调处理,不予回应。(《南方周末》2006/7/6/23)

(20)(河南省西峡县经过不懈奋斗,)昔日贫瘠的山村如今城镇化率已达到41%。(《光明日报2006/2/27/10》)

这些例子,中心语虽然表面上是一个普通名词,其含义却是特定的某个对象,这个对象在前文中早已出现过了,所以也是定指的。前两个例句在篇章中都是作为结束语的最后一句话,故事已经叙述完了,所以它们的所指不可能是一个不定的对象,而就是前文中作为故事主人公的"那一个",是定指的。第三个例句出现在故事的叙述过程中,之前早已把故事的主人公"鹈鹕"引出来了,所以这里的"鹈鹕"就是前文中出现的那一只鹈鹕,也是定指的。最后一个例句,前文介绍瑞典的一款车型的情况,所以"瑞典人"就是它的生产者,也是旧信息了。而且就这句话而言,作者之意并不是圈定那一部分瑞典人,而是介绍普遍的瑞典人的性格,所以这里的"瑞典人"也是定指的。最后一个例句也是出现在行文中的,不是开头的句子,所以其指称也是定指的。

还有"这……+名词"的形式,定语的功能显然也是非限定性的,如:

(21)(李刚曾经是那一带有名的"小霸王",打起架来不要命。有一天他被人扎伤脊椎骨住进了医院……)这个刀扎肉里都没掉一滴泪的拼命三郎此时哭了。(《光明日报》2006/2/27/4)

(22)这个整天同钢铁打交道的技术员,他的心倒不像钢铁那样。(同上)

(23)这个终身信奉武力的人,竟然留下如此丰厚的和平遗产。

(24)这类地主富人家看也不看的饭食,母亲却能做得使一家人吃起来有滋味。

由此可见,这种"欧化"句式的发展已经影响到了书面语的语法系统,应该承认汉语书面语中有限定性定语和非限定性定语的区别。

2.2 主句谓词的特点

主句的谓语部分,从动词上看,有这样几种:

1)属性动词。如下文中的"是"、"发":

(25)一个半钟头坐在空洞洞的大礼堂里,衣服过单的我,手脚都发僵了,全身更在索索地打颤了。(苏雪林《北风——纪念诗人徐志摩》)

(26)在社会上虽是一个懦弱的受难者的我,在家庭内却是一个凶恶的暴君。(郁达夫《茑萝行》)

(27)尝过种种苦痛的我,是不怕什么命运的。(白薇《情书》)

2)能性动词结构。如下文中的"能"、"回"、"吃得消"等:

(28)世瑛的身体素来很好,……想不到素来不大健康的我,今夜会提笔来写追悼世瑛的文字!(冰心《我的良友——悼王世瑛女士》)

(29)正沉浸在幸福之中的他们,哪会想到儿女们其实正在做分手的准备?

(30)这意味着,曾经以独特的嗓音唱《我的未来不是梦》《天天想你》等脍炙人口的歌曲而风靡海峡两岸的他,再也不能开口演唱了——张雨生成了可怜的植物人。(《新远见》)

(31)"家",久已成为他们的信仰。刚刚变成为无产无家的他们怎么就能忘记了这久长生根了的信仰呵!(茅盾《春蚕》)

(32)应付不了两个吵嘴女人的他怎吃得消七十二位像泡菜那样又酸又辣的娘儿们?(钱钟书《灵感》)

3)心理动词。如下文中的"感激""感到":

(33)平时一听到应酬话就头痛的我,此时却感激它为我松弛一下感情。(沈从文《一天》)

(34)不知有多少人诅咒过北京城了,嫌他灰尘大。在灰尘中生活了二十几年的我,却在暂离北京的时候感到恋恋不舍的情意!(梁实秋《南游杂感》)

4)表示持续、开始并持续等未完成体动词结构。如下文中的"留着"、"管起……来"、"哭了"等:

(35)惨淡经营了二十多年,直到如今还没有一块葬身之地的我的父亲和母亲,留着一对棺柩,也还浮厝在那里的一个荒凉的寺院里。(缪从群《北南西东》)

(36)新婚以后,只有忙碌,似乎还没工夫尝到甜蜜。嫁前不问家事的她,现在也要管起柴米油盐来。(钱钟书《纪念》)

(37)刚才还热情拥抱的两只狗,为了争夺那根骨头,立刻打了起来,谁也不让谁!(《动物寓言王国》)

(38)(李刚曾经是那一带有名的"小霸王",打起架来不要命。有一天他被人扎伤脊椎骨住进了医院……)这个刀扎肉里都没掉一滴泪的拼命三郎此时哭了。(《光明日报》2006/2/27/4)

223

(39) 正沉浸在幸福之中的他们,哪会想到儿女们其实<u>正在做</u>分手的准备?

我们在语料中没有找到连动、兼语等复杂句式。上述这些动词结构动作性都不强,虽然它们都出现在文学性作品中,在上下文中一般不推动情节的发展,它们多是直接或间接地强调或者抒发说话人的情感,或者是进行评价,说明一个道理。例如"世瑛的身体素来很好,……想不到素来不大健康的我,今夜<u>会</u>提笔来写追悼世瑛的文字!"可以清楚地感受到说话人的悲痛情感,而那些反问句式,情感色彩更明显。再如"这个刀扎肉里都没掉一滴泪的拼命三郎此时哭了"虽然也是叙事,但我们更能感到的是作者对主人公的颂扬。

三　无指中心语

有一种情况,定中结构是以"一个+属性+类名"的形式出现,但其指称的主体是前文确定唯一的,这个"一个+属性+类名"的形式只不过是"换一种说法"而已,如:

(40)（这个教授对中国的经验可能还比不上一个<u>年轻的网友</u>。记得网上有一篇文章,标题即是"我花了十八年的时间才能和你坐在一起喝咖啡"……但为了获得这种生活常识,比如,喝咖啡的规矩、方式、文化或都市氛围,）一个精力旺盛的小伙子也得花上 18 年的代价,那么那些血气已衰的下岗工人呢?那些既无技术也无知识的农民呢?（条件）

(41) 光阴荏苒,世事沧桑,一位曾经为着自己的公社理想而来到中国的美国少年,最终却成了破解宇宙奥秘的领军人物一……。（《南方周末》2006/7/6/11）（转折）

(42) 一个已经被忽略不计的人,突然又被赋予了淘汰他人的权利,这权利来得蹊跷。（周泽雄《我是如何出局的》）（加合）

(43)（我想定是他的真诚感动了这个世界,否则,在花拳绣腿、拳头加枕头占据风头,巨人巨片雄踞一方的影坛,）<u>一个普通如蚁、身上带有种种尘埋网封传统悲剧色彩的母亲</u>怎么会堂而皇之走上银幕?（肖复兴

《面对母亲》)(对比)

第一个例句对前文中提到的人"年轻的网友",用了另一个表达方式"一个精力旺盛的年轻人"来指称,所以这里的"年轻人"也是定指的,就是前文中的那个"年轻的网友"。第二个例子在文章中是结束语,故事已经叙述完了,对前文中讲述的人物"换一种说法",用其属性来指称这个人。第三个例句出现在文章中部,"一个已经被忽略不计的人"就是前文中的"我"。有意思的是最后一个例句,中心语"母亲"就是前文叙述的"我"的母亲,好像应该是专指的,但仍然用了"一个"修饰。

这种短语的性质,相当于宾语位置上的数量名结构,如"他是一个学生"中的"一个学生"。我们可以把它看作是省略了"作为"的述宾结构,如:

他,作为一个精力旺盛的小伙子,也得花上18年的代价。

他,作为一位曾经为着自己的公社理想而来到中国的美国少年,最终却成了破解宇宙奥秘的领军人物之一……。

我,一个已经被忽略不计的人,突然又被赋予了淘汰他人的权利,这权利来得蹊跷。(周泽雄《我是如何出局的》)

她,作为一个普通如蚁、身上带有种种尘埋网封传统悲剧色彩的母亲怎么会堂而皇之走上银幕?

这个特点在下面这个例子中可以看得更明显:

<u>我</u>,一个深受读过《女儿经》《烈女传》的母亲的言传身教、具有大学本科学历和讲师职称的女知识分子,一个将贞洁和名誉看得很重、视雷池为深渊的中年妇女,一个有了两个孩子的母亲,竟在结婚近二十年之后,从肺腑发出了这样离经叛道的呼唤?(常塬《是呼唤"第三者"吗?》)

因为存在一种同指关系,完全可以加上"作为"来理解:

我,作为一个深受读过《女儿经》《烈女传》的母亲的言传身教、具有大学本科学历和讲师职称的女知识分子,作为一个将贞洁和名誉看得很重、视雷池为深渊的中年妇女,作为一个有了两个孩子的母亲,竟在结婚近二十年之后,从肺腑发出了这样离经叛道的呼唤?

既然这个定中结构"一个＋属性＋类名"具有一种谓语性质,所以我们认为它不具有指称性,是无指的。

这种句子所处语体都是文学性的,主句谓词也大多为"会"、"能"之类的词语,其语篇功能也是用于抒情说理。

四　类指中心语

看下面的例句:

(44) 缺乏人生磨难感和坎坷感,缺乏对于焦灼、挣扎、绝望等"高峰体验"的艺术家,其作品必然趋向轻浅平庸和小家子气。(王英琦《大师的弱点》)

(45) 凡是经历过热恋并且必然地尝到了它的苦果的人,大约都会痛感"爱情是一种疾病"真是一句至理名言。(周国平《人性、爱情和天才》)

(46) 离开了土地的花草,离开了水的鱼,能快活吗？能生存吗？(吕叔湘《中国文法要略》例句)

(47) (好了,现在你们知道几乎一切艺术天才的爱情遭遇(倘若他们有过这种遭遇的话)都是不幸的原因了吗?)与天才相比,最富于幻想的女子也是过于实际的。(周国平《人性、爱情和天才》)

(48) 就是世界上跑得最快的马也要落在最后。(饶长溶1992例句)

(49) 一个心胸开阔的人是不会为别人无聊的态度生气的。(《动物寓言王国》4)

这种句子出现在文学性语体当中,主语部分的定中结构都是来说明一类人或事物,所以我们认为中心语是类指的。这些定中结构中的定语的作用是用来分类,说明这类人或事物的特征,用来指别。从功能类型上看,应该属于限定性的。

前文提到的"换一种说法"的那种句子,虽然实际上是有所指的,但表面上是以"数量＋属性＋类名"的无定形式出现,如果不是在上下文中知道是有所指的,单独在形式上完全可以作为一个限定形式来看。试比较：

A1 一个精力旺盛的小伙子,也得花上 18 年的代价。

A1' 精力旺盛的小伙子,也得花上 18 年的代价。

B1 缺乏人生磨难感和坎坷感,缺乏对于焦灼、挣扎、绝望等"高峰体验"的艺术家,其作品必然趋向轻浅平庸和小家子气。

B1' 一个缺乏人生磨难感和坎坷感,缺乏对于焦灼、挣扎、绝望等"高峰体验"的艺术家,其作品必然趋向轻浅平庸和小家子气。

不同的是,"换一种说法"的句子可以有"这个"、"那个"修饰,而限定性定语的句子不可以：

A1" 这个精力旺盛的小伙子,也得花上 18 年的代价。

B1"* 这个缺乏人生磨难感和坎坷感,缺乏对于焦灼、挣扎、绝望等"高峰体验"的艺术家,其作品必然趋向轻浅平庸和小家子气。

这种情况的句子显然是用来说理的。大部分出现在抒情、议论性文体中。在叙事文体中,它们不处于叙事的主线,是说话人表明自己的看法、态度的手段。

实际上,这种句子隐含的逻辑语义关系都是"条件"关系：假设（如前三例）、让步（如后三例）,不像前两种句子那样可以隐含多样的逻辑语义关系。

五　用于分类列举的情况

与前面三种情况不同,下面这种情况用于分类列举,一般出现在规约说明性文体中：

(50) 确实无法提供担保、家庭经济特别困难的学生,可以申请特困生贷款。(《关于国家助学贷款的管理规定(试行)》)

(51) 退学、开除和死亡的学生,其所在学校必须协助有关经办银行清收该学生贷款本息,然后方可办理相应手续。(《关于国家助学贷款的管理规定(试行)》)

(52) 上车请刷卡,没卡的乘客请买票。……远途的乘客请往车厢中部走,下车的乘客请做好准备。(北京公交车)

(53) (我已经同几位来往较多的"生前好友"有过协议……)会做挽

联的带副挽联(画一幅漫画也好),不会做挽联的带个花圈,写句纪念的话……(黄苗子《遗嘱》)

(54)请做对的同学扬一扬眉毛,暂时没做对的同学笑一笑。(王新《特级教师》)

这类句子也都是典型的"条件隐于加语",句子中隐含的逻辑语义关系都是条件关系。从主句的谓词看,其时态都是未完成体,也是一种非现实的假然语态。

这类句子不仅在功能上与前三种不同,在句子结构上也有其特点。说明如下:

1)定语可以后置:

(55)当事人对行政处罚不服的,可以依照《中华人民共和国行政诉讼法》的规定提起行政诉讼。

(56)用户违反本办法的,向其提供联网服务的网络中心或节点单位应通知其限期改正或暂停提供联网服务,逾期未改的,停止向其提供联网服务,由此造成的经济损失由用户承担。

而前面三种句子定语不可以后置,如:

还穿着破棉袄的他,觉得浑身躁热起来。

*他还穿着破棉袄的,觉得浑身躁热起来。

一个精力旺盛的小伙子,也得花上18年的代价。

*一个小伙子精力旺盛的,也得花上18年的代价。

最富于幻想的女子也是过于实际的。

*女子最富于幻想的,也是过于实际的。

2)中心语可以省略:

(57)对有自行清运能力的单位和个人,由辖区环境卫生管理部门核发"垃圾准运证"后,自行清运到指定地点;无自运能力或不具备运送条件的(单位和个人),可委托环境卫生专业单位有偿代运。

(58)应按规定参加继续教育。在规定时间内,未被安排参加继续教育的(中小学教师),有权向主管学校的教育行政部门反映。

这些省略的中心语可以补充完整,但有的情况下中心语甚至没有办法补充完整,例如:

(59)大额耐用消费品贷款的**利率**执行中国人民银行规定的同档次贷款利率,利率上浮应符合中国人民银行的规定。贷款期限在一年以内的(?),按合同利率计息,遇法定利率调整不变……

(60)变造人民币、出售变造的人民币或者明知是变造的人民币而运输,构成犯罪的(?),依法追究刑事责任;情节轻微的,由公安机关处十五日以下拘留、五千元以下罚款。

前三类都不能这样省略:

还穿着破棉袄的他,觉得浑身躁热起来。

*还穿着破棉袄的,觉得浑身躁热起来。

一个精力旺盛的小伙子,也得花上 18 年的代价。

*一个精力旺盛的,也得花上 18 年的代价。

最富于幻想的女子也是过于实际的。

*最富于幻想的,也是过于实际的。

3)中心语的施事性很低,很多中心语并不是后面谓语动词的施事论元,如:

(61)<u>借款人</u>以抵押方式申请贷款的,应由<u>抵押人</u>与<u>贷款人签订</u>《抵押合同》。("签订"的施事不是"借款人")

(62)凡需转学的<u>学生</u>,必须在其所在学校和经办银行与待转入学校和相应经办银行办理该学生贷款的债务划转后,或者在该学生还清所借贷款本息后,<u>所在学校</u>方可<u>办理</u>其转学手续。("办理"的施事不是"学生")

(63)中国人民银行的<u>工作人员</u>贪污受贿、徇私舞弊、滥用职权、玩忽职守,构成犯罪的,依法<u>追究</u>刑事责任。("追究"的施事不是"工作人员")

而前三种定中结构的中心语都可算是后面主句谓词的施事论元:

还穿着破棉袄的他,觉得浑身躁热起来。(他觉得)
一个精力旺盛的小伙子,也得花上 18 年的代价。(小伙子花)
最富于幻想的女子也是过于实际的。(女子过于实际)

由此可见,这种出现在规约性文体中的句子其实并不是为了指别某个(些)实体,而是说明一种情况,精确地说,是为了说明一

229

种条件,更像是条件句中的条件分句。

我们认为这类句子形式是古汉语形式在现代汉语中的遗留,例如吕先生举过的例子:

> 士志于道而耻恶衣恶食者,未足与议也。(《论语·里仁》)

这种形式的"者"或"的"可以说是表达条件关系的固定形式了,其作用是用于分类说明。

六 小结

本文讨论了定中结构与整个主句谓语部分形成一种逻辑语义关系的句子,即吕先生所说的"条件隐于加语"的现象,从语料中看出,这样的语义关系除了"条件",还可以有因果、转折、并列等。根据功能可以分为两大类:抒情说理、分类列举。他们在语体上有很明显的分布。我们从《光明日报》(2006/3/23、06/4/6)、《学习时报》(2006/2/20、06/9/26)、《南方周末》(2006/7/6)、《新京报》(2006/6/9)、《北京晚报》(2006/8/19)、《背叛》(长篇小说)、《新时期文学二十年精选·散文卷》、《动物寓言王国》(1、4)、《读者》(2002/8)、《新远见》(杂志,创刊号)、《中华人民共和国中国银行法》等13部法律法规(维权365网站)等语料中共摘录这种句子332条。在语体上的具体分布为:

文体类型	法律法规	散文	小说	寓言	综合报道	杂文	小品文	新闻	书评	合计
数量	89	25	13	5	7	4	2	2	2	149
分类列举	89(90.8%)	4	3	2						98
抒情说理		19	11	4	7	4	2	2	2	51

出现在文学性语体中的例子,实际上也是规约性文体,例如:

> (我已经同几位来往较多的"生前好友"有过协议……)会做挽联的带副挽联(画一幅漫画也好),不会做挽联的带个花圈,写句纪念的话……(黄苗子《遗嘱》)

请做对的同学扬一扬眉毛,暂时没做对的同学笑一笑。(王新《特级教师》)

另外我们看到,中心语是类指类型的抒情说理句子和分类列举的句子都是非现实性的,都单纯表达条件关系。而代词、专名作中心语的类型,是现实性的,表达的语义关系也多种多样。

从这种句子我们还可以看到,在书面语中,非限定性定语不再是一种个别的修辞现象,它在书面语体中大量存在,应该说,汉语书面语中不仅存在限定性定语,还有非限定性定语的,限定和非限定的划分已经是系统上的事实了。

参考文献

北京师范学院中文系 1959 《五四以来汉语书面语言的变迁和发展》,商务印书馆。
崔山佳 2004 《近代汉语语法历史考察》,崇文书局。
曹逢甫 2005 《汉语的句子和子句结构》,王静译,北京语言大学出版社。
刁晏斌 2001 《新时期新语法现象研究》,中国文联出版社。
丁声树等 1961 《现代汉语语法讲话》,商务印书馆。
方 梅 2006 《动态呈现语法与汉语研究》,当代语言学与汉语研究研讨会演讲稿。
房玉清 1992 《实用汉语语法》,北京语言文化学院出版社。
贺 阳 2005 《现代汉语欧化语法现象研究》,中国人民大学博士学位论文。
黄师哲 2004 《无定名词主语同事件论元的关系》,黄正德主编《中国语言学论丛》第3辑,北京语言大学出版社。
林裕文 1962 《偏正复句》,上海教育出版社。
吕冀平 2000 《汉语语法基础》,商务印书馆。
吕叔湘 1944 《中国文法要略》,商务印书馆1985年版。
井唯允 1993 《语用上的具体化与一般化——从所谓"无定NP主语句"与"存现句"说起》,《日本近、现代汉语研究论文选》,北京语言学院出

　　　　　　版社。
饶长溶　1992　《关于句法语义分析中的几个问题》,《语法研究和探索》(六),商务印书馆。
太田辰夫　1958　《中国语历史文法》,商务印书馆。
王　力　1945　《中国现代语法》,商务印书馆1983年版。
魏洪华　2005　《当代书面汉语欧化语法现象分析》,上海海事大学硕士学位论文。
文　旭　刘润清　2006　《汉语关系小句的认知语用观》,《现代外语》第2期。
邢福义　1979　《论定名结构充当分句》,《中国语文》第1期。
詹开弟　1982　《〈骆驼祥子〉语言的两大特色》,《中国语文》第5期。
张伯江　2006　《语体差异和语法规律》,北京市语言学会"语言学前沿和汉语研究"上的演讲。
张伯江　李珍明　2002　《"是 NP"和"是(一)个 NP"》,《世界汉语教学》第3期。
朱　纯　1986　《浅议英语中起状语作用的定语从句》,《外国语》第5期。
朱德熙　1982　《语法讲义》,商务印书馆。
Deng, Shou-Hsin　1987　Relative clause in Chinese, *Chinese Linguistics in Memory of Dr. Wang Li*, 423—432,又载于《汉语语法论文集》,文鹤出版有限公司,2005。
Lyons, John　1977　*Semantics*. Vols 1, 2. Cambridge University Press.

从"A/V 了许多"看汉语概量化程度补语的演化动因、格式鉴别及其互补关系[*]

——兼论汉语补语的性质及程度补语的分类与系统

张谊生

《现代汉语八百词》(1999 增订本)认为"许多"是一个数词,并且指出:"动/形+许多"可以"表示程度和数量变化较大"。所举的例子是:"大了~、瘦了~、心里踏实了~、样子改变了~"。然而,细究起来,"表示程度变化较大"的"许多"应该是程度补语,而"表示数量变化较大"的"许多"则应该是数量宾语。[①]那么,上面诸例,到底哪些是表程度的,哪些是表数量的呢?《八百词》并没有说明。再进一步深究,人们不仅要问:是不是形容词后面的"许多"都是补语,动词后面的"许多"都是宾语呢?实际情况好像并没有这么简单。请比较:

1a 于是,孙桂贞的热情也<u>减退了许多</u>。——1b 深藏心中的崇敬之感,顿时<u>减少了许多</u>。

2a 天地间的白色光束好像一下子<u>淡了许多</u>。——2b 贺玉梅突然发现他的头发<u>白了许多</u>。

1a、1b 都是动词,分别表示程度和数量;2a、2b 都是形容词,前者表程度,后者有歧义。

---

[*] 本文初稿在会上交流讨论时,与会学者曾提出过一些改进意见,为此,本次定稿做了较大的修改与精简,作者表示由衷的谢忱。本项研究得到 2006 年度上海市哲学社会科学规划课题的资助,批准号为 2006BYY006。

迄今为止,凡是分析汉语程度补语的论著,很少有提到数词"许多"可以充当程度补语的,至于详细的辨析和比较,更是绝无仅有。我们感兴趣的是:a.从发展演化的角度看,"许多"的补语化过程经历了哪些阶段;其表程度的用法究竟是什么时候、因什么动因而形成的。b.补语"许多"与宾语"许多"是否存在交叉和兼属,应该怎样分化和鉴别;"A了许多"和"V了许多"在表程度时又有什么区别。c.从整个概量化程度补语的次系统看,同样表大量的"许多"与"不少"在表达上有哪些相异点;表小量的"(一)点、(一)些"与表大量的"许多、不少"在功用上又有哪些相似点;各种概量化程度补语配合使用时,会有什么样的共现方式和表达功用。

本文首先探讨"许多"形成发展的过程,探寻"V了许多O"的"许多"补语化的历程和动因;然后分析"A/V了许多"的述语词性、表达功能、语义特征等因素及其决定"许多"补语性质的作用,进而提出分化和鉴别的方法;最后从概量化程度补语整个次系统的角度,通过对近义格式"A/V了不少",以及相关格式"A/V(一)些""A/V(一)点"的比较和辨析,探讨这些概量化程度补语各自的特征、作用及相互间的配合情况。

一 补语"许多"的演化历程

1.0 概数词"许多"从词汇化直至补语化的发展过程和演化动因

1.1 从代词到数词。汉魏时,"许"除了充当动词表示"应允、许可"以外,还具有指示代词的用法;代词"许多"在功能和语义上大致相当于"如此、这般"。例如:

(1) 重帷持自鄣,谁知许厚薄。(宋 郭茂倩编《乐府诗集·清商曲辞·子夜歌》)

由于动词"如"常以代词"许"作宾语,从而构成定型的短语"如许",

意为"像这样"。例如：

(2) 忽有一老羝屈前两膝,人立而言曰："遽如许"。(南北朝 范晔《后汉书·方术传·左慈》)

凝固化短语"如许"被用来限定形容词以加强程度时,"如许A"这样的跨层短语就出现了。例如：

(3) 徒有八尺围,腹无一寸肠,面皮如许厚,受打未讵央。(唐 李延寿《南史·文学传·高爽》)

(4) 生前大愚痴,不为今日悟。今日如许贫,总是前生作。(唐 道翘编《寒山诗校注·无心照人》)

严格地讲,上面"厚"和"贫"只是"许"的直接成分,与"如"并不在同一个句法结构层面上。在"如许"与A的搭配中,出现率最高的A就是"多",随着"如许多"这个跨层短语频繁地共现、连用,三者之间渐趋凝固、融合,最终成了一个短语词。例如：

(5) 问,向来如许多言说,皆是抵敌语,都未曾有实法指示於人。(唐《黄檗山断际禅师传心法要》)

(6) 大师临迁化时,告众云："正法难闻,盛会希逢。是你请人如许多时在我身边,若有见处各呈所见,莫记吾语,我与你证明。"(五代 静、筠二僧编《祖堂集·卷二·弘忍》)

由于功能和语义的虚化,加之双音化的要求,"如"开始逐渐脱落,"许多"也渐趋融合。试比较：

(7) 从上宗门中事如节度使信旗,且如诸方及先德,未建立如许多名目,指陈已前,诸兄弟约什摩体格商量？(五代《祖堂集·卷九·云盖》)

(8) 且如诸方先德,未建[　]许多名目,指陈已前,诸人约什么体格商量。(北宋 觉范禅师编《禅林僧宝传》)

可见,数词"许多"是由短语"如许"加上"多"后,从跨层短语经过分界转移、"如"字虚化脱落而逐渐形成的。这一过程至迟到南宋已经完成,"许多"作为一个概数词已成型了。

1.2　从偏正到述宾。"许多"形成之初,最基本的功能是充当

235

各种宾语的修饰语。例如:

(9) 蕴奏曰"此大不逊,天下何处有许多贼!"(唐 魏征等《隋书·裴蕴传》)

(10) 适间婆婆说你许多不是,使我惶恐千万,无言可答。(宋《清平山堂话本·快嘴李翠莲记》)

使用中,由于一些"许多O"的"O"从上下文可以推知,为避免重复就须要省略。试比较:

(11) 而今读书,只是要见得许多道理。及理会得了,又皆是自家合下元有底,不是外面旋添得来。(南宋朱熹《朱子语类·卷十·学四》)

(12) 盖人生道理合下完具,所以要读书者,盖是未曾经历见许多[ ],圣人是经历见得许多[ ],所以写在册上与人看。(《朱子语类·卷十·学四》)

后句[ ]中的"道理"没有出现,是因为可以从前文推知。在此基础上,凡是语义上可以通过语境推出的"O",都可以省略或隐含。这样,出于简洁的需要,一些"O"就会自行脱落。再如:

(13) 问:"怕是圣人删定者,中间一截无存者?"曰:"怕不曾删得许多[ ]。如太史公所说,古诗三千篇,孔子删定三百,怕不曾删得如此多。"(《朱子语类·卷二十三·论语五》)

"删"的对象自然是"诗",虽然没在句中出现,但不会影响理解。随着"O"的一再地脱落,"许多"在语义上就可以替代"O",在表达上由修饰限定转向了指称替代,在功能上则由定语转化为宾语,至此"许多"的宾语化过程就完成了。[②]

1.3 从述宾到述补。宾语"许多"的基本作用是以指代的方式表示受事的概约多量。在述宾式的运用中,部分述宾式开始逐渐向述补式转化。动因有二:首先,有些隐含的"O"在语义上趋向泛指化,该"许多"的指代功能就随之弱化,就有可能向程度补语转化。例如:

(14) 我也怕不得许多,夫人如今唤你来,待成合亲事。(元 王实甫

《西厢记杂剧·四本·草桥店鸳鸯杂剧》)

(15)三巧儿到此,也顾不得许多了,两个又狂荡起来,直到五更鼓绝,天色将明,两个兀自不舍。(明 冯梦龙《今古奇观·蒋兴哥重会珍珠衫》)

"怕"和"顾"的"许多"到底指代什么,不很清楚;"许多"既可以分析为宾语,指代"事情、情面"等,也可以认为没有具体所指,只是表示"怕"和"顾"程度而已,转向了补语。

其次,有些述宾式的"V",在语义上本身就具有双重性质——既具有一定的支配性,又兼有模糊的程度性,在"O"泛指化的基础上,此类"许多"有时也会转化为程度补语。例如:

(16)数三百六十六,三百六十,天地之正数也,此更不可易。自余进退不过六,古阳进不过六分。人之善亦只进得许多,恶亦只退得许多,大体毕竟不可易。(《朱子语类·六十六卷·易一》)

(17)周公以土圭测天地之中,则豫州为中,而南北东西际天各远许多。(《朱子语类·卷二理气下》)

"进得许多、退得许多"和"远许多"都有双重可能性,"许多"可以指代"进、退"和"远"的善恶和距离,也可以说明"进、退"和"远"的程度。从上下看,后一个"许多"更经接近于程度补语。同样,由于 O 的介宾化或者话题化而形成的前置也会出现这种两可的情况。例如:

(18)初时骑了路上走,把膘跌了许多,这两日内吃的好些儿。(明 兰陵笑笑生《金瓶梅》38 回)

(19)听了先生教他儿子的一番话,心上一时欢喜,喉咙里的痰也就活动了许多,后来又听见先生说什么做了官就有钱赚,他就哇的一声,一大口的粘痰呕了出来。(清 李宝嘉《官场现形记》1 回)

"许多"到底是指"膘跌"和"痰活动"的数量还是程度,似乎都是两可。不过,从整个语境仔细揣摩,发话人显然是重在强调"跌"和"活动"的程度,所以,这两个"许多"都是补语。

1.4 从"V许多"到"A许多"。述补式形成以后,尽管从总体

上看,"V了许多"的述宾用法还是要远远高于述补用法,但"V了许多"表程度的述补用法一直沿用了下来。③例如:

(20) 头上的白发也润泽了许多,脸上的皱纹也展开了许多,白日里饭也吃得去,夜晚间觉也睡得着。(清 西周生《醒世姻缘传》18回)

(21) 当下甄阁学见他哥子病势已减,不觉心中安慰了许多。(清 李宝嘉《官场现形记》60回)

既然一部分"V了许多"可以表程度,那么,在述程式"V了许多"的类推作用下,表程度的"A了许多"也开始频繁出现。譬如在明朝吴承恩的《西游记》中就出现一系列非常典型的用例:

(22) 那时此宝有二丈多长,斗来粗细;被我扭他一把,意思嫌大,他就小了许多;再教小些,他又小了许多;再教小些,他又小了许多;急对天光看处,上有一行字,乃"如意金箍棒,一万三千五百斤"。(《西游记》3回)

(23) 不瞒师父说,老猪自从跟了你,这些时俊了许多哩。(《西游记》20回)

发展至此,"许多"的程度化过程基本完成,此后,"许多"的补语用频一直比较稳定。

根据上面的分析,可以基本归纳出"许多"补语化的轨迹和动因:述宾短语"V了许多O"的宾语O的省略、隐含或位移、前置是导致定语"许多"宾语化的基本动因;述宾短语"V了许多"后面的隐含的O在语义上的泛指化,及部分动词V兼具程度化是导致宾语"许多"补语化的主要动因。据此,可以把"许多"从定语到补语的演化轨迹大致描述并且进一步抽象如下:④

(24) 掉了许多^{A}膘→掉了许多^O[ ]/→膘掉了许多^O→减了许多^C→膘瘦了许多^C

(25) V了许多^{A}N→V了许多^O[ ]/→N V^{1}了许多^O→NV^{2}了许多^C→N A了许多^C

尽管上面只追溯了"许多"逐渐转向程度补语发展的历程和动因,不过,我们相信,汉语中其他几种以概约量充当程度补语的格式,也具有大致相似的发展诱因,经历了相近的发展过程。⑤

二 同形异构的分化鉴别

2.0 本节主要讨论分化和鉴别同形异构的"V/A 了许多"的依据和方法。在通常情况下,汉语 VC 和 VO 的区别在于:C 是 V 的补充成分,O 是 V 的支配对象;C 是陈述性的,O 是指称性;但是对于"V/A 了许多"来讲,由于语言发展的渐进性,其界限并不十分清楚,所以还需专门辨析。

2.1 词性与功用。确定"许多"是宾语还是补语,首先要看该述语是形容词还是动词:如果是 A,一般只能带补语;如果是 V,那么,既可能带补语,也可能带宾语。因此,凡是形动兼类词充当述语的,都会有两种可能,既可能带补语"许多",也可能带宾语"许多"。例如:

(26) 敌人进攻的叫嚣声似乎哑了许多,好像有什么硬东西卡住了喉咙。

(27) 敌人宣传用的喇叭突然哑了许多,只有极少数几个还在那里不断地叫嚣。

这两个"哑"分别表示"发音低而不清"和"已发不出声音",词汇意义有所区别,句法功能也各不相同,"哑了许多"分别是述补式和述宾式。其实,"V 了许多"本身也会有歧义。例如:

(28) 后来他长大了,进城上了学,身上的泥土味渐渐少了,他和土地之间的联系也就淡了许多。

(29) 这个奖那个奖的,这些年来你们已经拿了许多了,这回也应该让一让,给别人一点机会了。

(30) 要说坏脾气、坏习惯什么的,这些年来她也确实改了许多,你也该给她一个机会试一试了。

"淡"是 A,"淡了许多"自然是述补式;"拿"和"改"都是 V,但二者的作用不同,"拿了许多"是表数量的述宾式,"改了许多"则可以有不同的理解和分析,这句应该是表程度的述程式。

就表达功用而言,补语"许多"都是说明述语程度的,而宾语"许多"要么是复指前面的主语的,要么是替代隐含的宾语的。比如下面三个"V了许多",表达效用各不相同:

(31) 这天她脸上的<u>皱纹仿佛也减退了许多</u>,眉毛格外秀媚,眼睛如秋水般澄净,以旧翻新的紫地细碎黑花夹袄,映衬得她的脸庞和脖颈格外粉白。

(32) 这一路山高水寒,她一个老婆子不但走过来了;原来弓着的腰也直了,脸上层层叠叠的<u>皱纹也减少了许多</u>。

(33) 那么,结果必然只剩下了自己把自己如何如何……,我望着他,瞬间<u>思考了许多[ ]</u>,内心里不禁地替他打了个寒战。

前两句都与"皱纹"有关,但前"许多"是补充说明"减退"的程度的,后"许多"是复指前面"皱纹",表示"减少"的数量的,而"思考"后面的"许多"则替代隐含了的受事"问题"。

所以,如果在一定语境中,某个"许多"同时既可以补充说明述语,也可以替代宾语或复指主语,那么,该短语就会出现歧义,既可能是述补短语,也可能是述宾短语。例如:

(34) 奇怪的是,仅仅一夜之间,他的头发竟然<u>长了许多</u>。

(35) 贺玉梅看看谢跃进,觉得自己好长时间没这么认真地打量谢跃进了,发现他的头发<u>白了许多</u>了。

如果是"长(cháng)了许多",应该是述程,如果是"长(zhǎng)了许多",则当然是述宾;同样,"白了许多"既可以指"白"的程度,是述补式,也可以指"白"的范围,是述宾式。

2.2 特征和性质。 由于形动兼类词和部分动词都是既可以带宾语"许多",也可以带补语"许多",所以,仅仅分析词性和功能是不够的,还需要分析"许多"的语义特征以及表述对象 Np 的语义性质。我们发现,一般情况下,充当补语的"许多",几乎都含有[＋程度][＋模糊]的语义特征,而充当宾语的"许多"则通常都含有［＋名物］［＋指代］语义特征。试比较"减弱"和"减少"：

(36) 他的嚣张气焰顿时<u>减弱了许多</u>,嬉皮笑脸地说:小毛丫头,你从哪里抢来的好宝贝?

(37) 可是听到"铁杆庄稼"有点动摇,也颇为动心,他的咳嗽的音乐性<u>减少了许多</u>。

"减弱"和"减少"都是动词,之所以前为述补后为述宾,就在于两个"许多"的语义特征不同:减弱的"许多"是一种模糊的度量,而减少的"许多"则是一种明确的数量。再进一步深究还可以发现,其实,某个"许多"究竟表示程度义还是指代义,并不仅仅取决于述语本身,有时还取决于表述对象 Np 的语义性质。比如下面两句述语的词性相同但关系不同:

(38) 污染、化学污染,各种各样的污染,使我们这个星球在品质上<u>已经改变了许多</u>。

(39) 经过五、六次争夺战,山上的树木已被打光,连<u>地形也改变了许多</u>:高的地方变低,低的地方变高,上面的土陷进去,底下的土翻上来;新的工事修起来,旧的工事埋在下面。

虽然都是"改变"充当述语,都表示变化很大,但对于"品质"而言,改变的是模糊的"度",所以是述补;而对于"地形"而言,改变的却是明确的"物",因而是述宾。

据此,可以归纳出"许多"充当宾语和补语的四种对立互补的语义特征:

特征 类别	程度性	模糊性	名物性	指代性
宾语"许多"	－	－	＋	＋
补语"许多"	＋	＋	－	－

根据上面的分析,可以得出下面四条有助于区分"许多"的对立互补的参考性规则:a. 凡是"A 了许多"的"A"不兼有动词性,该"许多"只能是补语;b. 凡是"V 了许多"的"V"不含有程度性,该"许多"只能是宾语;c. 凡是表述对象是一种抽象、模糊的性状,该

"许多"很可能是补语;d. 凡是表述对象是一种具体、明确的事物,该"许多"很可能是宾语。

2.3 鉴别的方法。上面辨析了"许多"充当宾语或补语的差别,涉及到述语词性、表义功用、语义特征和表述对象等各个方面。下面,根据这些差异再归纳出若干种易于鉴别和便于操作的分化方法。大致有四种:替换法、加减法、增补法和移位法。

a.替换法。凡"A/V 了许多"可以用"A/V 多了"替换的,该"许多"是补语。例如:

(40) 汪波土司的人和昨天相比顽强了许多(≈汪波土司的人和昨天相比顽强多了),今天他们是在为自己的家园战斗了。

(41) 那师傅有我帮忙,省劲多了,工作效率也提高了许多(≈工作效率也提高多了)。

(42) 就是我们之间用不着搞什么遮遮掩掩的把戏,你的情况杨小姐跟我讲了许多,我呢,想你也能意会到。(≠你的情况杨小姐跟我讲多了)。

"A/V 多了"是一个较典型的强调程度变化的格式,自然不适用于表示支配关系的述宾式。

b. 加减法。凡可以在述语前附加"很"并略去"许多"的。该"许多"也是补语。例如:

(43) 我们一直干到中午,看看大半亩棉花摘了下来,我放心了许多(≈我很放心了),就拉着苦根回家去吃饭,一拉苦根的手,我心里一怔,赶紧去摸他额头。

(44) 路边的树木好像也粗壮了许多(≈路边的树木好像也很粗壮了),虽是枯寒时节,却还能依稀唤起当年浓绿成行的夏天的印象来。

(45) 但那小说在《银钱画报》并没连载完,内容比《旧巷斜阳》少了许多(≠内容比《旧巷斜阳》很少了),原来这本书的封面画得也有味儿,是一个长辫子女人拐着个包袱走在一条窄胡同中。

前加程度副词"很"也是表示较高程度的常用方式,当然也不适用于表示及物关系的述宾式。

c. 增补法。凡"许多"后可以补出省略或隐含的中心语的,该"许多"是宾语。例如:

(46) 每月发一双白棉纱手套,李小兰统统收集起来,还让丈夫找师傅们讨了许多(棉纱手套),一双双拆开用它们织成贴身穿的小背心小衣裤。

(47) 一审讯,金苟便屁滚尿流地交代出来了许多(问题),这小子想着坦白可以宽大,结果,给毙了。

(48) 听到这里,珍珠舒了一口气,心里轻松了许多(? 感觉)。

前句"许多"后面承前省略了"棉纱手套",后句则隐含(implicat)了"问题、案情、罪行"等;正因为中心语省略或隐含了,所以,这两句的"许多"才升格为宾语了;而"轻松了许多"后面,则不宜补出任何体词性的成分,所以,该"许多"是补语。

d. 移位法。凡前面的主语可以移位到后面充当中心语的,该"许多"也是宾语。例如:

(49) 只有一件事情引起人们的疑虑,就是街中往来的兵士忽然增加了许多(≈忽然增加了许多往来的兵士)。

(50) 当她的大眼睛注视着我时,我便觉心中的烦愁顿时减少了许多(≈我便觉心中顿时减少了许多烦愁)。

(51) 茅屋一下子空旷了许多(≠一下子空旷了许多茅屋),好像随时都有被什么给碾碎的危险。

在述补句中,主语与"许多"在语义上只有说明关系而没有复指关系,所以都不能移位。

因此,可以归纳出鉴别"许多"是宾语还是补语的四种鉴别方法:

类别＼方法	替换法	加减法	增补法	移位法
宾语"许多"	−	−	＋	＋
补语"许多"	＋	＋	−	−

三　概量补语的互补关系

3.0　如果将观察的视野稍稍扩大,扩展到汉语中所有的各种可以表示程度的补语类别,就会发现,以概量化词语充当补语表示程度的方式,汉语并不是只有一个"许多",实际上,在现代汉语中存在一个对立互补的表概量化程度的补语次系统。由于表达的角度和程度的不同,同样是用概量表程度,既有正向表述式,也可以反向表述式,既可以追补大量,也可以追补小量。

3.1　"许多"和"不少"。在汉语中,用概约大量做补语表示较高程度的,除了运用概数词"许多"外,也可以用表概数的短语词"不少"。⑥ 也就是说,"A/V 了许多"和"A/V 了不少"在充当补语表示程度时,是一对近义格式,都可以通过表大量显示变化的程度较高。

"许多"和"不少"不但句法分布相同,而且语义特征也一致;表示较高程度的"不少",不但句法上是补语,在语义也含有［＋程度］［＋模糊］的语义特征。例如:

(52) 张大民由此<u>卫生了不少</u>,变得格外小心了,除了洁癖,张四民还有工作癖,业务上很钻研。

(53) 忽然,陈毅话锋一转,嗓门也<u>提高了不少</u>。

述语"卫生"和"提高"分别是 A 和 V,但两个"不少"都是表示程度的补语,都含有［＋程度］［＋模糊］的语义特征。当然,"许多"和"不少"也存在一些的差别。主要是表达效果的细微差异,由于发话人的着眼点不同,二者的表述角度基本上是相反的。试比较:

(54) 一夜的功夫,贺玉茹似乎<u>憔悴了许多</u>。

(55) 大家惊异地发现,他那漂亮的妻子也是一脸土色,<u>憔悴了不少</u>。

同样是"憔悴"做补语,"憔悴了许多"从正面着眼,"憔悴了不少"从反面着眼;"A 许多"是直接式,肯定程度高;"A 不少"是间接式,否定程度低。而且,由于发话人的观察视角不同看,两者的语用效果也基本相反。请比较下面是两个动词带"许多"和"不少"的例子:

(56)尽管李宇春的人气最高,但许多音乐人都认为,因为有了张靓颖,超级女声的档次才<u>提高了许多</u>。

(57)杨汉雄称,去年至今每个队员的成绩都<u>提高了不少</u>,"小伙子们潜力还大着呢,我们需要的只是时间"。

同样是说明"提高"的程度较高,但两种说法的语用效果不同:用"许多"时,发话人从正面肯定出发,明确地表示该状况的变化在等级上"很高",带有强调的意味;用"不少"时,发话人从负面确认出发,委婉地表示该性状的变化在程度上"不低",带有的申辩意味。

总之,"A 了许多"和"A 了不少"在充当量化补语表示程度时,是一对相近相关的近义格式,两者的分布相同,语义相近,只是观察视角和主观情态是相对的。

3.2 "一些"和"一点"。作为表概量的数量短语,"一点、一些"与"许多、不少"一样,也是既可以充当宾语,也可以充当补语,四者之间存在着既相似又相对的关系。[⑦] 就表达方式而言,"A/V 了一些"、"A/V 了一点"与"A/V 了许多、A/V 了不少"一样,都可以分别述宾式和述程式。 而且,"一些"和"一点"充当程度补语的分布要比"许多、不少"更为普遍。例如:

(58)赵子曰心中<u>舒展了一些</u>,慢慢地走到宿舍去。

(59)在奥运会的操办过程中,美国人"以我为主"的心态似乎<u>重了一点</u>,奥运村一概是麦当劳式的快餐,对其他国家的饮食习惯似有欠考虑,也让人对中国队的饮食问题感到担心。

在所表程度上,"一些"和"一点"与"许多"和"不少"正好相反,如果说"许多"和"不少"在补语位置上表示的是大量,是主观性的高级程度,那么,"一些"和"一点"在补语位置上表示的是小量,是主观性的低级程度。试比较:

245

(60) 我们的心情可能也会像看《鬼子来了》里面"杀人"的那场戏一样<u>轻松了许多</u>。

(61) 然后他疲倦地支起身体,坐在床上,他感到<u>轻松了不少</u>。

(62) 等队伍走得无影无踪了,我才装着好像<u>轻松了一些</u>,呻吟着要站起来,可几番都支持不住,又倒了下去。

(63) 一句话把大家都说得笑起来了,会场上的气氛也<u>轻松了一点</u>。

虽然都是说明"轻松"的程度,都是主观性说明,但前两句是主观大量,是表强化程度的,后两句是主观小量,是表弱化程度的。而且,正如表大量的"许多"和"不少"之间存在差异一样,表小量"一些"和"一点"充当程度补语时,内部也存在着细微的差异。试比较:

(64) 今年的节气自然是晚<u>了一些</u>,蝴蝶们还很弱;蜂儿可是一出世就那么挺拔,好像世界确是甜蜜可喜的。

(65) 一次,爸爸到会稍微晚<u>了一点</u>,坐在会议室后排的沙发上,被总理看见了,招手叫他,一定要他坐在自己身边。

两句都表示性状的概约少量,细究起来,"些"重在约量,"点"重在微量,所以,"A/V 了一点"比"A/V 了一些"所表示的程度变化更轻微些,相关差距也更细小些。再比如:

(66) 一阵凉风吹来,耀鑫觉着脑袋<u>清醒了一些</u>。

(67) 当时天还没有大亮,好容易找到派出所,敲了半天门,才出来一个睡眼惺忪的老头,他听说是报案,才<u>清醒了一点</u>,进去找领导。

在使用方式上,"一些"和"一点"也有各自的特点,"一"都可以省略,"些"前面可以加"好","点"可以儿化,还可以重叠以强化少量,这些特点在一定程度上跟二者的语义差别有关。

3.3 共现和配合。正因为"A/V 了许多"、"A/V 了不少"与"A/V 了一些"、"A/V 了一点"都是用概约量补充程度的,具有相当的一致性,已经构成了一个程度补语的次系统,所以,这四种格式常常在一起合用共现,互相配合。可以是多量、少量各自的配合使用。例如:

(68) 可能是被张勤的关爱给感动了,她挣扎着起来吃了一点鱼汤,精神好了许多,病情也轻了不少。

(69) 尽管头发已经白了不少,可远远看上去,她还是比她的实际年龄轻了许多。

(70) "我说李伙计"马先生立起来,眼睛瞪大了一点,说话的声音也粗了一些,把李子荣吓了一跳。

(71) 顾不得看他们,他闭上眼猪似的喘了一阵;喘得稍微舒服了一点,他把眼更闭得紧了一些,仿佛是要以稳重自在表示出身份来。

也可以是多量、少量之间相互的配合使用。譬如"许多"与"一些"可以共现。例如:

(72) 她今天也异样,不知是电灯照的,还是擦了粉,脸上比平日白了许多;脸上白了一些,就掩去好多她的凶气。

(73) 第二天的夜晚,伤兵车来得更早了一些,车队也更长了许多。

"许多"与"一些"可以近义配合,也可以类义共现。例如:

(74) 走近前去,我发现小梅苍白、消瘦了许多,人似乎也长高了一些,眉目间多了一种沉思的成熟。

(75) 老先生瘦了许多,腰也弯了一些,可是声音还很足壮。

这四个概约量程度补语相互之间经常在一起共现,说明这组近义格式不但在句法功能上具有一致性,而且在表达功用具有互补性;它们各尽所能,分工合作,成为汉语程度补语系统当中虽然数量不多但却十分重要的一个次类,具有不可或缺的独特的表达功用和语用效果。

四 结语和余论

4.1 综上所述,可以归纳如下:首先,数词"许多"是由跨层短语"如许多"经过分界转移、"如"字虚化脱落而逐渐形成的;"V了许多O"的O的省略、隐含和位移、前置是引发"许多"宾语化的诱因;隐含的O的语义上泛指化和一部分V兼有程度性则导致"许多"最终发展为程度补语。其次,不兼有动词性的"A"后"许多"只能是补语,不含有程度性的"V"后"许多"通常是宾语;表述对象是抽象、模糊的性状还是具体、明确的事物，在一定程度上决定了该"许多"是补语还是宾语。易于鉴别和便于操作的分化方法有对立互补的四种：替换法、加减法、增补法和移位法。最后，概量化程度补语是现代汉语程度补语系统中的一个独特的次系统；这一系统既互补又对立，相辅相成。由于表达的视角和程度的不同，同样是表概量化程度，"许多"是正向表述式，"不少"是反向表述式，"许多、不少"用以追补大量，"一些、一点"用以追补小量。

4.2 迄今为止，在讨论汉语程度补语的论著中，尽管也有一些学者指出"一点、一些"可以充当补语，但从来还没人将"许多"和"不少"这两个成分纳入程度补语系统中加以研究，更没人将这些分布于谓词后面的表概量补语统合起来加以综合考察，建立一个程度补语次类。人们以往之所以没有将"许多"等归入程度补语，原因在于，一般都认为程度补语要么是谓词性的要么是副词性的，而数量词语都是体词性，不具有补语性。其实，语言是发展的，词语的功能也是不断变化的，数量词语在使用中功能也会逐渐演化，这正是为什么不少"许多、不少、一些、一点"至今都还处在宾、补两可阶段的原因。张伯江（1994）曾描绘出从名词到动词的连续统，并揭示了词类之间的功能联系。我们认为，就句法成分而言，由体词性宾语向谓词性、加词性补语的转化同样也符合这类转化的连续统。据此，可以得出如下结论：a. 汉语的宾语和补语并没有截然分明的界线，前者可以向后者转化；b. 汉语的补语是比宾语语法化程度更高的句法成分。

4.3 从类型学的角度看，汉语的补语是一种非常具有汉语个性特征的句法成分。许多在汉语中需要用或可以用补语表达的内容，在印欧语系语言中常常要用状语、宾语乃至复句的形式来表示。刘丹青（2005）曾经从类型学的角度对汉语补语的地位作过详细的分析，并且认为"补语主要是两种语义语用功能在一定程度上的语法化",而"普通话的程度补语实际上缺乏统一性"。我们觉得,就汉语的概量化程度补语而言,其发展过程、句法功能、表义功用、互补系统,乃至分化和鉴别的方法都具有明显的汉语个性特征。正是因为汉语的概量化程度补语,乃至所有的补语,同印欧语系诸语言相比,具有独特的个性,所以,在研究汉语程度补语时,既要有开阔的"类型学视野",又要有清醒的"汉语的视角",唯有如此,才能在纷繁复杂的语言现象中发现并且发掘出符合汉语实际的语言事实,归纳并且总结出切实可行的、比较有用的语言规律。

4.4 对于汉语的程度补语,大致可以从四个角度去观察:[8]就程度性质而言,可以分为有比较的述程式和无比较的述程式;就结构方式而言,可以分为带有助词"得"的组合式和直接搭配的黏合式;就程度量级而言,可以分为用于强化的高级程度和用于弱化的低级程度;就构成形式而言,可以分为程度副词及准副词、部分谓词及短语和概量化数量词语三类。本文讨论的概量化程度补语,基本上都是黏合式的动态化比较述程式,既可以表高级程度,也可以表低级程度。尽管这类程度补语在汉语整个程度补语的系统中所占比率较小,但是,这些述程式在汉语的程度表达中却占有极其重要的地位,具有不可替代的独特作用。我们相信,深入研究表程度的"A/V 了许多"及其相关格式的功能、作用和成因,以及整个概量化程度补语系统的作用和关系,对于我们认清汉语程度补语的性质和作用无疑具有重要的实用意义和一定的理论意义。

附 注

① 有人将述语后面的数量短语统一称为"准宾语"。如果用这种方法处理"许多",那么,充当宾语和补语的"许多"可以统一称之为准宾语。我们认为这样处理混淆了性质和功能不同的两种分布,不利于看清语言的本质。张国宪曾经从量性特征的角度讨论过形容词、动词后面的"许多"和"一点儿",参见张国宪(2000)。

② 据我们统计,南宋时期的《朱子语类》已出现几十例充当宾语的"许多",而同样是编于南宋的《五灯会元》却是所有的"许多"全部充当定语,没有一例宾语,表明《五灯会元》实际上是根据更早时期——比如五代——的一些佛教材料编写的,同时也说明南宋时期还只是宾语"许多"的萌芽期。

③ "A/V 了许多"中附加体标记的"了"是最典型的分布形式,但体助词"了"并不是必不可少的,有时可以不用,有时可以用结构助词"得",甚至用体助词"着"等,本文只讨论带有"了"的述宾式和述补式。

④ 下面两例中字母右上角的字母,A 代表 attribute 定语,O 代表 object 宾语,C 代表 complement 补语。

⑤ 有关"不少、一些、一点"等其他概量化程度补语的分析、比较和讨论,请参看本文第三节。

⑥ "不少"是由"不"限定"少"而构成的一个语法词。"不"否定"少"做谓语的现象,早在先秦已出现。此后两千多年中,尽管"不少"与"许多"一样,也可以充当宾语和补语,始终没有凝固为词。

⑦ "些"和"点"在现代汉语中都是无定量词;既可以跟数词"一"组成数量短语,也可以直接单用。

⑧ 相关的研究,请参看马庆株(1992)和张谊生(2000)以及其他相关的论述。

参考文献

曹秀玲　2006　《量限与汉语数量名结构的语法表现》,《语法研究和探索》(十三),商务印书馆。
刘丹青　2005　《小句内句法结构:〈语法调查研究手册〉节选》,《世界汉语教学》第 3 期。
吕叔湘主编　1999　《现代汉语八百词》(增订本),商务印书馆。
马庆株　1992　《含程度补语的述程结构》,《汉语动词和动词结构》,北京语言学院出版社。
沈家煊　1994　《"语法化"研究综观》,《外语教学与研究》第 4 期。
——　2001　《语言的"主观性"和"主观化"》,《外语教学与研究》第 4 期。
张伯江　1994　《词类活用的功能解释》,《中国语文》第 5 期。
张国宪　2000　《现代汉语形容词的典型特征》,《中国语文》第 5 期。
张谊生　2000　《程度副词充当补语的多维考察》,《世界汉语教学》第 2 期。

Chafe, Wallace 1994 *Discourse, Consciousness, and Time: the Flow and Displacement of Conscious Experience in Speaking and Writing*. Chicago, University of Chicago Press.

Givón, T. 1971 *Historical Syntax and Synchronic Morphology: an Archaeologist's Field Trip*. Chicago Linguistic Society.

Heine, B., U. Claudi & F. Hünnemeyer 1991 *Grammaticalization: a Conceptual Framework*. University of Chicago Press.

Sweetser, Eve 1990 *From Etymology to Pragmatics: Metaphorical and Cultural Aspects of Semantic Structure*. Cambridge University Press.

同形异构体 V + N 的复合化及其整合效应

吴为善

○ 引言

沈家煊(2006)在论述概念整合和"浮现意义"时指出：语言中的整合现象无处不在。其中提到了两类复合词的实例：一类是"大车"、"轮椅"、"烟火"。两个成分整合后，"大车"不等于"大的车"，指"牲口拉的两轮或四轮载重车"；"轮椅"不是简单的带轮子的椅子，产生的浮现意义是"医院或残疾人用的"；"烟火"可以指战火、熟食或燃放时发出各种颜色的火花而供人观赏的东西，但不等于"烟 + 火"。另一类是"兄弟"、"东西"、"买卖"。这些组合可能是短语，分别指"兄和弟"、"东和西"、"买和卖"，但前字重读后字轻读就肯定是词，"兄弟"指"弟弟"，"东西"指"物品"，"买卖"指"经商"。

我们认为这两类实例都属于韵律构词，产生的整合效应都是双音节韵律框架作用的结果。前一类实例是由于双音节韵律框架的作用使两个成分的意义融合而产生了新的专指义，这是常见的双音化现象。后一类实例是通过改变双音节韵律框架的重音模式，由"中重"变为"重轻"，导致意义的区别。语言成分的整合效应依赖于两个因素，一个是整合的"框架"，另一个是输入的"元素"，

---

* 本论文的研究课题获得上海市重点学科建设项目资助，项目编号：T0405。

在"框架"的作用下"元素"产生整合效应,浮现新的意义。韵律框架是句法和节律共同作用产生的语言模式,为语言成分的整合提供了条件。本文主要讨论的是汉语中同形异构体"V + N"的复合化及其整合效应。

一 "$V_双$ + $N_单$"的整合效应

一个动词和一个名词直接组合,在我们的结构识别中有两种可能的关系模式,一种是述宾关系,另一种是偏正关系。识别的依据有两条:A 是动词能否带受事宾语,即动词和名词之间是否具有"动作"和"受事"的语义关系;B 是动词对名词是否具有分类的认知基础,即动词能否直接修饰名词表示名词在功能属性上的类别。假如一个动词和一个名词直接组合,具有 A 的特征而排斥 B 的特征,那么这个组合在结构上一定是述宾关系,比如"制造汽车"。假如一个动词和一个名词直接组合,具有 B 的特征而排斥 A 的特征,那么这个组合在结构上一定是偏正关系,比如"采访汽车"。假如一个动词和一个名词直接组合,同时具有 A 和 B 的特征,那么这个组合一定是一个同形异构体,也就是通常所说的歧义形式,比如"出租汽车",既可以理解为述宾关系"V + O",也可以理解为偏正关系"出租的汽车"。因此一个动词和一个名词直接组合在我们的结构识别中形成如下非离散性的连续统:

述宾关系—————同形异构—————→偏正关系
制造汽车　　　　　出租汽车　　　　　采访汽车

本文主要讨论"出租汽车"这类同形异构体在"$V_双$ + $N_单$"(2 + 1)的韵律框架中的复合化整合效应。

一个动词和一个名词直接组合,述宾关系是一种优选模式,因此"出租汽车"类的同形异构体要突显偏正关系,通常需要更大的句法结构的支撑,比如"三辆出租汽车"、"这些是出租汽车"、"出租汽车来了"。2+1韵律框架能有效地突显这类同形异构体的偏正关系,要求是将后边的双音节压缩为同义位的单音节形式,比如"出租汽车 → 出租车"。这种整合结果集中体现为两种效应。第一是"隐退"效应。整合理论认为:"隐退"是相对"突显"而言的,"一隐一显"才形成一个整体。如经典的心理实验"图像—背景倒换"所证明的那样,在一个视觉领域内必须有一部分突显一部分隐退,作为一个"完形"的图像"花瓶"或"人面"才会浮现出来(参见沈家煊 2006)。这种"隐退"效应具体表现为:在句法结构关系上"偏正关系"突显,"述宾关系"隐退。"出租车"内部的关系被锁定为偏正关系,排斥了述宾关系的可能性。第二是"复合"效应。突显了的"偏正关系"的两个成分在 2+1 韵律框架的作用下"固化"为"复合词"。原偏正关系的"出租汽车"是短语,可以扩展,如"出租的新款汽车";"出租车"是典型的三音节复合词,已经成为某个范畴的类名,如" 出租车 / 自备车 / 公用车 "。同类实例如下:

(A)设计图纸 → 设计图　　译制影片 → 译制片
　　储备资金 → 储备金　　复印文件 → 复印件
　　雇佣士兵 → 雇佣兵　　装修房屋 → 装修房
　　修改稿件 → 修改稿　　承包项目 → 承包项

(B)测量仪器 → 测量仪　　检测车辆 → 检测车
　　搜查证件 → 搜查证　　选修课程 → 选修课
　　报销单据 → 报销单　　讨论题目 → 讨论题
　　筹备会议 → 筹备会　　传染疾病 → 传染病

这种整合结果对原 2+2 的述宾关系所陈述的行为动作而言,2+1 的偏正复合词的意义表现为两种类型。上面列举的 A 类中整合后的复合词表示原组合陈述的行为动作产生的结果,比如"设计图"是"设计图纸"的结果,"译制片"是"译制影片"的结果,"储备金"是"储备资金"的结果,余例类推。上面列举的 B 类中整合后的复合词表示原组合陈述的行为动作进行时所需要的工具、依据、手段、对象等,比如"测量仪"是"测量"的工具,"搜查证"是"搜查"的依据,"筹备会"是"筹备"的手段,"检测车"是"检测"的对象,余例类推。

二 整合框架的特征分析

本文讨论的同形异构体 V＋N 的整合框架是"$V_双＋N_单$"(2＋1)的格式,是一种典型的韵律框架,表现为句法上的黏合性和节律上的紧密性,这种特征导致了 2＋1 成为汉语三音节复合词的构成模式。周韧(2006)从语言类型学的角度对汉语动宾饰名复合词现象进行了深入的研究,指出汉语"单单式 VON 型复合词"(如"碎纸机")的成因应归结为"韵律构词",也证实了 2＋1 是汉语韵律构词的模式。

汉语 2＋1 韵律模式的特征与它的相对格式 1＋2 的韵律模式形成对立。在考察汉语单双音节组合规律时,我们曾提出过一条规则:单数音节段与双数音节段组合"前松后紧"。即当一个单数音节段处于双数音节段之前,结合比较松散;而处于双数音节段之后,结合比较紧密。可描写为:

×∥××;××／×(或×∥××／×)

其中×代表单数音节段,××代表双数音节段,∥ 或 ／ 表示音节之间组合的紧密度,其中∥ 大于 ／ 。这条规则表明,当一个单音节处于双音节之后,具有极强的黏附性(参见吴为善 2003)。这个特征可以从汉语上声连读变调现象得到证实。汉语中的上声曲折而略长,在语流中几个上声字连读会产生有规则的连读变调现象。一般有两种变化,一种是"半上"(小变化:214 → 211);一种是"全上"(大变化:214 → 24,近乎阳平)。若音节结合不太紧则变调呈小变化(半上),反之则出现大变化(全上),因此上声连读变调是鉴别音节组合相对松紧的一个较为灵敏的"试剂"。根据北京语言学院一些老师的听辨实验,发现三个上声字连读,凡1＋2音段中前一个单音节变为"半上";而2＋1音段中后边单音节前一个音节变为"全上"。如:

	偏　正₁	偏　正₂	动　宾	主　谓
1＋2:	很//勇敢	好//雨伞	有//影响	我//也有
2＋1:	也许/有	展览/馆	领导/我	旅馆/少

1＋2中"很"、"好"、"有"、"我"表现为一种小变化,这是因为这些单音节与后边的双音节结合相对较松散;2＋1中"许"、"览"、"导"、"馆"表现为一种大变化,这是因为后边的单音节与前边的双音节结合相对较紧密(参见胡炳忠1985)。吴宗济(1984)用声学实验的方法对普通话三字组的变调规律进行了深入考察,其中三个上声字组的连读变调结果与上述听辨实验的结果一致。上述两类实验中所用实例,不论1＋2还是2＋1,都包含了各种句法结构类型,但变调规律却是一致的。这说明"前松后紧"的规则是有事实支撑的:前置单音节具有相对独立性,后置单音节具有黏附性(参见吴为善1989)。

近些年来,随着国外非线性音系学研究的深入,汉语韵律层级系统及"韵律构词"的研究取得了较大的进展,对于汉语音节组合的规律有了更为科学的解释。较为一致的看法是2＋1属于"韵律词"范畴,而1＋2属于"韵律短语"范畴。王洪君(2000)认为前者表现出来的区别性特征是:(1)在更大的组合中音步不再分裂,(2)音步内顺向连调。具体表现为:

2.1 连调模式。就单说时可以是单音步的三字组而言,"雨伞厂"(韵律词)和"小雨伞"、"买雨伞"(韵律短语)最明显的区别在于连调式的不同,前者的连调只能是"顺向"的,后者可以是"逆向"的。普通话中上声字的连调与单字调的区别最明显,所以下面均以上声字为例。它们虽然不能反映连调状态的精确值,但应该可以反映"位"的区别。比如(括号表示音步的界限,笔者引用时略作了简化):

雨伞厂　　　　　跑雨伞厂　　　　　　老跑雨伞厂
(35 - 5 - 213)　(213)(35 - 5 - 213)　(35 - 213)(35 - 5 - 213)

小雨伞　　　　　买小雨伞　　　　　　想买小雨伞
(21 - 35 - 213)　(213)(21 - 35 - 213)　(35 - 213)(21 - 35 - 213)
(213)(35 - 213)

买雨伞　　　　　想买雨伞　　　　　　早想买雨伞
(21 - 35 - 213)　(35 - 213)(35 - 213)　(35 - 213)(21 - 35 - 213)
(213)(35 - 213)

从上面的实例可以看出:"雨伞厂"只有一种连调式(35 - 5 - 213)。很明显,这一连调式是按从左至右的次序连续运用"连上前字变阳平(213 → 35)"的结果。首字受次字影响变阳平,次字又受末字影响变阳平(因中间音节短促声调 35 描写为 5),这就是从左至右的"顺向连调"。"小雨伞"、"买雨伞"更常用的是(21 - 35 - 213)式。这种连调只能是按内部语法结构(1 +(1 + 1))的次序运用"连上前字变阳平"的结果:先是次字与末字结合,然后才是首字与次字的结合。这与说话时实际出现的先后次序相反,所以称为"逆向连调"。

2.2　音步稳定性。韵律词和韵律短语的第二个区别与第一个有关,这就是三字组的首字是否可以取"三摩拉调"。"三摩拉调"是指相当于曲折调长度的调,如全上调 213、全去调 51 和略带降尾的阴平、阳平(可分别记做 554、354)。较紧密的顺向三字连调,首字只能是两摩拉调(如半上 21,半去 53 和不带降尾的阴平 55,阳平 35)。"雨伞厂"的首字"雨"在各种组合环境中都只能用无降尾的阳平(35),而不能用有降尾的阳平或全上。较松散的逆向三字连调则完全不同。如"小雨伞"和"买雨伞"的第一个音节，单说时除了半上21外，也可以选择拖长的213（见上例）。同时，许多学者已经指出，普通话语流的特点是，声调只有在音步、停延段、句段的分界前才取三摩拉长度，不在分界前（如两字组前字）的音节则取两摩拉长度，也就是说三摩拉调有标界作用。所以全上调的213能够标志音步的界线。2＋1定中式的"雨伞厂"在各种组合中都只有末字一个字是213调，也就是说它在各种组合都是一个三音节的单音步，单音步构造稳定。而1＋2定中式"小雨伞"和"1＋2"述宾式"买雨伞"在更大的组合中首字、末字可能都用有标界作用的全上（213），这说明它们有可能组织为1＋2的两个音步（如"想买／雨伞"）。也就是说，逆向连调的三音节音步是不稳定的单音步。

综上所述，节律结构层面上的"松"和"紧"必然和句法结构层面上的"松"和"紧"相匹配，而节律层面的"松"、"紧"在句法层面的投射结果，是对不同等级的语言单位的选择：

节律结构　　　语言单位
1＋2　　→　　短　语（或"类短语"）
2＋1　　→　　复合词

三　整合元素的条件选择

同形异构体V＋N的复合化及其整合效应是在2＋1的韵律框架中实现的，结果是构成了"$V_双 ＋ N_单$"格式的偏正型复合词，表示某个范畴的类名。其中输入的整合元素有两个，一个是动词，另一个是名词。在这类格式中，显然对动词的选择性要求比较高：(1)必须具有直接修饰名词的句法功能，(2)能从功能属性的角度对所修饰的名词产生一种分类的效应。而对名词的选择要求相对比较单一，即能表示某个范畴的类名。对于整合元素的选择性条件分析,属于功能解释的范畴。近些年来随着认知语言学的研究进展,学界开始关注汉语中的诸多语言现象,并力求给出认知层面的功能解释,使本文的探讨有了更多的理论支撑。

2.1 动词的特征考察

上文举出的典型实例中包含如下这些动词:

  设计 译制 储备 雇佣 复印 装修 修改 承包
  测量 检测 搜查 选修 报销 讨论 筹备 传染

分析这些动词的构成特征,一个明显的倾向是这类动词基本上都属于联合式双音动词。值得研究的是为什么这类动词能作为"元素"参与同形异构体 V + N 的复合化整合。我们可以从两方面来考察这个问题。

2.1.1 关于汉语单双音节动词的功能差异。

王灿龙(2002)认为双音节动词跟与之对应的单音节动词相比,它们的语法范畴特征都有不同程度的变化。试比较:

  收收 割割/*收割收割 种种/*种植种植
  收了 割了/?收割了   种了/?种植了
  收过 割过/?收割过   种过/?种植过
  收一收 割一割/*收割一收割 种一种/*种植一种植

他对此的解释是双音节动词跟单音节动词在基本层次范畴和原型性方面有较明显的对立。单音节动词具有典型的动词语法特征,而由这些单音节动词作为语素参与构成的双音节动词,其动词的语法特征都弱化或部分丧失了。从表义方面看,单音节动词通常表示的都是人或事物(含动物)的基本动作,动作性都较强,动作义也很具体。在人们的认知范畴中有一个明晰的、有界的关于某一动作的意象与表示该动作的动词相对应。而双音节动词的情况则不同,由于它是两个语素的结合,无论其中的两个语素或某一语素的动作性多强,整个词的语义只能是两个语素义的最大公约数,这样,所得的语义就相对比较抽象、比较间接。张国宪(1997)的相关研究证明双音节动词的"动性"强度存在差异,这种差异与词的内部构造密切相关。他根据语料的概率分析将双音节动词的强度等级序列描述为:

前加/后附 ＞ 偏正 ＞ 补充 ＞ 陈述 ＞ 支配 ＞ 联合(强→弱)
研究表明联合式双音动词的动性最弱。我们基本同意上述两位学者的意见。这说明联合式双音动词的"动作性"有所弱化。

2.1.2 关于汉语动词直接修饰名词的功能。学界研究表明,定语在名词性结构中的作用可分为两个类型:一类是确定指称,另一类是刻画概念。前者的功能是个体指称的确定,主要作用于中心语概念的外延;后者的功能是概念属性的刻画,主要作用于中心语概念的内涵。Seiler 认为,定语的限定作用实际上构成一个非离散性的连续统,其两端分别是"确定指称"(离中心语远)和"刻画概念"(离中心语近),并依据英语事实给出了一个限定序列,体现了多项定语语序规律的距离动因。张敏(1998)根据汉语的实际情况,给出了汉语定语的限定序列:

词类: 乙类形容词　甲类形容词　区别词　名词　动词 ＋ 名词
表义:　　情状　　　属性(形体、颜色、质料、功能等)
恒定性: 小 → 大
客观性: 小 → 大

上述"恒定性"指定语与中心语事物内在联系的稳定程度,"客观性"指定语表示的性状与事物的联系在多大程度上以个体的主观判断为转移。事实证明,这两个"参数"都是从左到右依次增大。从中可见"功能"属性反映了事物的本质,几乎完全不以个体的主观判断为转移,是事物最稳固的属性,而双音节动词所表示的往往是这类属性。这和陆丙甫(1993)关于汉语多项定语的两条相关的顺序原则是一致的:(A)越是反映事物稳定的内在本质的定语越靠近核心,(B)外延性定语在外层,内涵性定语在内层。

综上所述,参与整合的联合式双音动词的动作性弱化了,动作性的弱化必然导致修饰性的强化,在句法功能上表现为述语功能向定语功能的"漂移"。联合式双音动词的这种特征为它直接修饰名词性成分,并从功能属性的角度对所修饰的名词产生一种分类的效应提供了现实的可能性。因此这类动词直接做定语时,与中心语名词成分在概念意义上的整合度极高,对中心语概念内涵的影响最大。本文所列举的典型实例中的双音动词充分体现了上述特征。多数动词如"设计、译制、储备、装修、测量、检测、搜查、选修、报销、讨论、筹备"等,都是一些随着社会发展后来出现的概念,两个构词语素的意义已高度整合,行为特征明显而动作意义弱化,并没有对应的那种带有原型性特征、表示基本层次范畴的单音节动词。还有些动词能找到对应的单音节动词,如"修改／改、承包／包、传染／传、雇佣／雇、复印／印",但两者的句法表现功能差异很大,这是显而易见的。

2.2 名词的特征考察

上文举出的典型实例中包含如下这些名词:

图纸　影片　资金　士兵　文件　房屋　稿件　项目
仪器　车辆　证件　课程　单据　题目　会议　疾病

这些名词都属于双音节的事物名词,从构成方式来分析,多数是联合式复合词,也有一部分"名量式"复合词,如"稿件"、"车辆"。值得研究的是这类名词具有什么特征,又是如何作为"元素"参与同形异构体 V + N 的复合化整合的。

汉语双音节事物名词的特征,是与对应的单音节事物名词的比较中体现出来的。王灿龙(2002)认为双音节名词一般都不表示基本层次范畴,它们的原型性较弱,跟对应的单音节词相比,这些双音节名词的语法特征明显发生了变化。试比较:

一枝花　一根草／*一枝花草　*一根花草

一抔土　一块地/*一抔土地　*一块土地
一张纸/*一张纸张
一本账/*一本账本

他对此的解释是单音节名词具有典型的名词语法特征,而这些单音节名词作为语素构成或参与构成的双音节名词,其语法特征却有所丧失,或者说弱化了。这种情况对于并列式或名量式复合名词来说尤为突出。从语义的虚实来看,单音节名词通常都可指称客观世界的某类事物,人们可以在词与事物之间直接建立一种语义关联;在人们的认知范畴里有一个具体可感的关于该事物的"意象"与词相对应。而双音节名词则不同,它不是两个语素简单的相加,它的语义也不是两个语素义之和。在"完形"心理学看来,整体总是大于部分之和。因此,双音节词的语义应是对两个语素义的更高层次的抽象,它既与语素义相关联,同时又获得了一种语素义所不具备的抽象义。在人们的认知范畴里该意象既不是直接的,也不是清晰的,甚至还是无界的。因此从总体上说,单音节名词的语义大都很具体、很直接、很明晰,双音节名词的语义一般都较抽象、较间接、较模糊。

我们认为王灿龙的思路是值得肯定的,双音节事物名词在认知范畴层次等级上的抽象,充分体现了词语搭配在认知范畴层次等级上的"同一性原则",双音节事物名词实体义的虚化与双音节动作动词动作性的弱化相适应。但值得注意的是,这些双音节事物名词在更高一个层次上形成了新的概念,这些概念是随着社会发展后来出现的,表示的往往是新事物的总称或集合类名。因此在现代汉语中很多双音节事物名词并没有对应的那种带有原型性特征、表示基本层次范畴的单音节名词,比如本文列举的典型实例中的"影片、资金、文件、稿件、项目、仪器、证件、单据"。这些双音节事物名词进入"$V_双 + N_单$"格式后,"$N_单$"都是不能单用的黏合语素,如"片、金、件、稿、项、仪、证、单"。正因为汉语中的双音节事物名词是随着社会发展而产生的更高认知层次的事物类名,就使得它们有资格作为"元素"参与同形异构体 V + N 的复合化整合。同时也证实"$V_双$ + $N_单$"格式中的"$N_单$"不是天然的单音节"元素",而是双音节事物名词音节长度压缩所致。这好比"削足适履",为了适应 2 + 1 的韵律框架,双音节必须压缩为单音节,这是"$V_双$ + $N_单$"格式整合的关键程序。这样解释才能说明为什么"$V_双$ + $N_单$"格式中的"$N_单$"同"$V_双$ + $N_双$"格式中的"$N_双$"属于同一义位,同时也能说明为什么不少"$V_双$ + $N_单$"格式中的"$N_单$"是不能单用的黏着语素。还有些名词能找到对应的单音节名词,比如本文列举的典型实例中"图 / 图纸、兵 / 士兵、车 / 车辆、课 / 课程、题 / 题目、会 / 会议、病 / 疾病",但两者在范畴概括范围及句法表现功能方面差异很大,这是显而易见的。

2.3 动词名词的分类性选择

上面我们考察了"$V_双$ + $N_单$"复合化整合中双音节动词和名词所具备的选择性条件,但并不是所有的双音节动词和名词都能实现"$V_双$+$N_单$"的整合,整合动因还取决于动词所表示的动作行为对名词所表示的事物范畴是否具有分类性。这种分类性取决于人们的经验认知,是建立在人们范畴化认知系统中的稳定性基础之上的,通常我们用于解释语言现象的所谓"约定俗成",实质上是人们范畴化经验认知的"规约化"。比如:

　　修改稿件 → 修改稿(相对于"原稿")
　　校对稿件 → 校对稿(相对于"样稿")
　　装修房屋 → 装修房(相对于"非装修房")
　　租赁房屋 → 租赁房(相对于"非租赁房")
　　讨论题目 → 讨论题(相对于"非讨论题")
　　选择题目 → 选择题(相对于"非选择题")
　　测量仪器 → 测量仪(相对于"非测量仪器")

观察仪器 → 观察仪（相对于"非观察仪器"）

　　假如充当定语的动词所表示的动作行为对名词所表示的事物范畴不具有分类功能，即使是符合整合条件的同形异构体 V + N，也不可能产生"$V_双$ + $N_单$"的整合效应。比如"复印文件"可以整合为"复印件"，那是因为"文件"通常有"原件"，这个类名可以成立；而"学习文件"不能整合为"学习件"，那时因为下发的"文件"通常都是要学习的，分类缺乏基础。又如"表演节目"不能整合，是因为排练节目就是为了表演的；"开发产品"也不能整合，是因为任何产品都是开发出来的；它们都不具备分类的认知基础。

三　余论

　　第一，本文集中讨论同形异构体 V + N（如"出租汽车"）的复合化整合效应。相关格式如"制造汽车"是单一的述宾关系，不存在潜在的偏正关系，因而不具备复合化整合的条件，不在本文讨论范围之内。另一相关格式如"采访汽车 → 采访车"是单一的偏正关系，当然具备复合化整合条件，而且是更常见、更能产的现象。其中双音动词主要是联合式的，如"防御圈、创造欲、警戒线、纪念碑、购买力、流行色、拆迁户、试验田、参考书、陈述句"，其次是述宾式的，如"环城路、领头羊、养鸡热、读书梦、放心肉、蓄水池、观光客、保险箱"。其中"$N_单$"有明显的"后缀化"倾向。这些是本文的后续研究课题，拟另文撰述，在此不再展开。

　　第二，偏正关系是 2 + 1 韵律框架的优势选择，但不排除述宾关系的可能性。实际语料显示，约有 10 % 的 2 + 1 格式表现为述宾关系。常见的有"尊重人、相信鬼、依靠党、浪费钱、节约电、爱惜书"等，而其中"VV 人"又占了近 80 %。对这类现象王灿龙（2002）曾从认知的角度作过探讨，比如"尊重人"是典型的述宾型 2 + 1 格式，但"人"在这里体现出来的绝不是"能制造工具并使用工具进行劳动的高等动物"的自然属性(外延意义),而是作为社会的"人"所应有的社会属性,包括人格、权利、地位等内涵意义。我们认为这应该是"人"在同"尊重"的意义组合后产生的"语义溢出"效应。究竟如何解释这种现象,有待于进一步的研究,在此不再赘述。

参考文献

胡炳忠	1985	《三声三字组变调规律》,《语言教学与研究》第1期。
匡腊英	2003	《"V$_双$＋N$_单$"的性质及其相关问题》,上海师范大学硕士论文。
陆丙甫	1993	《核心推导语法》,上海教育出版社。
沈家煊	2006	《概念整合和"浮现意义"》,上海复旦大学学术报告。
王灿龙	2002	《句法组合中单双音节选择的认知解释》,《语法研究和探索》(十一),商务印书馆。
王洪君	2000	《汉语的韵律词与韵律短语》,《中国语文》第6期。
吴为善	1989	《论汉语后置单音节的黏附性》,《汉语学习》第1期。
——	2003	《汉语节律的自然特征》,《上海师范大学学报》(哲社版)第3期。
吴宗济	1984	《普通话三字组变调规律》,《中国语言学报》第2期。
张国宪	1997	《"V$_双$＋N$_双$"短语的理解因素》,《中国语文》第3期。
张　敏	1998	《认知语言学与汉语名词短语》,中国社会科学出版社。
周　韧	2006	《共性与个性下的汉语动宾饰名复合词研究》,《中国语文》第4期。

韵律引发词汇化的个案分析

张 国 宪

一 事实观察

现代汉语中"很"是一个使用频度相当高的词,按照经典释义,"很"是副词,"用在形容词前,表示程度高。"(吕叔湘主编《现代汉语八百词》,商务印书馆 1999)。不过,有许多"很"并不能作如是理解:

(1) 总之,一道<u>很宽</u>的沟,他大概跳不过去,被横扫以前本来是可以跳过去的(按:横扫后有腿疾,走路有点儿跛),所以他必须找一个桥梁,找一块木板,于是他顺着沟找来找去,焦躁起来,竟没有找到什么木板,白白地多走了冤枉路,绕还是跳? (王蒙《夜的眼》)

(2) 我就带她到楼下的小铺吃炒饼,她一连吃了六份。这个女人<u>眼睛分得很开</u>,眉毛很浓,长得相当好看,只可惜她要不停地吃东西。(王小波《未来世界》)

(3) 轰炸时,也有许多趣事。一个十四岁的女孩在乱砖中埋了四昼夜。刨掘队发现她后,问她痛吗,仰卧在重梁下的她,还照平时礼数说:"谢谢先生,<u>我很好</u>。"大家把砖石清理出点路子来,才问她要什么。他们喂了她五杯热茶,六小时后,横在她胸上的梁木才移开了。 (萧乾《银风筝下的伦敦》)

先看例(1),如果依经典的释义,"很宽"应该比"宽"程度高,那么按照正常人的行为能力,"很宽的沟"比"宽沟"难以逾越,不过,对于例(1)我们却可以接受,而要变成"总之,一道<u>宽沟</u>,他大概跳不过去"则难以理解。因为"一道宽沟"肯定而不是"大概"跳不过去,相反"一道很宽的沟"①则有可能跨越。这也就意味着"很宽的沟"比"宽沟"程度要低,有悖于经典的词义解释。例(2)对"她"的面部描绘,无论是按东方人的审美标准,还是按西方人的审美习惯,两眼之间的距离"分得很开"无论如何都不能给出"长得相当好看"的断言,倒是这种面部特征常常被视为是弱智的典型征候。假如降压"开"的程度,删除程度"很"使之将就归入靓女的范畴,表述为"这个女人眼睛分得开",这样的话情理可以接受,但表述的意义则发生了变化,由状态描述变成了情状断定(用语法术语就是由情状补语变成了可能补语),透析出"很"的语用功效。例(3)描述是二战期间伦敦遭受德军轰炸的情景,一个女孩被梁木压在胸上埋了四天四夜,时时都忍受着巨大的痛苦,但当刨掘队员发现时却说"很好",这儿回答显然不能按照字面来理解,不仅"很"的程度义已经销蚀,而且连带着其组合成分"好"的语义也发生了异化。这儿的"很好"更多地属于言谈层面的单位。

上述语言事实表明,现代汉语的"很"已不能完全按照经典的释义来理解,它已不再是一个单纯意义上的表述程度的语法词,无论是词义还是功能都发生了不小的变化。

二 对语言事实的解释

就当前汉语语法学界的观点,对于现代汉语所覆盖的语言事实,认为"很"与形容词组合现象的产生,大致可以归结为三种动因。

2.1 语义表述的需要。这是一种主流认识,因为按照权威词典的释义或语法教科书的教程,"很"是一个程度副词,其词项意义为:"很:副词,表示程度相当高。"(《现代汉语词典》第 5 版 p.559)例如:

(4) 第一,这燕窝长在海中峭壁上,要拼命去挖。第二,这海鸟的口

水是<u>很珍贵</u>的东西,是温补的。 (阿城《棋王》)

(5)赵航宇的汽车经过马戏大棚,只见在"人体展览"的大幅广告牌下丰排着<u>很长</u>的队,无数的人站在那里耐心等退票。 (王朔《千万别把我当人》)

(6)早春晚秋,船价<u>很便宜</u>,学生的经济力也颇能胜任。每逢星期日,出三四毛钱雇一只船,载着二三同学,数册书,一壶茶,几包花生米,与几个馒头,便可优游湖中,尽一日之长。 (余秋雨《夜航船》)

(7)新疆雨量很少,空气<u>很干燥</u>,南山雨稍多,本地人说:"一块帽子大的云也能下一阵雨。" (汪曾祺《天山行色》)

上例中的"很"的确是表示程度高,"很珍贵的东西"与"珍贵的东西"、"很长的队"与"长队"、"船价很便宜"与"船价便宜"、"空气很干燥"与"空气干燥"在命题上并没有什么差异,区别只在程度方面。其实,最能把程度副词"很"的词义表述功能发挥到极致的是它与动词短语的组合:

(8)我是在舞会上和他认识的,那天他穿的像正人君子,人也很风趣,<u>很会恭维人</u>,我明白他有点言过其实,我有自知之明,知道自己充其量也就有一、二分姿色,可谁不爱听点好话呢? (王朔《枉然不供》)

(9)汪百龄<u>很受别人的尊重</u>,同时也懂得尊重自己,他怎么也不听众人的劝说,回家拿出扫帚,和大家一起,把巷子扫得干干净净,同时向众人千谢万谢,百般道歉。 (陆文夫《清高》)

(10)秦干事想了想又笑道:叫玛丽镇派个专家教教你们,教会了,不又是一件<u>很值得总结宣传</u>的共建活动吗? (赵琪《告别花都》)

(11)他虽是军队出身,可是现在他<u>很认识些个字</u>了;近来还有人托他写扇面呢。 (老舍《离婚》)

王静(2003)认为,这种用法的"很"是"起强调色彩的作用",并视为是程度副词向起强调色彩的语气副词的演化。仔细观察我们不难发现,这种动词短语前的"很"都无例外地是重音所在,因此我们认为这种"强调"意味的由来是重音赋予的结果,准确地说是重音所标示的对比焦点使其成为了听话人的注意部分,成就了最被突出的信息。语言事实表明,"很"的语音的变化不但没有销蚀

"很"的语义内涵,相反还凸显了自身的程度价值,所以它没有演化为语气副词,因为脱胎于程度副词的语气副词身份的获得是以程度义的耗损为代价的。

2.2 韵律层面的需要。吕叔湘(1999)认为,"很"是副词,用在形容词前,表示程度高。但在其义项的"注意"中又说,"单音形容词前常加'很',凑足双音节"。[②]吕先生的话意味着,有些"很"用在单音节的形容词之前并不一定具有词汇意义,而只是语用的需求。例如:

(12)他走过去放下水竹窗帘。屋里顿时暗了许多,诸物只淡淡一些铅灰色虚线。他喜欢睡觉时很暗很静。　　　(廉声《月色狰狞》)

(13)女干部刚洗了头。头发湿漉漉的,很黑、很亮、很长、很香。她男人在一个煤矿上工作,离这儿很远。两个孩子在老家,婆婆看着。(吕新《圆寂的天》)

(14)城门忽地闪出一隙,随即悄无声息地走出一队黑衣黑裤人,在城门上高悬的马灯下闪了闪,很快遁入夜色里了。　　　(廉声《月色狰狞》)

(15)街上复又熙攘安详,人群在湿漉漉映着日光的晶亮街道上摩肩接踵,往来川流。李缅宁无所事事地漫步街头,从背后看上去,他的双肩很宽很平很合适扛肩章。　　　(王朔《无人喝彩》)

汉语历来讲究文气畅通和声音的抑扬顿挫,讲求声律的协调和谐,所以,韵律的作用在汉语中表现得尤为突出。从例(12)到(15)可以看出,单音的"很"与单音的形容词刚好组合成一个偶音步的单位,使得文气顺畅,韵律谐和。特别是(15),不仅是单音的形容词加上个"很",就连双音的"合适"也冠上了"很",构成了一个二、二、三音步的七言"很宽/很平/很合适",这种情况在下文的例(16)还可以看到。

2.3 句法功能的掣肘。朱德熙(1956,1982)详尽地描述了性质形容词和状态形容词的句法功能差异,概言之,性质形容词在作谓语、状语、补语等句法成分时要比状态形容词受到更多的限制。

由于朱先生把"f＋形容词＋的"(f代表"很、挺"一类程度副词)看成状态形容词,所以从组成的角度透析,我们完全有理由把"很"的参与视为是说话人试图摆脱性质形容词句法局限的语法手段,使其获得句法新生。例如:

（16）树人看出那个青年听话与预备话是那么不容易,所以决定不发问,而等他自动的陈说,省得多耽误工夫。待了半天,怪青年果然预备好了一段话,说得很慢,<u>很真</u>,很清楚。他的声音低重,像小石子落在满盛着水的坛子里似的。　　（老舍《蜕》）

（17）我就吹牛说:"这条路,我哪天不走两遍！况且我带着个<u>很亮</u>的手电呢,不怕的。"(杨绛《干校六记》)

（18）房间里的光线<u>很暗</u>,是那种绿茵茵的光线,照在那一溜收拾停当的光腿上,真是妙不可言,它们的质地看起来和美妙一个样。　　（朱文《我爱美元》）

程度副词要求与有程度义的词语搭配,客观世界的"真"并不存在程度空间,所以例(16)"很真"中的"很"起不到给"真"标识程度的标尺作用,很难说含有程度意义这一概念内涵。既然说话人的意图不在于表述概念意义,那么其动机又是什么呢？其实说话人用"很"的目的更多是出于句法层面的考量,只是为了让"真"获得充当谓语的资格,以冲破性质形容词的句法羁绊。在现代汉语中这种手法的运用非常普遍,再比如例(17),性质形容词作定语的语用目的是限制对象的范围,给事物分类。分类要以客观事实及习惯为依据,是通过人的身体及心智对真实世界的特性进行能动处理的结果。由此,在不同的语言之间抑或同一语言之间形容词所表示的属性与名词所表示的物体的关联是一种互为作用的关系,不能任意地替换。在汉语的表述习惯中,"手电"不能用"亮"或"暗"来分类,所以不说"亮手电"。例(17)中"很"的作用就在于拓展了"亮"的句法功能,使其充任定语。例(18)也大致类此,不赘。

"很"这种词汇意义消失的直接后果是其本身也就逐渐丧失了

作为一个独立的词资格,从而蜕化为一个词内成分:

(19) 火车喷出来的气是灰蓝色的,蓝得那样深,简直走不过一个人去;但是,<u>很快</u>,在它经过你的面前时候,它映出早已是眼睛看不出来的夕阳的余光,变成极其柔和的浅红色;终于撕成一片白色的碎片,像正常的蒸汽的颜色,翻卷着,疾速地消灭在高空。 (汪曾祺《早春》[五首])

(20) "真对不起,误打了您,您的医疗费和营养费我们负担了。""不要紧。"单立人摆摆手,"我个人的事不要提了,我<u>很好</u>,不需要什么营养和治疗。" (王朔《人莫予毒》)

句中的"很快"和"很好"都可视为是一个新的语言单位,具有了性质形容词"快"、"好"所不具备的句法功能和话语功能,这无疑是"很"参与的结果。

我们认为,现代汉语共时平面的"语义"、"韵律"和"句法"三大动因是一种历时的叠加,各自代表着"很"在与其他词组配时演化的不同阶段。Hopper & Traugott(1993)曾给出一个语法化路径:

实义词>语法词>附着词>屈折词缀>(零形式)

这个路径完全与"很"的演化路向吻合。假如把"很"的语法化进程跟由它组合而成的语言结构联系起来的话,那就是句法结构向词法结构的转变。这大致对应着1)到3)的线性序列。

在汉语的词汇构成中,复合词占绝对的优势。汉语学界的共识是,短语演化是这种复合词的产生的重要途径之一。1)到3)的线性序列的认可意味着2)是由1)的"很+X"到3)的"很X"转变的诱因,也是说,"很X"词汇化的主要诱因是韵律。

本文拟探究:第一,韵律在什么条件下可能导致词汇化的发生,从而造成复合词的后果;第二,"很"的语法定性。

三 "很"的演化

王静(2003)对副词"很"的来源有过较为详细的描述,本节多有参考和引用。"很"最初是个实义词。按照《说文·彳部》给出的释义:"很,不听从也。一曰行难也。一曰鬩也。"其实这两个义项并不在一个层面上,是先有"行难"而后才有"鬩"。例如:

(21) 天夺吾食,都鄙荐饥。今王将很天而伐齐。 (《国语·吴语》)

(22) 所谓四患者:……见过不更,闻谏愈甚,谓之很。 (《庄子·渔父》)

例(21)、(22)是动词,意为"不听从"、"违背"。后来又引申出形容词的用法,意为"凶狠、乖戾"(这个意思的"很"后也写作"狠"):

(23) 太子痤美而很。(服虔注:很,戾不从教。杜预注:貌美而心很戾) (《左传·襄公二十六年》)

据郭锡良(2000)的研究,从西周到春秋战国,形容词得到了长足的发展,表现为一方面增加了大量意义比较抽象的单音性质形容词,另一方面又产生了大量的双音性质形容词。受双音化的影响,"很"也出现与其语义相类的形容词连用的现象。例如:

(24) 重刑而连其罪,则褊急之民不斗,很刚之民不讼,怠惰之民不游,费资之民不作,巧谀、恶心之民无变也。 (《商君书》)

(25) 侵欲无厌,规求无度,贯渎鬼神,慢弃刑法,倍奸齐盟,傲很威仪,矫诬先王。 (《左传·昭公二十六年》)

(26) 如人很戾,固是暴;稍不温恭,亦是暴。 (《朱子语类》卷三十五)

这种双音的组合显然不是合成词,而是并列短语,因为其构成单位的语序并不固定。比如:

(27) 权嫌恪刚很自用,峻以当今朝臣皆莫及,遂固保之,乃徵恪。(《三国志》裴注)

例(24)是"很刚",而南朝的裴松之则用"刚很"。与此相类,"傲很"也可以说成"很傲"。不过,尽管语序尚没有凝固,但就"很"的自源性演化而言,"很"一定是在"很+A"的句法环境中实现异化的,由句法上的平等地位而发生了以后一个形容词为句法中心的重新分析。从现存的文献来看,用作副词的"很"元代已经开始出现,但只见于以北方话为基础的特殊文献中,《元曲选》等极少。(参看太田1991:245[1975])由此,一些学者从语言接触和语言浸透的角度去寻求答案。(参看梁武镇2000,陈高华1995)种种痕迹表明,"很"的语法演化可能含有语言接触的因素。据王静(2004),在《原刊老乞大》中有16例"哏+形容词"的用例。例如:

(28) 咱哥你投顺承门关店里下去来,那里就便投马市里去哏近。(3页)

(29) 似这等布宽呵好,这风个布哏窄有。(36页)

按太田(1987:255[1958])的说法,"哏"就是程度副词"很",是元代时跟蒙古人接触较多的北方人之间使用的俗语。这种说法基本可信,据我们对中国社会科学院语言研究所句法语义研究室Coco Search语料检索系统中"历代汉语"的检索,共得到"很"的用例461个,但清代之前仅有区区26例。这一数据可以视为是"很"使用情况和发展历程的一个缩影,也可以看作是"很"语言接触的旁证。否则我们无法解释近200余年清代的用例却是从西周至清2000余年的17倍。[③]清代可视为是北方民族与汉人亲密接触的鼎盛时期,也是对现代汉语的形成影响最大的历时语言。语言的接触和渗透,加剧了"很"的语法异化,可以说到明代时,"很"作为程度副词的用法还不突出,但到了清代,程度副词的用法获得了长足的发展。王静(2004)给出了下列统计数据:

时代	作品	形容词	程度副词
明	初刻拍案惊奇	38	1
明	西游记	?	4
清	儒林外史	5	23
清	儿女英雄传	5	66
清	老残游记	0	94

综上所述,"很"经历了"动词＞形容词＞程度副词"的演变,程度副词的用法始于元代,成熟于清代。

四 "很"的进一步语法化及其表征

大量的现代语言材料显现,作为程度副词的"很"尽管历史不长,但变化却非常惊人。当今话语中的"很"与清代的用法已不尽相同,实现了进一步的语法化。

4.1 语义的退化

由元代始而在清代得以固化的程度义已出现了因语义损耗而引发的去语义化的倾向,说话人使用"很"往往并不在于都是强调性状的程度,有时只是为了满足篇章完句需要或句法规则的需求:

(30) 他简直是把我抱着挪进了屋。这是个很严谨的单元。家具<u>很少</u>但足够使用。 (刘心武《白牙》)

(31) 纸<u>很薄</u>,却可以写情书,写诗,写温情的句子,写必要的问候,当然还可以画画儿,可以折成一只小船,放到小溪里,任其顺细碎的波浪旋转着漂向远方。 (刘心武《人情似纸》)

(32) 他有几个特点。一是抽关东烟,闻鼻烟,绝对不抽纸烟。二是肚子里<u>很宽</u>,能读"三·列国",《永庆升平》、《三侠剑》,倒背如流。 (汪曾祺《云致秋行状》)

假如我们仍按词典和语法教程理解的话,例(30)的"家具很少"与"但足够使用"并不协调,甚至可以说是语义不合格的句子,准确地表述应该是"家具不多但足够使用"。我们知道,"不"对形容词所表示性状的否定有两种情况:a)侧重"量"的否定。比如"不白"是指"白"的程度不高,"白"仍旧存在,因此,"不白"并不等于"黑",否定的结果只是低一个量级。(石毓智 1991)从这个意义上说,"不"相当于一个程度词;b)侧重"质"的否定。比如"不安全",这儿"安全"的意味已荡然无存,类似于"有危险",从这点上看,"不"相当于一个动词"无"。即使我们把"家具不多"的"不"视为是

"无",那么也只是说"家具少",而绝不意味着"家具很少"。因此例(30)中的"很"出现了语义悬空,这与表客观程度的副词"非常"比较可以更加突现"很"的词义耗损情况:

(30') 武的房子100多平米,三房二厅一厨一卫,但家具非常少,每个房间有一张床,客厅里除了一套旧沙发和茶几外几乎再没有其他的家具,显得非常空荡。 (午夜星《缘起缘落缘如水》)

"非常"和"很"表示的都是"程度高",①但例(30')的"非常"显然具有表述程度的词汇意义,"每个房间有一张床,客厅里除了一套旧沙发和茶几外几乎再没有其他的家具"是对其词汇意义的最佳脚注。而例(30)的"很"则没有词汇意义,所以也不能说成"家具非常少但足够使用"。

我们再来看例(31)的情况。按沈家煊(1997)建立的形容词和名词的标记模式,性质形容词与类名是无标记组配,状态形容词与个体名是无标记组配。依据这一关联模式,例(31)的"纸"应该理解为个体名,而实际的情况是理解为类名,是一个通指(generic)成分。这暗示着"很薄"仍可视为是一个性质形容词,也就是说"很"在这儿并不具有语义表述功能,其词项意义几近于零,所以"很薄"仍然是对"纸"的一种断定(assertion),"断定"与"性质"具有一种固有的系联关系(张国宪 2006),所以"很"的参与只是完善"薄"充当谓语低能句法功能的补救手段。为了有效地说明,我们还是用副词"非常"来比较:

(31') 这种纸非常薄,这一页可以看到背面下一页的内容透过来,因为薄就非常容易损坏,翻一下用力稍微大一点书页就扯坏了。非常难受。读了这么多年书,也算是阅书无数。从来没见过这么差的纸张。(http://www.china-pub.com)

宽泛地说,"这种纸"也是一个类名。不过类名和个体名是个相对的概念,一部分概念表述的是上位类名,属于上位层次范畴,例如(31)的"纸",另有一部分概念表述的是下位类名,属于下位层次范畴,如例(31')的"这种纸",可见二者并不等值。遵循相对的观念,跟上位类名"纸"比较,"这种纸"仍可视为是个体名,因此在理解上听话人会将"非常薄"识解为是对"这种纸"的描绘,"描绘"与"状态"具有一种固有的系联(张国宪 2006),所以这里的"非常"表述的是程度,"非常薄"是一个含有程度量值的状态形容词性组合。

例(32)"肚子里很宽"是一个隐喻(比较:宰相肚里能撑船),这儿的"宽"是一个抽象化了概念,并没有程度空间,但由于"宽"的句法性质所限,阻碍了它作谓语的能力,语义层面的傀儡副词"很"的出现改变了"宽"的窘境,促动了谓语功能的实现。

4.2 语音的销蚀(erosion)

语法化往往伴随着音变,这已被大量的语言事实证明。对"很"的观察让我们领悟到,词汇意义的衰落并不只在语义层面孤立的发生,它诱发了语音层面的波动。其结果是发生词义衰落的"很"在语音层面上表现为轻读,通常构成一个韵律上十分紧凑的前轻后重的双音组合。也可以说词义和语音两个层面是互动的,词义的虚灵诱发了语音形式的弱化,而语音的轻声又促动了词义进一步的丧失,从而加剧了词汇化的发生。

4.3 语法关系的弱化

语义退化在语法层面引发的波动是,一些完全丧失了词汇意义的"很"在句法层面也逐渐失去了修饰与被修饰关系,取消了词语间的句法分界,从而句法上不再独立,表现出黏着性特征。"很X"由命题功能转为言谈功能。例如:

(33)小时候有没有见过蒋夫人我没有印象,但我在"外交部"当次长的时候,我到妇联会礼堂参加蒋夫人接受美国波士顿大学荣誉博士学位颁赠典礼,颁赠仪式结束之后,蒋夫人走下来和宾客握手,到跟我握手的时候,有人向她介绍:"这是'外交部'章次长章孝严",她握着我的手,笑着一直对我说"很好、很好",似乎她知道这一段。　　(廖福顺整理《章孝严在台忆身世》(下))

(34) 后来,瑞珠隔窗望了望对面厢房,漆黑无光,只有秋风在天井里旋磨,她便吹熄了油灯,躺下歇息,<u>很快</u>,她便发出了平稳的鼾声。(刘心武《秦可卿之死》)

我们可以把上例中的"很好"、"很快"视为一个新的词汇单位,这种完全语法化了的"很 X"中的"很"已不再能为其他副词所替换,原先的两个语言单位成了一个构式。因此,我们无法领悟"很"仍具有程度义,也无法再认定与其组合成分"好"、"快"仍有一种修饰和被修饰的关系。这种新的构成有的已不表述命题意义,或者说命题意义已不是说话人所要表述的内容,而其主旨是表述言者意义,表达说话人自身认识例(33)及评价例(35)的主观态度,属于情态范畴(modality),可以视为是一种情态词,更多地体现的是言谈功能。由此,它通常只出现在具体的动态句中,而不能出现在抽象的静态的短语之中。

由于这种情态词核心语义表述的是言者的一种主观态度,而在形式层面则可以视为是说话人态度的标记(marking),所以通过情态词可以解读出说话人的内心世界:

(35)"我有一个朋友,名叫吴凌云。他在北京穷得无聊,想找一点事做做。你可以在时主任,不,时社长面前推荐一下,让他当个校对也好。"洪涛这样说。

"<u>很好</u>,很好。"景深脱口而出。他柔和而无抵抗的性情,只要一件事于他人有益、于自己不大有害的,总喜欢答应人家。这"很好,很好"早已成了他的口头禅。 (赵易林《赵景深痛别〈新民意报〉社》)

例(35)的作者已经作了极好的阐发,景深的口头禅"很好"是他主观世界"柔和而无抵抗的性情"的言语表征。

概言之,清代以后,"很"的语法化主要经历了一个由自由词演化为黏附词缀的过程,尽管这种典型的黏附词缀(如例(33)—(35))并不普遍,但这一端倪预示了"很"的演化路径。可以描述为:

自由的词 ＞ 黏附于词干的词缀

另外还需特别强调的是,这也并不意味着现代汉语里的"很"都发生了上述变化,语言事实表明,仍有相当数量的"很"保留着程度义。不过,对于这种程度义的有无的释解越来越依赖于其他因素的提供,因为当今的"很"许多都不再以命题内成分(指"很＋X"中的"X")为辖域了。

五 词汇化的诱因和"很"的语法定性

5.1 内在诱因

主观化是语法化的一个重要机制(参看 Traugott 1999,2000)。程度副词"很"与被修饰的性质形容词自身所先天携有的主观性为"很"及其"很＋X"构造的演化提供了一个极佳的平台。我们先看性质形容词的情况。以往的研究表明,性质形容词的特点是没有明确的度和关节点,通常无法用确定的度来表现一定的质。例如,"轻"和"重"是重量域里的一对反义概念,是两个"质"上有区别的性状,但是从"轻"到"重"的量值变化过程是连续的,显著的特征是二者之间存在着一个大小不等的模糊带,换言之,性状的反义概念并不能把论域完全二分,其中间值含有较大的主观空间,何时因量变而引发所谓的"质"变(如对猫的"大"和"小"断言)并没有明晰的分野。(参看张国宪 1993)再看程度副词。程度副词存在着两个下位范畴:表主观量程度词和表客观量程度词。由于表主观量程度词的量表述是言者心理参照的结果,所以缺乏一种客观的尺度,"很"属于这类程度词的成员。(参看张国宪 1993)这种先天性的主观色彩促发了其程度义的衰退,从而丧失了命题的参与功能,使不再以命题内成分为辖域成为可能。另外,在现代汉语的语言实践中,用主观性上语义相宜的"很＋性质形容词"组合来表述言者意义也是一种有效的语用手段。

(36) 她躺在床上,显得这张床<u>很大</u>;我躺在床上,显得这张床<u>很小</u>;这张床大又不大,小又不小,变成了一样古怪的东西。

(37) 那九个月对她来说已经好长好长,可从旁人眼里看去却<u>很短很短</u>,长长短短本也无所谓,但传出来的话茬是:才九个月,小墩子就成了个女大款!

对于相同的客观物象,可以得出"很大"与"很小"、"好长好长"与"很短很短"完全相反的断言,是体现主观性的"自我"印记。

5.2 外在诱因

1) 黏合

Bybee et al.(1994)认为演化出语法范畴的不是一个个孤立的实词,而是实词所在的结构式。一个实词之所以演化出功能不同的虚词是因为它处在不同的结构式中。(转引自沈家煊 1998) "很"从动词到形容词再演化成为副词,证明了 Bybee et al. 的说法。不过在"很"的进一步语法化过程中,结构式并没有失效,仍起着重要的作用。我们可以发现,语法化为副词的"很"在组合上最为引人注目的变化是不允许后悬空(stranding),这就为"很"进一步演化为词内成分创造了极好的句法环境。

可以说,再语法化的"很"的演化历程也是其黏合度紧密化的过程。"很"作典型程度副词使用时,其构造是"很+X","很"以命题内成分"X"为辖域,是一种修饰与被修饰的关系:

(38) 大树从一边河岸上倒下来,搁在对岸被水淹着的石头上,树干离水面<u>很近</u>,远望刚刚一条缝。 (映泉《同船过渡》)

(39) 汪百龄人<u>很老实</u>,讲课却是生动活泼,随手拈来许多如何教育顽皮孩子的生动事例,讲得连几个服务员站在边上也不肯走,如果不是有店规约束的话,她们也会参加发言。(陆文夫《清高》)

随着"很"的程度义的衰减,它与"X"的黏合度亦不再松散,二者之间的修饰关系开始变得模糊,可以用"很·X"表述。"很·X"构造中的"很"在功能上发生由表程度的词汇层面向韵律层面转

变,这种转变客观上弥补了性质形容词的句法缺陷,使其具备了充当谓语的功能:

(40) 发现塔后边有一口枯井,井底与河水相通。井**很窄**,脚蹬两面石壁,人就可以下到井底。　　(邓友梅《我们的军长》)

(41) 向日葵的叶子我是很熟悉的,**很大**,叶面**很粗**,有毛,即使是把它切碎了,加了油盐,煮熟之后也还是很难下咽的。　　(汪曾祺《葵·薤》)

作者在例(40)(41)中不是为了描绘事物的性状程度,或者说并不是为了刻意地描绘事物的性状程度。构造中"很"的词汇意义已逐渐磨损而消退,以命题内成分"X"为辖域的功能也亦不再凸显,转而与"X"共同来以命题为辖域,"很"的独立身份受到遏制。

"很·X"的进一步融合,引发了"很"由一个独立的词演化为一个词内成分,发生了"很·X＞很 X"的彻底转变,同时诱发了命题功能向言谈功能的转化:

(42) 然后她又从一个广口保温瓶里倒出一大碗菜汤,最后给我盛了一碗冷米饭。她说:"饭凉了,不过我想汤还是热的。""对对,**很热很热**",我口齿不清地回答,因为嘴里塞了很多东西。　　(王小波《绿毛水怪》)

(43) 这二十多年我提的建议多了,没有一条不说**很好很好**,研究研究,可没有一条研究出结果来。　　(邓友梅《双猫图》)

这种"很热"、"很好"的句法位置已不再局限于谓语上,其句位是相当自由的,它们不以命题为辖域,而是将话语作为自己的辖域范围,表述的是言谈功能。

综上,"很"的演化是其黏合度不断紧密的过程,可以描述为:

很＋X ＞ 很·X ＞ 很 X

随着其构造的性质改变,随之也产生了辖域的变化:

以命题内成分为辖域＞以命题为辖域＞以话语为辖域

2) 频度

频度无疑是语法化的催化剂。在程度副词中,"很"具有极高的使用频度,我们就几个常用的程度副词对中国社会科学院语言研究所句法语义研究室 Coco Search 语料检索系统中"现代汉语"子库进行了检索,其数据为:

很⑤	最	更	十分	非常	比较	更加
22176	13392	9804	4249	2522	1853	994

这组数据尽管不是十分的精细,掺杂了一些其他用法,但还是基本上反映了这组程度副词的使用情况。正是在这种高频的运作中,促动了"很"的演化。

3)句法位置

Givón(1979)坚持"先有章法后有句法",认为语法成分是篇章成分"句法化"的结果。特定的句法位置制约着句法构造的演变方向和再演变,这是构式对一个语言形式的性质再塑。落实到"很",完句的语用要求迫使谓语位置上的性质形容词以"很+形容词"的形式出现,这种篇章的语用含义逐渐交由"很+X"这一固定形式来承载,篇章因素也就转变成了句法因素。从这个角度审视,我们就更容易领悟朱德熙(1956)把"f+形容词+的"(f代表"很、挺"一类程度副词)看成状态形容词的语法理据。大量的语料显现,"很"正是与形容词一起在谓语的位置上完成自身的再语法化进程。而后随着"很+X"的融合,构式中的"很"逐渐丧失了程度义内涵而演化为一个词内成分,致使"很 X"的句法位置更为的自由和灵活,演化为一个话语成分。

还有一个证据可以说明句法位置是"很"语法化的重要的外在诱因。我们知道,表示程度的"很"有两种位置分布,一种是放在谓词之前构成"很+X",另一种是放在"得"后构成"X 得很"。一般的论著都将这两个不同分布的"很"视为同一个单位。⑥如果这种说法可信的话,那么,"很"只有在"很+X"的句法环境中才促发了其演化,因为这个构式中的"很"除了负载着程度义之外,还负载着协调韵律的语用功能,这种容易发生多种理解的句法环境极易引发对结构的重新分析,从而完成一个语法化的过程。而"X得很"中的"很"则只负载着语义功能,不存在诱发重新分析的句法条件,因而也就不存在发生语法化演变的可能。

5.3 "很"的语法定性

依据现代汉语的语言事实,我们认为语义渐趋弱化的"很"正在逐渐地由程度副词演化为前缀,这种演化正在和已经发生。其实这种悄然的变化并不只发生在"很"身上,相类的单音主观程度副词(如例(37)的"好")亦或多或少地受制于语用类推的影响,发生着相应的演变。

附 注

① 这儿的"很"读轻声。
② 吕叔湘主编《现代汉语八百词》p.266-267,商务印书馆 1999。
③ Coco Search 语料检索系统的"历代汉语"没有甲骨文的语料,所以我们从公元前 841 西周共和元年算起。另外我们翻检了陈年福的《甲骨文动词词汇研究》(巴蜀书社 2001),未见收录动词的"很"。
④ 参看张斌主编《现代汉语虚词词典》,商务印书馆 2001。
⑤ 数据统计中含有作补语的"很"。
⑥ 聂志平(2005)有不同的看法。他认为,这两个"很"应该视为两个词,分别作不同的处理,"很+X"中的"很"是形容词,"X得很"中的"很"是程度副词。我们认为,现代汉语的语言事实并不支持"很+X"中的"很"是形容词的说法。

参考文献

陈高华 1995 《从〈老乞大〉〈朴通事〉看元与高丽的经济文化交流》,《历史研究》第 3 期。
董秀芳 2002 《词汇化:汉语双音词的衍生和发展》,四川民族出版社。
郭锡良 2000 《先秦汉语名词、动词、形容词的发展》,《中国语文》第 3 期。

梁武镇　2000　《论元代汉语〈老乞大〉的语言特点》,《民族语文》第6期。
聂志平　2005　《关于"X得很"中"很"的性质》,《中国语文》第1期。
江蓝生　1999　《语法化程度的语音表现》,《中国语言学的新拓展》,香港城市大学出版社;又见《近代汉语探源》,商务印书馆2000。
沈家煊　1997　《形容词句法功能的标记模式》,《中国语文》第4期。
──────1998　《实词虚化的机制──〈演化而来的语法〉评介》,《当代语言学》第3期。
石毓智　1991　《现代汉语的肯定性形容词》,《中国语文》第3期。
王　静　2004　《绝对程度副词从近代汉语到现代汉语的发展演变》,河南大学硕士学位论文。
刘丹青　2001　《语法化中的更新、强化与叠加》,《语言研究》第2期。
张国宪　1993　《现代汉语形容词的选择性研究》,上海师范大学博士论文。
──────2001　《现代汉语形容词的典型特征》,《中国语文》第5期。
──────2006a　《现代汉语形容词功能与认知研究》,商务印书馆。
──────2006b　《性质、状态和变化》,《语言教学与研究》第3期。
朱德熙　1956　《现代汉语形容词研究》,《语言研究》第1期。
──────1982《语法讲义》,商务印书馆。
太田辰夫　1987　《中国语历史文法》,蒋绍愚、徐昌华译,北京大学出版社。日文版『中国語歴史文法』,江南書院1958。
──────1991［1975］《汉语史通考》,江蓝生、白维国译,重庆出版社。
Givón, Talmy　1979　*On Understanding Grammar*. New York: Academic Press.
Traugott, Elizabeth C.　1999　The rhetorical counter-expectation in semantic change: a study in subjectification. In Blank &. Koch 1999.
──────2000　From etymology to historical pragmatics. Paper Presented at the Conference on Studies in English Historical Linguistics, UCLA, May 27th 2000.

从连读变调看句法结构的松紧度*

柯 航

○ 引言

由不同成分组合形成的结构,成分与成分之间结合的松紧度各有不同。有的结构成分之间结合紧密,趋于固定;有的结构成分之间结合松散,是临时组合。对于结构成分结合的松紧度,过去往往是进行同类之间、个体之间的比较,如在判断一个结构是词还是短语时,通常需要考虑它是结合比较松散还是比较紧密。如果紧密,就可能是短语;如果松散,则作为短语处理比较符合一般的语感。

也有学者注意到,各种句法结构作为一个整体,在成分的结合松紧度上有所不同。不过,就我们目前所掌握的材料来看,此类论述都还比较简单。如朱德熙(1982:95)在讨论主谓结构时指出:从结构上看,在正常情况下,主语一定在谓语之前,两者之间的关系,跟其他各种句法结构比较起来,要算是最松的。[①]吴为善(1989,2006)则对动宾结构和偏正结构之间的结合松紧度进行过比较。这都说明了句法结构本身作为一个整体,也有结合松紧度不同的

---

* 本文在写作过程中得到导师沈家煊先生的悉心指导;李蓝、刘丹青、张伯江、方梅老师和师兄王伟曾经提出很多有价值的意见和建议,在上海召开的第十四次现代汉语语法讨论会上,邓思颖先生也对本文提出了宝贵意见,引发了我的深入思考。在此对各位学者谨致谢忱。当然,文中错谬概由本人负责。

倾向。不过,这些已有的研究一般都是在一两个结构之间进行比较,在论证方法上,也存在一定的局限(简要评述见下文)。

本文在前人研究的基础上,试图综合利用方言中的连读变调材料,对主谓、述宾、述补、偏正等句法结构之间的结合松紧度进行统一的观察和测试。

一 已有的研究及其局限

1.1 就目前的情况看,语义标准和句法标准是测试结构紧密度时广为运用的一般标准。在语义上,如果结构的整体意义是由成分义简单加合而成的,即 $1+1=2$,通常被认为紧密度不高;相反,如果结构的整体语义不能由成分义直接推出,即 $1+1>2$,则证明该结构紧密度较高。从句法上看,结合松散的结构,中间往往可以插入一些别的成分而不改变原义;结合紧密的结构,则通常不能中插其他成分,或者插入其他成分后,意义发生了改变。

语义标准和句法标准通常是相互关联的。一方面,语义上表现紧密的结构,往往在句法上也具有紧密的特征,反之亦然。这是由语义和句法之间的象似关系决定的。例如"东西"作"事物"解释时,其语义无法由成分义直接相加推导,成分语义之间结合紧密。同时在句法上的表现是,不能插入任何成分。"东西"如果作东西两个方位解,语义就是简单的 $1+1=2$,在句法上,也可以插入表现并列的"和"或者"与"。另一方面,人们在运用句法标准时,实际上也同时需要借助语义。如上所述,看一个结构能否插入其他成分,是以插入后语义不发生改变为前提的,如果一个结构可以插入某成分,但插入之后整个语义与原来的结构大相径庭,那么,我们仍旧认为该结构并不能中插其他成分。

语义标准的特点是概括性强,但可操作性不强。例如,"轮椅"不是简单指"带轮子的椅子",而是特指"医院或残疾人使用的""带轮子的椅子",所指的事物有了特定的含义。因此,我们可以认为这里语义上是1+1>2。"休战"字面意义是"停止战斗",而《现代汉语词典》(第5版)的解释是交战双方暂时停止军事行动。与字面义相比,词典释义多出一个"暂时"义。那么,是否因此就认为"休战"的语义也是1+1>2?《现代汉语词典》中对"休牧"的释义是为了使牧场的牧草恢复生长,在一定的时间内停止放牧。和"停止放牧"的字面义相比,该释义的突出特点是说明了"停止放牧"的原因,即增加了目的义。但这个目的义,是"休"和"牧"两个语素整合得出的新义,还是词典编纂者出于方便读者理解的需要,特别增加的说明,这也直接影响对"休牧"语义紧密性的判断。

相对来说,句法标准的可操作性比较强,但是它也面临两方面的问题。首先,如前所述,使用句法标准时,往往同时还要以语义不变为前提,而什么叫做语义不变?是逻辑真值意义上的不变,还是语用含义也不发生变化?这个本身并不容易说清楚。其次,如果我们要比较几种句法结构之间的结合紧密度,那么逻辑上应该用同一把尺子来测量。而使用插入法,能插入不同结构中的成分却各不相同。述宾结构中的一般是"着、了、过",偏正的是"的",述补的则是"得",插入的成分不同,实际上就是尺子不统一,所以难以得出确切的结论。

1.2 朱德熙先生在论证主谓结构结合最为松散时,主要提出两点理由:第一,主语和谓语之间往往可以有停顿,而且主语后头可以加上"啊、呢、吧、嚜"等语气词跟谓语隔开。第二,只要不引起误解,主语往往可以略去不说。

朱先生提的第一条理由,是综合运用了语音和句法标准。能加上语气词将主语和谓语隔开,是句法标准,即插入法。运用插入法所存在的问题,如前所述,是无法与其他结构进行有效的统一比较。所以可以插入一些语气词的事实,只能说明主语和谓语成分的结合并不紧密,但不能说明主谓之间的结合相比其他句法结构而言是最松散的。

停顿的确也是一个判断结构紧密度的方法,它体现了结合松紧度与语音之间的正向关联。一般来说,结合紧密的成分之间不停顿或停顿较短,结合松散的成分之间相对停顿较长。但是周明强(2002)也指出句子的停延与句法结构既有一致的一面,也有不一致的地方。"句中的停延层次及时值的长短不仅和句子的结构形式以及结构体的长短有关,还和谓语动词的类别与语义特征、节律特征以及语境有关,有时是多种因素交互作用影响句中的停延"。因为受到其他因素的干扰,句子的主谓之间有时候并不是一级停延之处,也就是说并不一定是停延时值最长的地方。这个时候,我们就很难看出主谓是结合最松散的句法结构。所以尽管在一般情况下,最基本的一级停延的确优先处于主谓之间,但是如果单纯依靠停顿标准,对于所观察的语料的选择,就需要作出许多限制,以排除其他因素的干扰。而不能简单地在停顿和结构松散之间画等号。

朱先生的第二个理由也有值得商榷的地方。主语可以略去不说,这的确是汉语的重要特点之一。但是同时我们也应该注意到,结构成分的省略,往往是借助语境完成的。而因为有语境知识的补充,除了主语之外的其他很多成分,都是可以省略的。例如"我面条,他包子"这句话中,两个短语都省略了谓语。这种现象是说明了主语和动词之间关系松散,还是说明动词和宾语之间不紧密呢?此外,"我已经吃饱了"可以说成"我已经饱了"而并不影响其基本语义。那么能不能就说明动补之间关系松散呢?就算可以证明,动补和主谓之间,又是哪一个句法结构更松散一些呢?可见,从所属的结构成分能否省略这个标准,还是无法对各种句法结构作统一的比较。

1.3 吴为善认为1+2式动宾结构比2+1式定中偏正结构结合松散。他提出的理由是,三音节的动宾结构在语义上都是两个概念的组合,而定中偏正结构则多表示一个单一的概念。从语义上看,自然是动宾结构没有偏正结构内部紧密。这反映到句法上,就是前者可以插入功能词,而后者不行。

所谓两个概念的组合,或者表示一个单一的概念,这本身是比较模糊的说法。一个动宾结构,如"修手表",从一个角度看,当然可以认为它包括一个动作,和一个动作的对象,是两个概念,但从另一个角度看,"修手表"就是一个整体的行为,也可以看作是在表达一个概念。此外,表达一个概念还是两个概念这样的标准,同样也难以扩展到主谓、述补等结构的比较中。

吴先生也注意到了句法与语义在紧密度上的对应一致关系,他的测试方法,实际上也是综合运用了语义手段和句法手段。因此,本文1.1节所指出的问题仍然没有得到很好的解决。

二 我们的标准:语法变调

2.1 连读变调的性质及分类

声调是汉语语音的一个重要特征,连读变调则是声调在语流中的动态表现。但是,连读变调并不能仅仅看作音节与音节相连时发生的语音变化。因为有些连读变调现象不仅与语音条件有关,还和句法结构相关,并且有的还可具有一定的语义语法功能。

根据连读变调的性质,通常可将其分为三种类型:[②]

第一种是语音变调。它是指仅仅由语音条件控制的变调。这类变调只要满足相关的语音条件即可发生。北京话中的上上变调,就是属于这一类。[③]

第二种是语法变调。它指的是与句法结构关系相关的变调现象。这类变调的变调规则往往与一定的句法结构相关联。不同的句法结构类型对应不同的变调规则,或者变调只发生在特定的句法结构中。

第三种是语义变调。它是指通过变调来表达一定语义的变调类型。例如常见的小称变调。

本文主要考查的是与句法结构密切相关的语法变调。

2.2 语法变调作为测试标准的可行性

连读变调,其实就是通过变调的方式,将一个结构中的几个成分重新组织整合为一个整体的过程。徐通锵(1990,2003)和李如龙(1999)对此均有过论述。概言之,他们都认为连读变调是汉语多音词占优势后引发的现象。在单音词占优势的时代,一个音表达一个意思,音义之间对应整齐;多音词产生后,出现了几个音共同表达一个意思的情况。音与义之间变得没有原来协调。因为在意义上需要几个语素重新组成一个新的意义,在语音上,也相应地要求把几个音节融为一体,由此产生了连读变调、变声、变韵的现象。

我们认为,对连读变调成因的这一解释也可以从连读变调产生的时间上得到一定程度的印证:如果单纯是声学因素造成连读变调的产生,那么在声调产生之初,就应该伴随出现连读变调。但和声调相比,连读变调是一种比较后起的现象。现存最早的关于连读变调的记载,目前来看是在明代。④李如龙(1999)也从普通话轻声儿化现象比较后起,教会所编《福州话词典》所反映的19世纪福州话连读变音情况,以及各方言区连读变音取向不同等三方面,说明了包括变调在内的一系列连音变读是比较后起的音变现象。从连读变调的产生动因来看,这种现象就很好理解:声调产生于单音节占主导的时代,那时候基本上是一音一义对应整齐,当然就不太需要连读变调这类平衡音义的手段。

换一个角度来看连读变调的产生过程,我们又可以认为,连读变调，反映了结构中成分与成分之间关系的松紧，凡是结合紧密的成分，往往比较容易发生变调，而结合松散的成分之间，则比较难以发生变调。这正是我们得以用连读变调来判断结构成分结合紧密度的理论依据。

原本几个成分各读本调，互不相干，通过相互之间的声调变化建立起了关联。这个过程虽然从表面上看仅仅是语音上的变化，但实际上与语义、结构密切相关。尤其是语法性变调，语音的变化直接受制于结构语义等因素。前面我们在提到句法和语义标准的相互关联性时指出，句法和语义本身是具有象似关系的。这里还需要补充的是，对于一个结构而言，语音也是这个链条上的一个重要环节。我们认为，对于一个结构的松紧度的考察，大多数情况下都是句法、语义、语音的综合考察，这三方面的因素互相纠缠，很难独自剥离出来。因此，连读变调只是一个外化的窗口，通过它所观察到的，并不仅仅是某个结构各音节之间的紧密度，而是这个结构在句法、语义、语音上紧密度的综合表现。

我们认为语法变调可以作为结合紧密度判断标准，还有一个事实依据，那就是各地方言研究者的语感。在很多方言研究者的论著中，都曾经明确提到，不同的变调规律的运用，与结构成分之间的结合松紧度有关系。我们的判断也借助了这些调查者的语感。

三 从连读变调看各种句法结构的松紧度

3.1 对研究材料的基本说明

如前所述，因为本文意在考察和比较不同句法结构的结合松紧度，因此我们选取的全部是语法变调材料。

目前，我们考察了将近一百个方言点的连读变调材料，发现其中存在语法变调的方言点主要集中在闽语区和吴语区，此外在官话和赣语区也有所表现,但是湘、粤、客中较少见。这种情况,一来可能与我们目前所搜集的资料还不全面有关,另一方面也是因为在汉语各方言中,变调的普遍性存在"闽、吴＞湘、北方话、赣＞粤、客"(余霭芹 Yue-hashimoto 1987;梁磊 2004)的差异,闽、吴两地的连读变调现象本身就是最为复杂的。至于为什么会出现这种差异,不是本文所要讨论的内容。而且我们认为,由这种差异所带来的语料上的偏向性,并不会影响本文的基本结论。

在考查过程中,我们主要以两字组连读变调作为调查对象。[⑤]这是因为,首先,两字组是连读变调的最基本形式,相对于多字组乃至语句而言,影响其连调的因素较少,比较有利于我们从中寻找基本规律。前面我们曾提到,朱德熙先生在证明主谓结构的松散时用到了停顿标准。我们认为停顿标准不是不能用,但存在一个净化样本的问题,需要将观察范围之外的因素尽量排除。选取两字组的变调材料,就是出于这样的目的;第二,两字组连读变调的材料最为丰富,方便我们从大量实例中总结归纳比较可靠的结论。

不过,除了两字组之外,我们也使用了部分非两字组的材料,这主要是作为补充,防止遗漏某些重要的分类可能性。

一般来说,我们尽量选用举例较多的材料,但是为了不使重要类型有所遗漏,我们也适当选用了实例较少的方言材料。选用的此类材料一般调查者已经明确给出了带有规律性的结论。

3.2 考察结果

我们认为,在语音等其他条件相同的情况下,如果某类句法结构不变调,而另一类句法结构变调,则可以认为不变调的结构比变调的结构结合度松散。

在有些方言中,不同的句法结构虽然都发生变调,但是变调的方式有所不同。我们则遵从方言调查者的语感,来判断采取何种方式的是比较紧密的结构。

根据目前所收集到的材料,我们大致排出下列 8 类两分的序列:

3.2.1 主谓 > 偏正 (">"读作松于)

如果在语音条件相同的情况下,主谓结构的两字组不变调,而偏正结构的两字组发生变调,我们就可以推知在该方言中,主谓结构的结合紧密度要比偏正结构松散。潮州话就存在这种情况。例如:"日、昼"两字的本调分别为阳入 5 和阴去 213。当"日昼"作为主谓结构理解时,义为"时间到了中午",此时两字均不变调。当"日昼"作为偏正结构理解时,义为"今天中午",则前字调变为 1,与阴入同调。

在其他民族语言里,也存在类似的现象。例如:

海南村语中主谓结构和修饰结构的连读变调有明显的不同。下例中,"人死"虽然词序相同,但是连读时主谓结构不变调,修饰结构却要发生变调。

(1) 连累人死　ŋaːu35 tsʻɔt33　把人连累得要死啦(主谓词组)
(2) 抬人死出去　ŋaːu$^{35}_{33}$ tsʻɔt33　抬死人出去(修饰词组)

壮语中也存在这种现象。

不过,从我们目前所掌握的材料看,只区分主谓和偏正两种结构的语法性变调并不多见。这可能与我们所观察的材料有关。因为我们观察的材料主要是两字组的连读变调。而两字组中,主谓结构所占的比例非常小。

此外,需要说明的是,我们所得出的两分等级,是根据已报告出来的变调材料得出的。所以这种等级,只能说明存在这种情况,而不能反证不存在更复杂的情况。

3.2.2 主谓、状中偏正 > 述宾、述补、定中偏正、(状中偏正)

这类情况在目前我们搜集到的资料中比较少,而且也并非连读两字组的实例。据杨必胜、陈建民(1980)的观察,广东海丰话(闽语)的各种语法结构的声调可以分为分读、连读以及可分可连三类。该文指出,在一般情况下,各音节同属于一个声调段落的叫连读;各音节分属于不同的声调段落的叫分读。对于一个句法结构来说,则如果他的两个直接成分属于两个声调段落,叫分读;如果同属于一个声调段落,或者一个直接成分与另一个直接成分的一部分共处于一个声调段落中,换言之,直接成分不是两个声调段落的分界线,那么,这个句法结构是属于连读的。

所谓的分读与连读,实际上就是看是否属于同一个连读变调域中。连读的成分,同属于一个变调域,关系自然比较紧密。分读的成分,不属于同一个变调域,关系当然比较松散。换言之,凡是结合比较紧密的成分,一般连读;结合比较松散的成分,则一般分读。

在海丰话中,主谓、述宾、述补、偏正结构的连调情况基本如下:

主谓格式,一般分读("|"表示分属两个不同的声调段落),例如:猪 | 肥;人 | 唔好;花 | 红红;今日 | 星期。

述宾结构总是连读。也分为两种情况。第一种情况是,宾语本身连读,述宾结构也处于一个声调段落中。例如:剃头,开拖拉机,联系实际,矮个头。第二种情况是,宾语为双宾或主谓,本身分读,但述语仍与整个宾语连读。例如:教我 | 数学;问你 | 一个问题。

述补结构也连读。例如:扫清气(扫干净),搭入(拿进去),坐落去(坐下去)。如果补语本身为须分读的结构,则补语分读,述语与整个补语连读。例如:□啊阿小陈 | 唔敢讲话(弄得小陈不敢讲话)。

偏正结构相对复杂,既有分读的,又有连读的。而且区分体词性偏正(即定中偏正)和谓词性偏正(即状中偏正)。概言之,在体词性偏正结构中,若有结构助词"个"(相当于"的"),则分读,如"我个｜笔";其他的 NN 偏正或者 AN 偏正则一般连读,如"清水"。

谓词性偏正结构中,当状语为时、处、介宾或者是双音节形容词修饰动词时,要分读,例如"透早｜出门","外□｜落雨","拼命｜工作"。只有当状语为副词或者摹状叠字时,才和谓语连读,例如"特别坏","伐伐滚"。

由此可见,海丰话中定中偏正的常规形式是连读,而状中偏正的常规形式是分读。

类似的情况,也存在于福建永春话中,详见林连通、陈章太(1989)。

海丰话和永春话的材料,都不是两字组变调。因此表现出来的影响连调的因素没有两字组那么单纯。例如结构中是否有助词性成分,整个结构的长度等等,均会影响到连读变调域的划分。

不过,海丰话和永春话的材料,也让我们看到定中偏正与状中偏正的不同,这是在两字组连调材料中比较难以观察到的现象。因为两字组中出现状中结构的可能性微乎其微。

从两地连调的情况看,似乎状中偏正有的比述宾、述补还要松散,其实这也不难理解,因为状语常常既可以看作修饰谓语动词,也可以当成是修饰整个谓语。

在这个根据连读和分读情况得出的两分等级序列中,我们将状中偏正置于两端,而定中偏正则只放在结合较紧的一端,这是因为,我们所要考察的定中偏正主要是不加助词的 AN 偏正和 NN 偏正,这两类定中偏正在海丰话里通常是连读的。状中偏正的表现则相对复杂。时间、处所、介宾作状语是状语最常规的形式,这样的状语常常与谓语分读,所以我们认为典型的状中倾向于分读,但是仍有部分状中结构结合相对紧密。

3.2.3 主谓 > 述宾、述结、偏正、(并列)

据张盛裕(1979,1980),潮阳方言多字组连调读法,由字的本调及多字组的语法结构决定。除了第一字阴平难以区分是前变调还是未发生变调外(阴平的前变调和本调相同),两字组不变调的均为主谓式。两字组前字变调的,主要是并列式、偏正式、一般述宾式(宾语不是人称代词、量词,不是某些数量词)、附加式、述补式(带趋向补语除外)。两字组后字变调的,主要是时间词(带时间后置字"天、年、月、日、旬、头、界"等)、处所词(带方位后置字"底、顶、中、间、头、片"等)、述补式(带趋向补语)、述宾式(限于人称代词、量词或者某些数量词作宾语),和谓词带后置字"着、了、过、见"等,还有少数单词性较强的主谓式。

我们目前还无法知道前变和后变是否也表现出紧密度的不同,但是从变与不变的对立中,至少可以看出在主谓、述宾、述补、偏正等几种结构关系中,主谓结构是最为松散的。

张盛裕指出少数单词性较强的主谓式可以发生变调,这并不是反例,倒是反证了我们的结论。因为一般来说,单词性较强的结构结合比较紧密。主谓结构作为整体而言,成分间结合比较松散,但是一旦有结合比较紧密的,就会发生变调。

据《福建省志·方言志》,在厦门话的多字组中,主谓结构也不变调,述宾、述补、偏正三种结构必须变调。但该书未给出实例。

这个等级中出现了并列结构,且其变调表现与偏正相同。但结合多个方言点的情况考察,其实并列结构的情况比较复杂,我们在下文另有专门讨论。

3.2.4 述宾 > 偏正

有些方言材料指出,两字组存在述宾结构不变调,偏正结构变调的情况。例如:

山西临县方言:

295

偏正关系：

飞机 fei24 tɕi$^{24}_{21}$　农村 nuəŋ44 ts'uen$^{24}_{21}$　冷水 k'liA$^{312}_{24}$ suei$^{312}_{21}$　旱烟 ɕiE52 iE$^{24}_{21}$　绿叶 luə ʔ24 iə ʔ$^{24}_{21}$

动宾关系：

浇花 tɕiəu24 xuA24　磨刀 mu44 təu24　洗脸 sei312 liE312　上山 ʂ53 sæ24　入学 zuə ʔ24 ɕiə24

山西汾西方言：

非叠字的两字组变调中，阳平与阴平、阳平、上声连读时，前字变为22，后字一律变为53。这种变调多半反映的是偏正关系，而述宾关系多不变调。如：

偏正关系：

牙猪 nia$^{35}_{22}$ tsβ$^{22}_{51}$　胡生 xβ$^{35}_{22}$ səŋ$^{22}_{52}$　蚕娃 ts'ā$^{35}_{22}$ ua$^{35}_{51}$　男人 nā$^{35}_{21}$ zəŋ$^{35}_{51}$　黄酒 xɯ$^{35}_{22}$ tɕiou$^{33}_{51}$　行手 xɯ$^{35}_{22}$ sou$^{33}_{51}$　尘土 ts'əŋ$^{35}_{22}$ t'β$^{33}_{51}$　人口 zəŋ$^{35}_{22}$ k'ou$^{33}_{51}$（通常看作补充式）

述宾关系：

排队 p'ai35 tuei53　填表 t'iā35 piɑo33　成功 ts'əŋ35 kuəŋ22　缠线 ts'ā35 ɕia55

(以上材料均出自温端政、侯精一1993)

类似的方言还有山西祁县、潞城、长治、平顺、壶关(温端政、侯精一1993)。[⑥]

据张成材(1990)，陕西商县方言也有这样的例子。例如，当"上房"作"上到房上"解释时，是述宾结构，不变调。当它是偏正结构时，义为"正房"，此时要变调。

3.2.5 主谓、述宾 > 述补、偏正、(并列)

有些方言中，在语音条件相同的情况下，主谓、述宾结构的两字组一般不变调，偏正、并列、述补结构的两字组一般变调。例如：

陈章太(1991)描写的闽语绍武话的两字组连读变调中有以下规律：

上声 55 在阴平 21、阳平 22、上声 55 之后,属偏正、并列、动补结构的,后字变为中平调 33。⑦例如:

溪水 k'əi21 sei$_{33}^{55}$　花鸟 fa21 niau$_{33}^{55}$　风水 fuŋ21 sei$_{33}^{55}$　拿好 na21 xau$_{33}^{55}$

禾桶 vəi22 t'oŋ$_{33}^{55}$　杨柳 ioŋ22 lou$_{33}^{55}$　蛇胆 ɕi22 tan$_{33}^{55}$

海水 xoi55 sei$_{33}^{55}$　米粉 mi55 fən$_{33}^{55}$　减免 kan55 mien$_{33}^{55}$　减少 kan55 ɕiau$_{33}^{55}$

但是,上声在阴平、阳平、上声之后,属于主谓、动宾结构的,后字则不变调。如:

心想 sən21 sioŋ55　翻脸 fan21 lien55

人死 nin22 si55　量米 lioŋ22 mi55

手巧 ɕiou55 k'iau55　买米 mie55 mi55

据温端政、侯精一(1993),平遥方言的连读变调也表现出相似的特点:述宾、主谓往往连调行为一致;偏正、述补连调行为一致。例如:

述宾　开车 k'æ13 tʂ'ʮ13　主谓　跱高 xu13 kɔ13　脚面高

偏正　开车 k'æ$_{31}^{13}$ tʂ'ʮ$_{35}^{13}$ 旧时的木轮车　述补　开开 k'æ$_{31}^{13}$ k'æ$_{35}^{13}$ 打得开

从上面的例子可以看出,述宾、主谓的连调行为一致,实际上是没有变调。因此,它与绍武话各结构的表现是基本一致的。

赣语新余话(王晓君 2004)也有同样的表现,连读变调的主要是并列结构、偏正结构和述补结构的字组,主谓和述宾结构一般不变调。

3.2.6　主谓、述宾、述结＞述趋、偏正、并列

上海话的两字组和多字组连读变调有两种方式:广用式和窄用式。

广用式的连调特点是:前字定式,后字附着,即在一个连读字组里,第一字(前字)定下一个调式,前字以后的字(后字)都失去本调,不分阴阳,与前字一起共用一个固定的变调格式,从而形成一

个结构紧密的语音组合。因此,采用广用式的连读字组一般相互之间关系紧密。

窄用式是内部结构比较松散的字组所采用的连调方式。两字组分两段,多字组可分成两段或几段。段与段之间有小小的停顿。

一个字组的连读变调是读广用式还是读窄用式,总的来说是由字组结合的松紧、常用程度和使用习惯决定的。

对于上海话的连读变调,有许多详细的描写。如许宝华、汤珍珠、钱乃荣(1981),沈同(1981),许宝华、汤珍珠(1988),叶军(2001)。此处引用叶军(2001)的论述,其他学者的调查结论与此基本相同。

据叶军(2001),上海话偏正、并列结构一般采用广用式,主谓、述宾则采用窄用式。述补结构稍微复杂一点。其中述结式一般是窄用式,而述趋则一律采用广用式。

我们根据上海话不同结构采用不同连调方式的情况列出的两分等级,也基本上适用于吴语区的无锡话(曹晓燕 2003)、苏州话(钱乃荣、游汝杰 1983)、缙云话(章建芬 2004)等地的连读变调。只是可能有的方言点没有做这么细致的划分,比如未区分述结和述趋的不同。

据李倩(2001),兰银官话银吴片的中宁方言有两种连调方式:连调甲是连调式的调值与两字组的前后两字调类都有关;连调乙是只与两字组的前字调类有关,与后字无关。连调方式的选择,与语音条件无关,而与两字组的结构方式、整体功能有关。从两种连调方式的特点可以看出,凡采用连调甲的,一般比较结合比较松散,而采用连调乙的,则比较紧密。而李倩观察中宁方言的结果,也大致符合上述等级。

3.2.7 主谓、述宾、述补、状中偏正 > 定中偏正、并列

吕叔湘(1993)指出,丹阳方言的两字相连,不一定变调。变与

不变,主要看两字之间的语法、语义关系。采取连调的多数是名名、形名偏正和并列字组,而主谓字组、述宾字组、动词带修饰或补充成分的字组一般不变调。

3.2.8 主谓、述宾 > 状中偏正、定中偏正

胡明扬(1959)对浙江海盐通元方言的连读变调情况进行的调查表明,此地方言的连续语言中,哪些音节应该连读变调,哪些音节应该分读不变调,是由这些音节所组成的词在句子中的相互关系决定的。

偏正结构的,无论是定中偏正还是状中偏正,一般都连读。动宾和主谓结构则分读。

这些考察,也不是简单基于两字组的。但是基本也能反映几种结构的情况。

3.3 几种结构的综合松紧度等级

从上面的考察和分类可以看出,一种方言的语法变调的表现,通常可以将几种句法结构分为松与紧两类。综合上述八个两分的等级,我们看到,主谓结构总是处在松的一端,定中偏正总是处在紧的一端。述宾与述补的关系是,如果述宾变调或者连读,述补一定也如此。但反之则不然。这说明从总体上看,述宾结构的结合度比述补松散。

状中偏正比较特别。从目前的材料,我们只能看出状中偏正比主谓紧,比定中偏正松,但是与述补、述宾之间的比较还难以有一个确定的结论。这一方面是受到调查材料的限制,因为材料中涉及状中结构的比较少,另一方面也是因为我们所得出的松紧等级本身只是一种倾向性的等级,尤其是处于中间的结构,位置比较游移。由于缺乏可靠的依据,我们暂时不将状中列入此松紧等级序列中。

有的方言中述结和述趋表现不一样,但这只是述补结构的下位分类，可以不置于主线中，但是就这两类下位结构而言，述趋式表现得比述结式紧密。

由此，我们认为，主谓、述宾、述补、定中偏正四种结构的松紧度大致表现如下：

主谓 ＞ 述宾 ＞ 述补 ＞ 定中偏正

在8个两分等级序列中，有4个涉及并列结构。且并列结构的表现都与偏正类似，处于比较紧密的一头。但在永春话中，由于考察的不是两字组，因此并列结构只有分读，没有连读例，如：多|快|好|省。这与上述等级中的并列结构表现截然不同。造成两字组中并列结构表现不一的原因，主要是因为两字组是比较容易成词的结构，并列结构的两字组常常会被理解为词，因此采取了紧的连调方式。而从永春话的表现可以看出，真正的并列结构，可能成分间结合是并不紧密的。

武义（傅国通1984）、忻州（温端政、张光明1995）、中宁等地的方言中两字组并列结构的表现证明事实的确如此。例如在武义话中，当"酱油"指两种东西时，不变调，当"酱油"指一种东西时，变调。忻州话中，阴平＋上声，上声＋上声，属于并列式的和动宾式一样，一般不变调。例如"瓜果"，而去声＋阴平中，动宾一般不变调，并列的却有变调例，如"弟兄"。中宁话中，并列结构既有读成连调乙的，也有读成连调甲的，读何种连调主要也是根据语义整合度的高低。语义整合度高的读连调乙，例如"案板、道理"，语义整合度低的读连调甲，如"风雨、牛羊"。

因此，对于并列结构的松紧度，我们认为不能简单根据上述二分等级得出简单结论。

四 余论——假例外与真例外

虽然我们选取两字组的连读变调作为考察对象，意在使问题单一化,避免结构以外其他因素的干扰,但是由于连读变调问题本身的复杂性,仍然存在一些例外。

我们将这些例外分为真假两类。

在丹阳方言(吕叔湘1993)中,主谓、述宾、状中和述补自足一般不变调,但也存在少量发生变调的例子,意义往往已经专门化,如:

随⁴便¹ → 21 受⁴用¹ → 33 推³翻³ → 21

这类例子,我们认为是假例外,意义专门化,是成分结合趋于紧密的一种表现,这正好说明连读变调与结构紧密度之间的正相关性。

但是,也的确存在一些真例外。例如忻州方言(温端政1984)中,去声和阴平上、去声相连时,多数情况后字变31,同阳平调。如:

弟兄 ti53 ɕy$_{31}^{313}$　　丈母 tʂe53 mu$_{31}^{313}$　　泥匠 ni53 tɕie$_{31}^{53}$

动宾结构的,一般不变调,如:

称心 tʂʻəŋ53 ɕieŋ313　　下课 xɑ53 kʻuɛ53　　送礼 suəŋ53 li313

但有的偏正结构也不变调,如:

右手 iəu53 ʂəu313　　大衣 tɑ53 i313

对于这类例外,我们还没有找到很好的解释。

此外,还有一些方言,变调与否是仅根据是否述宾结构来区分的,例如赣语永新话(龙安隆2006)、河北唐山话(李颖2005)、山西洪洞(王惠临2003)都是相同语音条件下,述宾结构不变调,非述宾结构变调。不过,上述唐山话和洪洞方言的研究者虽然指出变调和是否述宾结构有关,但提供的非述宾的语料却并不包含主谓式。因此,仅就他们提供的材料,无法判断是否主谓结构也如他们所说,会发生变调。

安徽宿松方言(唐爱华2005)两字组的表现最为与众不同。

在该方言中,当两字组结构为述宾时,首字都要轻读且变调;当两字组结构为非述宾时,则只有首字为上声才发生变调。这与我们见到的大多数方言的情况正好相反。对这一特殊现象,我们还没有比较充分的解释。根据宿松方言两字组的变调表现,我们假设宿松方言的两字组变调受到以下几个条件的制约,是下列几个条件优选的结果:

1)只能前字变调,后字不能变调;

2)前字为上声时必须发生变调;

3)结构的辅助成分不能变调;

4)核心成分必须变调。

当然,这只是一个简单的假设。是否果真如此,以及是否还有其他原因,还需要做进一步的证明。

连读变调的表现与字组的使用频率、不同语音历史层次的留存、社会文化习惯等多种因素有关,这些都可能造成例外。也正因此,我们由连读变调归纳出来的各种结构之间的松紧序列,只可能是一种倾向性的结论。

附 注

① 下划线为笔者所加。

② 关于连读变调的分类,学者们各有不同的命名,但基本内容相似。例如,曹志耘(2002)将其分为语音变调、语法变调和语义变调。本文即采纳他的分类法和名称。刘俐李(2002)的语法变调与本文稍有不同。她所指的语法变调指的是通过变调表达一定的语法意义。而本文中的语法变调,她称为语法性变调。李小凡(2004)则是将2、3两类都归入音义变调中。

③ 北京话中两字组以上的连上变调,与句法结构的组织层次有关,如"小雨伞"是1+2的组合,既可读作323,也可读作223;"雨伞厂"是2+1的组合,只能读作223,不能读作323。对于这一问题,许多学者从多种角度进行过解释。不过,这与本文所说的"语法变调"并不是一回事。在两字组中,北京话的连上变调是不区分句法关系的不同,一律要变的。

④ 明代《翻译老乞大》和《翻译朴通事》的作者崔世珍(？—1542)及曲律学家王骥德(？—约1623)都记录了当时的官话上上相连前上变阳平的现象。(转引自刘俐李2002)

⑤ 吕叔湘(1993)认为,"以一定语法关系组织在一起的几个字,就叫做'字组'。字组不等于'词',例如'大风、好人'都是字组,但不是词"。邓思颖先生曾向笔者指出,两字连调的调查方法可能会影响到调查结果,例如调查"头疼"这个两字组时,如果不给出具体的使用环境,既可以指一种"生理上的疼痛",又可以理解成"难办,麻烦"。前者仍是语,后者已成词,变调情况可能大相径庭。发音人当时的理解,将直接影响到对这个两字组变调情况的记录。我觉得邓先生的说法是很有道理的,最可靠的办法,是在对某些用例的变调情况进行核实。但是受笔者能力和精力所限,目前这个工作尚未进行。不过,在方言调查中,调查者对于连读变调的考察,往往是以字组为单位进行,并不区分词和语的不同。这样做的原因,我想可能是因为对语音变调而言,成词与否并不影响变调的结果。而对语法变调来说,虽然词和短语比起来内部更加紧密,更容易发生变调,但是词和短语也并非变调与否的本质分界。例如,在丹阳方言中,"好人、东门"之类的两字组虽然都不是词,但同属偏正结构,都要发生变调。而在后文中则会看到,山西临县方言中的"入学",闽语绍武话中的"翻脸",都是词,但因为是动宾结构,所以都不发生变调。基于此,我们认为,此处使用两字组连读变调的例子,不区分词和短语,大致上并不会影响文章的整体结论。后文中我们还用到海丰话和永春话非两字组的材料。从那些都是短语的例子中,我们也看到和两字组趋向一致的连调表现。这些例子,也可以为两字组的结果做出印证。

⑥ 在这些方言中,述宾和偏正结构变调的情况稍微复杂一些。一般来说,述宾与偏正结构变调的不同分为两种情况。一种是都变调,但变调规律不同。另一种是动宾不变调,而偏正变调。这两种情况,又与各自的语音条件相关。不过,这种复杂的情况,并不影响我们的总体结论。因为虽然从前一种材料中难以看出哪种结构更加松散,但是后一种材料,仍能说明动宾与偏正在结合松紧度上存在差异。

⑦ 文中指出,这种变调不很稳定,有的词有时不变,似乎没有规律,主要看讲话人的习惯以及语言环境而定。《福建省志·方言志》中讲到绍武话的变调时也指出连读变调发生在口语快说时,着意念词表则不变调。但是这一现象,并不影响本文所列出的等级。

303

参考文献

曹晓燕 2005 《无锡方言两字组连读变调》,《吴语研究》,上海教育出版社。
曹志耘 2002 《南部吴语语音研究》,商务印书馆。
陈章太 1991 《绍武市内的方言》,陈章太、李如龙著《闽语研究》,语文出版社。
傅国通 1984 《武义方言的连读变调》,《方言》第2期。
李　倩 2001 《中宁方言两字组的两种连调模式》,《语言学论丛》第24辑。
李如龙　周长楫　林宝卿　1998　《福建省志·方言志》,方志出版社。
李如龙 1999 《论汉语方言语音的演变》,《语言研究》第1期。
李小凡 2004 《汉语方言连读变调的层级和类型》,《方言》第1期。
李　颖 2005 《唐山市区方言连读变调研究》,河北师范大学硕士学位论文。
梁　磊 2004 《汉语中和调的跨方言研究》,南开大学博士学位论文。
林连通　陈章太　1989　《永春方言志》,语文出版社。
刘俐李 2002 《20世纪汉语连读变调研究回望》,《南京师范大学文学院学报》第2期。
龙安隆 2006 《赣语永新话的两字连读变调》,《方言》第1期。
吕叔湘 1993 《丹阳方言语音编》,语文出版社。
胡明扬 1959 《海盐通元方言中变调群的语法意义》,《中国语文》第8期。又见于《胡明扬语言学论文集》,商务印馆2003年版。
钱乃荣　游汝杰　1983　《关于苏州方言连读变调的意见》,《方言》第4期。
钱乃荣 1992 《当代吴语研究》,上海教育出版社。
沈　同 1981 《老派上海方言的连读变调》,《方言》第2期。
唐爱华 2005 《宿松方言研究》,中国社会科学出版社、文化艺术出版社。
王福堂 1999 《汉语方言语音的演变和层次》,语文出版社。
王惠临 2003 《汾河流域方言的语音特点及其流变》,中国社会科学出版社。
王晓君 2004 《赣语新余方言研究》,上海大学硕士学位论文。
温端政　侯精一　1993　《山西方言调查研究报告》,山西高校联合出版社。
温端政　张光明　1995　《忻州方言词典》,江苏教育出版社。
吴为善 1989 论汉语后置单音词的黏附性,《汉语学习》第1期。
—— 2006 《汉语韵律句法探索》,学林出版社。

许宝华　汤珍珠　钱乃荣　1981　《新派上海方言的连读变调》,《方言》第 2 期。
许宝华　汤珍珠　1988　《上海市区方言志》,上海教育出版社。
徐通锵　1990　《结构的不平衡性和语言演变的原因》,《中国语文》第 1 期。
——　2003　《音节的音义关联和汉语的变音》,《语文研究》第 3 期。
杨必胜　陈建民　1981　《海丰话语句中的声调问题》,《语言学论丛》第 7 辑,商务印书馆。
叶　军　2001　《汉语语句韵律的语法功能》,华东师范大学出版社。
张成材　1990　《商县方言志》,语文出版社。
章建芬　2004　《缙云方言研究》,上海大学硕士学位论文。
张盛裕　1979　《潮阳方言的连读变调》,《方言》第 2 期。
——　1980　《潮阳方言的连读变调》(二),《方言》第 2 期。
周明强　2002　《句子的停延和句法结构的关系》,《语言教学与研究》第 3 期。
朱德熙　1982　《语法讲义》,商务印书馆。
Lu,Bingfu & Duanmu San(陆丙甫、端木三)　2002　Rhythm and Syntax in Chinese:a Case Study, *Journal of Chinese Language Teachers Association* 37.2:123—136.
Yue-hashimoto,Anne O(余霭芹)　1987　Tone Sandhi Across Chinese Dialects,The Chinese Language Society of Hong Kong(ed.), *Wang Li Memorial Volumes*,Joint Publishing Co.

从语言类型学看模态动词的句法地位[*]

陆 丙 甫

○ 前言:何谓"模态动词"

汉语语法中,对助动词的处理是分歧最大的问题之一。例如《中国语言学大词典》(337页)中的"能愿动词"条目说:[①]

也叫"助动词"。表示可能或意愿的动词。语法特点是:(1)可以用肯定否定相叠的方式表示疑问;(2)可以单说;(3)大多数能与程度副词组合;(4)只能带谓词宾语,不能带体词宾语;(5)不能重叠;(6)不能带动态助词"着"、"了"、"过";(7)不能直接与"起来"、"下去"结合起来表示情态。在具体词的归属上有不同意见,如有人认为"必须"等词是能愿动词,有人则认为是副词;有人认为"别"、"甭"、"准"、"好"是能愿动词,有人则认为是副词或形容词。对于能愿动词在句中的地位也有不同看法。一说是谓语的中心词,带谓词性宾语;一说是述语的修饰成分,是状语;一说是与其后的动词联合起来充当谓语,叫能愿合成谓语。"难"、"容易"、"好意思"等几个形容词也有能愿动词的用法。如"日语容易说,阿拉伯语难学"、"他不好意思起来"。

不仅对助动词的处理分歧很大,其名称本身也表现出很大的分歧,我国汉语语法学界有"能愿动词""助动词"两个名称。前者

---

[*] 感谢刘辉和蒋仁萍两位先生给本文初稿提出不少宝贵意见。

是个本体性的名称,后者是个关系性(反映它跟句子主要动词的关系)的,而且是英语 auxiliary verb 的翻译。我国外语学界则根据国外语言学后起的 modal verb 一词而翻译成"情态动词"。其实,modal 一词在逻辑学界通常翻译成"模态"(modal logic 是"模态逻辑")。我们这里采用"模态动词"的说法,这有利于语言研究跟逻辑研究的接轨。

模态成分主要表达说话者(而不是句子的主语或施事)对命题逻辑中的命题的主观判断,包括认知判断(可能性程度)和道义判断(应不应该)等。在模态逻辑的影响下,广义的"模态"(modality)几乎包括了命题所表达的"事件"结构之外的所有的成分,例如时态、语气等等。下面我们首先看看模态成分在自然语言中的表达形式。

一 模态成分在人类语言中落实形式的多样性

对模态成分处理的分歧,反映了模态成分本身的复杂性。事实上,模态成分的一个特点就是落实形式多种多样。de Haan(2006:32—41)提到模态成分可以有 8 种形式。

一:模态助动词(modal auxiliary verbs)。即我们常说的助动词。

二:语气(mood)。如英语的虚拟语气。

三:模态词缀(modal affixes)。这也是模态成分很常用的形式,de Haan (2006:36)举了下面这样的例子。

(1) Tamil 语
  avan peeca-laan
  III 单 说—可以
  '他可以(被容许)说。'

(2) 土耳其语
  gel-me-meli-siniz

来－不－应该－II复
'你们应该不来。'

我们可以补充以大家比较熟悉的日语例子。日语中模态成分也主要落实为形态后缀,如"可能式"后缀 -rareru 或 -reru [②](如 shimesu "表示"通过一定变化规则加上 -reru 变成 shimesareru,就表示"能表示"。动词"可能式"被看作动词的一种形态变化,可能式后缀类似汉语中表示"能看"的"看得"中的后缀"得"。不过 -(ra)reru 的能产性和使用程度都比汉语表示"能"的后缀"得"高得多。此外,汉语"看得懂、看不懂"中的"得、不",似乎也可看作表示模态的中缀。

四:词汇手段(lexical means)。de Haan 并没有具体说明和举例。根据我们的理解,大概指名词等。不妨拿汉语"他有(极大的)可能/(足够的能力)能力这样做"中的名词"可能、能力"为例。这也是日语中常用的手段,如对应于汉语的"……为必要"的句式。

五:模态副词和形容词(modal adverbs and adjectives)。除了英语副词 probably、maybe、necessarily 等,de Hann 提供了俄语的例子。汉语、英语中用助动词表达的意义,在俄语中通常以形容词或副词形式出现:

(3) Я　　　должен　идти　　　　в　воксал.
　　 我.主格 必须.阳性 去.不定式 到 车站.宾格
　　 '我必须去车站。'

(4) Мне　　　надо идти　　　　в　воксал.
　　 我.与格　必须 去.不定式　 到 车站.宾格
　　 '我必须去车站。'

должен 是"短尾形容词"。俄语中的短尾形容词都做谓语(俄语形容词做现在时谓语,跟汉语形容词做谓语一样,不需要系动词),性、数要跟主语一致。надо 则是个副词,没有性、数的变化,但是其"逻辑主语"要采用与格形式。

六：模态插入语（modal tags）。如英语 I think，汉语"看来"等。

七：模态小词（modal particles）。de Haan 在提供了德语中的例子后，专门提到了汉语句末语气词具有模态意义。

八：模态格（modal cases）。de Haan 提供了澳洲北部 Kayardild 语的一个例子：

(5)　dangka-a　burldi-ju　yarbuth-u　thabuju-karra-ngun-u
　　　男人－主格　击－潜　　鸟－模　兄弟－属格－工具格－模
　　　wanga-ngun-u
　　　飞镖－工具格－模
　　　'这男人会/能用兄弟的飞镖击到鸟。'
（以上"潜"表示"潜能"的动词形态，"模"表示"模态规矩"modal proprietive）

在这种语言中，除了动词要加一个模态标记外，主语之外的所有名词都要加上一个跟动词的"潜能"形式一致的"模态常规"标记。当然，这种把模态标记加在名词上的情况毕竟在人类语言极少见到。

上述分类中，如果我们从比较传统的角度去归纳一下，那就有"动词、形容词、副词、名词（de Haan 所说的'词汇手段'）、小词、动词形态（语态和模态词缀）、名词形态（模态格）"七种，几乎囊括了常用的基本语类范畴。

事实上，模态成分不仅从语言角度来看形式多种多样，而且在同一语言中也是形式多变。以汉语为例，上面所说的七种基本语类范畴中，除了模态格之外，其余六种都有。

(7) 助动词：　他 **能** 这样做。
(8) 形容词：　他 **很容易** 这样做。
(9) 名词：　　他 **有能力** 这样做。
(10) 副词：　　他 **大概** 这样做了。
(11) 动词后缀：他 做**得了** 这工作。
(12) 小词：　　他 这样做了 **吗**？

注意,是非疑问也是一种典型的模态意义。模态成分表示说话者对事件、状态的认知判断,而是非疑问句表示的就是说话者对事件、状态认知上的不确定。是非疑问在英语中主要通过充当模态动词的 do 的增添(及相应操作)来落实,③可见是非疑问跟模态意义的密切关系。汉语是非疑问的落实方式有三种:副词"是否",动词重叠式"V 不 V",或者作为语助词的小词"吗"。

其实,词的重叠式可看作一种屈折形态(Marantz 1982, McCarthy 1982, Zhou 1993)。陆丙甫(1985)在否认"一本书一本书看"中的"一本书一本书"是并列结构时,认为其核心是作为一个句法成分的"重叠"这一心理操作步骤,这个成分赋予所有同类的"数量名"重叠结构以共同的形式和共同的意义。如果重叠是一种形态,那么也完全可以把"V 不 V"也看作一种形态。而用动词形态表示模态意义是很普遍的。

英语中模态成分的表达形式也多种多样。如表示"能"或"可能"意义的就有助动词 can、形容词 able、名词 to have the ability to do、副词 probably。

二 模态动词的句法地位

对模态动词的句法地位,汉语语法学界一直有"状语说"、"谓语中心说"和"合成谓语说"这 3 种说法。④其中"合成谓语说"本身就是一种折中的处理,是"不作处理的处理,不作结论的结论",反映了这个问题的难以解决。

本文主张应该把句子中的模态动词看作类似于状语的"非句型成分",不是谓语的主要成分或主要动词。这个结论跟模态成分缺乏形式一致性这一特点有关。

科学研究的主要方向是找出隐藏在千变万化表面现象背后的

普遍原理——共性。那么,模态成分的共性是什么呢?其实,模态成分形式落实上缺乏共同性,本身就是一种共性。正如"没有新闻就是新闻"一样,某一功能在形式上"普遍"缺乏明显的共同特征,这个现象本身构成一种共性。进一步的问题是,在"形式落实多变"这一共性背后,又是什么原理在起作用呢?本文认为这条形式共性反映了两条密切联系的最基本的科学共性。

一:表面现象比深层本质多变而丰富多彩。这说明,跟表达事件内容的命题成分相比,表达说话者主观内容的模态成分,是句子结构中更表层的内容。

二:越是不可缺少的、基本的事物,形式越是单纯。这说明,比起模态成分,命题成分是句子中更不可缺少、更基本的内容。不妨用比喻来说明:例如维持生命最必需的主食大都相似,含有米、面等,但是不那么必须的副食品菜肴,就非常丰富多彩了。住房所必需的门、窗等,大致结构相似,但是室内的装饰品,各家各户就大不相同了。

总之,命题意义是句子最不可缺少的、最基本的意义。因此表达命题基本内容的不可缺少的"句型成分",在人类语言中普遍地不会超过四个,如动词加主语和双宾语构成的四成分句,动词加主语、宾语和补语构成的致使句等四成分句,在各种语言中都是最复杂的单句句型。模态意义是加在命题上的,离开了命题,模态意义就失去了存在的可能。因此,模态成分不是句子最基础的成分和最不可缺少的成分,于是形式也就更多样。

如果把模态成分看作句子的基本成分,即"句型成分",则人类语言表达命题的基本句型就失去了共性,完全乱了套。根据语言比较时的"大同小异"原则(陆丙甫 2006),很明显,要维持基本句型的有限性和稳定性,必须把命题成分看作"大同"基础,而模态成分看作次要的"小异"。

其实,就"助动词"(辅助性的动词)本意来说,已经指出了它跟主要动词(main verb)的关系。至少我们可以说它跟与其联系的动词相比,是从属性的,依附性的。因此,在各种句型分析体系中,通常不会把助动词看作反映句型的主要谓语,如《现代汉语八百词》的句型分析中就根本不提助动词的地位。在世界英语教学界最具影响的 Hornby 的英语句型系统中,也完全不提助动词的作用。

模态成分在生成语法中基本都属于"功能核心"的范畴。Croft(2001:260-268)用"主要信息携带者"来定义"核心",并认为功能核心不是句子中携带主要信息的成分,因此不是句子的核心。他强调这类"功能核心"意义容易泛化和虚化,最后语法化而成为附加在"主要信息携带单位"的形态成分。

吕叔湘(1979:109-110)认为"能够"类助动词(相对"意愿"类助动词)是"前谓语",并认为这相当于生成语法中的"高一层的谓语"。但是他同时也认为"前谓语"不是"谓语的主要部分"(吕叔湘1979:81)。

说模态成分是谓语中心的根据主要是形态特征。如在英语中模态动词跟动词的组合中,表达时、人称的是模态动词,而主要动词采用非限定式。相似地,在汉语中,模态动词具有核心动词一样的"X 不 X"的疑问式,后面的动词往往不能再有这种疑问式,并且通常也不能带"了、着、过"这样的动态词缀。

不过,这些形态上的理由都不能作为充分条件。如果把"了、着、过"以及重叠看作句子核心谓语动词的形式标志的话,下面的句子中,带"了/过"以及有重叠形式的谓词都不能看作核心动词:

(13) a. 他使我吃了很多苦。
   b. 上级安排他去了农村。
   c. 我请他吃过饭。

d. 让他**高兴高兴**。

这些所谓"兼语式"句式,核心动词应该是前面的动词,因为其范畴有严格限制,必须带有"使动"意义,这种意义决定了句子结构模式。至于后面的动词结构,范畴上很少限制。从语言共性的角度看,相应表达在其他 SVO 语言中通常表现为"动－宾－补"格式,其中核心"动词"为带有使动意义的那一个,而另一个动词则看作是"补语"的一部分。但是汉语中这类句子中带"了、着、过"的通常是后面的动词,事实上典型的兼语式动词"使、让"绝对不能带"了、着、过"。⑤同样,"V 不 V"格式作为核心动词的标准也不充分,如"得"字补语也可以采用这种形态,"他走得快不快?"。

因此,根据形态而把模态动词看作谓语核心的基础不是很坚实的。其实,说到底,当代语言类型学的研究表明,形态是极其表层的语言形式(各种语言的形态千差万别,有些语言基本没有形态),不是重要的语言形式参数,因为它跟语言其他方面的相关度很低。形态决定不了模态成分是否谓语核心,是可以理解的。

附 注

① 下面引文中最后"他不好意思起来"是歧义句,体现"助动词性"的是"他不好意思站起来"的释义。

② 根据动词变化类型选择。-reru 用于"五段活用动词",-rareru 用于非"五段活用动词"。

③ do 本身没有模态意义,是非疑问句出现在主语前那个位置时才具备模态意义。因此,其模态意义来自于主语前这个位置。同样的情况适用于主要动词为 be 的判断疑问句。主语前位置表达了模态意义,这跟模态意义是添加在整个主谓结构表达的事件上有关。事实上,模态成分的辖域是整个事件表达。

④ 李临定(1983,1986:180)认为助动词和主要动词都是谓语,因此包含助动词的句子是"双谓句"。这可看作"合成谓语说"的一个变体。

⑤ "我请他吃过饭",表示"我请过,他也吃(请)过",而"我请过他吃饭"

可能"他没有接受邀请,没有请吃过"。既然后一个"过"蕴含着前一个隐含的"过",那就省掉了前一个。这是一种很经济的安排。

参考文献

陈海洋主编 1991 《中国语言学大词典》,江西教育出版社。
李临定 1983 《"判断"双谓句》,《语法研究和探索》(一),北京大学出版社。
—— 1986 《现代汉语句型》,商务印书馆。
陆丙甫 1985 《语言结构的外向、内向分类及核心的定义》,《语法研究和探索》(三),北京大学出版社。
—— 2006 《语言比较中的"大同小异"原则》,"东亚语言比较国际研讨会"论文(上海师范大学)。
吕叔湘 1979 《汉语语法分析问题》,商务印书馆。
Croft, William 2001 *Radical Construction Grammar: Syntactic Theory in Typological Perspective*. New York: Oxford University Press.
Frawley, William (ed.) 2006 *The Expression of Modality*. Berlin, New York: Mouton de Gruyter.
de Haan, Ferdinand 2006 Typological approach to modality. In Frawley ed. 2006: 27—70.
Marantz, Alec 1982 Reduplication. *Linguistic Inquiry* 13, 435—448.
McCarthy, John 1982 Prosodic templates, morphemic templates, and morphemic tiers. In *The Structure of Phonological Representations*. Part 1. ed. By van der Hulst and N. Smith, 191—223. Dordrecht: Foris.
Zhou, Minglang 1993 Iconicity and the concept of time: evidence from verb reduplication in Chinese, *Chicago Linguistic Society Working Paper* 29: 377—391.

必然/非必然关系表达式的结构研究

龙 涛 马庆株

一 对必然/非必然关系的认识

1.1 本文讨论句法合格、语义搭配合理的两个成分共现的制约因素。这样的两个成分共现有：一、受限型：(一)不能出现，(二)可出现，但要有形式、语义上的条件；二、自由型，不受其他条件限制正常出现，语义不偏离。格式"NP_1 有 NP_2"中有领属关系的 NP_1 与 NP_2，即是如此：[①]

(1) A1 ?小章有脑袋。　　　　　　一般不说

　　A2 小章有脑袋，这还用说吗？　A1 作为一个分句(即为 A2 句)可说

　　A3 ?小章有眼睛。　　　　　　表领有关系时不可说，表偏移义才可说

　　A4 小章挺有模样。　　　　　　表偏移义，可说

　　B 　小章有电脑/笔。

两个 NP 所指是领有关系，差异与两个 NP 间语义关系差别相对应：A 句有必然联系，NP_1 与 NP_2 要么不能共现，要么作分句(A2)或者发生语义偏移(A3/A4)，才能共现；B 句两个 NP 的联系是偶然的、非必然的，NP_1 与 NP_2 可以共现，不附带上述句法或语义条件。(看萧国政 龙涛 2005)小章未必有电脑与笔。

---

* 本文承蒙武汉大学萧国政教授、杨逢彬教授等先生赐教，谨致谢忱。

许多类句法结构有两个成分语义关系差异与成分共现类型差异相对应的现象：

(一) 定中结构(领属/修饰)。例如：

(2) A 小章的脑袋 →[?]小章有脑袋。
　　B 小章的电脑 → 小章有电脑。

(3) A 地球/大地/地面上的人们生活得多么幸福啊！
　　B 这些国家的人们生活得多么幸福啊！

(4) A *白的白纸　　　　　　　B 廉价的白纸

(二) 状中结构(行为与工具/方式/处所/时间等)。例如：

(5) A 她用眼睛瞟了他一眼。　B 她用大眼睛瞟了他一眼。
(6) A *他活着说话。　　　　　B 他躺着说话。
(7) A [?]渔民在空气中生活。　B 渔民在船上生活。
(8) A 我现在申请加入学会。
　　B 伊朗领导人已经/即将/下一步要宣布,伊朗能进行浓缩铀提炼。

(三) 动宾结构(行为与对象)。例如：

(9) A 我们呼吸着空气。　　　B 我们呼吸着混浊的空气。
(10) A 在酒席上他说了几句话以后,还唱了几支歌。
　　 B 在酒席上他说了几句场面话以后,就唱了一支民歌。
(11) A 严禁中小学教师强奸女学生。(《新浪》网载某政府部门文件规定)
　　 B 严禁入内。(某建筑物前告示)

(四) 主谓结构(主体与属性)。例如：

(12) A [?]空气是看不见的。B 这支特殊晶管中的空气是看得见的。
(13) A [?]小章这个人是人。B 小章这个人是好人。

各例 A 式与 B 式的画线部分,都有受限与自由的对立。A 中两个成分或者不可共现,或者可以省略某成分,或者两个成分共现,常出现语用义,如例(2)A 式的变换式与例(13)A 式,只有在表示"小章会思考问题|小章这人是普通人"意思时,才可成立,例(5)A 在突显眼睛的基础上,(陈昌来 2005)有了语用义以后,眼睛才与

瞟共现,例(11)A有语用强调义,(看2.2.3.2)另外,有的还有语音条件,如例(8)(10)A中可省略的成分出现,舒缓音节。例B中画线与加点成分,不需例A那样的条件,就可共现。

上面例A、例B中两个画线成分共现的差别,体现成分必然联系与非必然联系的区别:如人们一定生活在<u>地球/大地/地面</u>上(例3A),但未必生活在这些国家(例3B);"白纸"一定是白的(例4A),但未必"很廉价"(例4B);瞟一定用眼睛(例5A),但未必用"大眼睛"(例5B);他说话时一定活着(例6A),但不一定躺着(例6B);渔民生活一定在空气中(例7A),但未必在船上(例7B);以言行事的言语行为一定是现时的,与现时性成分相关(例8A),非以言行事的行为可以是非现时的(例8B);我们呼吸的一定是空气(例9A),但空气未必浑浊;说或唱出的肯定是话、歌(例10A),但不一定是场面话与民歌(例10B);"中小学教师强奸女学生"自然一定要严禁(例11A),但入内却未必严禁(例11B);空气一定看不见(例12A),"特殊晶管中的空气"却未必看不见(例12B);小章一定是人,但未必是好人。

汉语必然性关系与非必然关系制约着多类结构中两个成分共现的类型。前者不能否定;后者可以否定。

1.2 这对范畴与不可让渡/可让渡关系、常态/非常态、旧/新信息几对概念或看法相关,下面通过比较,显示这对范畴在语法研究中的价值。

二 必然/非必然关系的性质、构成及与其他范畴的区别

2.1 必然性语义关系类型举例

事物之间的必然关系,反映大百科知识,类型很多,不能穷尽,下面列举常见的几类。

(一)物质世界中事物之间的关系:

Ⅰ 生命类事物尤其是人类,必有一定的文化、生活、生理、心理等方面的特征。例如"<u>人</u>有母亲、头、眼睛、某种模样、地位、水平、身份、籍贯│<u>人</u>会走路│人们<u>在空气中/在地球上/在地面上/在大地上生存</u>│他考出了<u>水平</u>"。

Ⅱ 器官和由器官发出的动作,如"<u>用眼睛</u>看书│<u>用嘴</u>说话"。

Ⅲ 自然界事物必然有某些特征或属性,例如"<u>空气</u>是看不见的│<u>物体</u>有某种形状、硬度、味道、色泽│<u>这个饭店</u>上档次│今天有某种天气状况"。

Ⅳ 某些不可替代的行为如睡觉、休息、吃饭、走路、看等必然是亲发性的;行为与必然的对象如"<u>说话</u>│<u>唱歌</u>│<u>跳舞</u>│<u>吟诗</u>│<u>梳头</u>│<u>繁殖后代</u>"等;行为与特定对象如"<u>严禁</u>公务员用公款打麻将"。

(二)以言行事的言语行为的必然的现时性关系,如"我<u>现在</u>宣布,本次会议现在闭幕!"

(三)逻辑必然关系,如"很臭的<u>臭蛋</u>│<u>今天</u>是个日子│你坐的可是<u>地方</u>啊"。

2.2 与非必然关系义参照、对比分析必然关系。必然关系的构成取决于它的语义性质与它建立的条件。

2.2.1 必然关系是主观性语义,有感知性特征:成分间有否必然联系,取决于交际者的感知,主观性与感知相随。例如人必在空气中,空气中必有浮尘。前者是必然联系;后者是非必然联系,或者必然联系不典型。交际者与大百科知识构成了感知基础。

事物之间必然联系的认知有两个特征:(一)有原型性;(二)以类为基础。

2.2.1.1 必然/非必然关系是原型范畴,从必然到非必然是连续统。例如,对两事物必然联系的认识,来自人与自身(人-手)、生存环境的必然联系,从人推到常见实体与常见实体(鸡-

腿),再扩大到常见实体与性质(弹性、硬度、颜色、形状等,如菜—味道)。接着是常见实体与不常见实体(太阳—黑子),不常见实体与不常见实体(发动机—喷嘴),这两种必然关系在专业或行业之外,就会向非必然关系转移。最后是实体与实体(人—笔)、实体或抽象事物与抽象事物之间的非必然联系(文章—诗味)。

这序列不很精确,某些环节界限不清,但两端很清晰。"NP$_1$有NP$_2$"有领属关系的两个成分可以有必然关系,可以用框架"你知道吗,NP$_1$一定有NP$_2$"考察。例如:

(14) A 你知道吗,人一定有手。　　B 你知道吗,鸡一定有腿。
　　 C 你知道吗,这菜一定有味道。　D 你知道吗,太阳一定有黑子。
　　 E 你知道吗,发动机一定有喷嘴。F 你知道吗,这人一定有笔。
　　 G 你知道吗,这文章一定有诗味。

听话人明显感觉 A、B 的必然联系,反应常是:"废话,这还用你说吗?"对 C 的反应是菜究竟有什么味,潜意识中 C 句两事物间有必然关系;不肯定 D、E 中的必然联系,怀疑 F、G 的必然联系。

2.2.1.2 人们对事物的感知以类为基础,事物间必然联系都是类与类的联系。这意味着:

(一)个体性事物有必然联系,前提是类有必然联系,推导过程是从类到个体,例如"小章的母亲"中画线成分间有必然关系,是从"人—母亲"的必然联系中推出来的。

(二)某类事物如果与他类事物有必然关系,那么该类事物下次范畴事物与他类事物的关系,一般不是必然关系。例如母亲与人们有必然关系(人们的母亲),人们跟"年轻母亲"的关系(人们的年轻母亲)却是非必然关系。同一事物类上下层级的关系,逻辑真值相反,如"人们有母亲"的必然关系为真,"人们有年轻母亲"的必然关系为假。

有时次范畴事物可通过语义加细规则表达,一般在名词语前加定语前后指称对象处于不同层级。某些添加定语添加前后外延

319

相同,如太阳与"巨大黑子｜黑子"(太阳有黑子｜太阳有巨大黑子)的关系都是必然关系,定心结构"巨大黑子"所指,与黑子是同一事物。

2.2.2 必然关系成立的条件

(一)关联的稳定性要求两成分有某种联系(充分条件),联系须有恒久性(必要条件),构成必然关系的充要条件。例如"人－头发"(人有头发),有恒久稳定的联系。"人－黄头发"(人有黄头发),联系是偶发的,不稳定。事物间有多种联系,有恒久的,有偶发的。例如"他－档次"有恒久的必然联系(他够档次)。"他磕着了头｜他想区分档次"中"磕、区分"与画线成分的联系没有恒久性,是非必然的。

(二)事物间的联系,常表现为表示两个事物的成分相邻,如:

(15)我们要严禁公务员用公款打麻将。

两成分不相邻,如"他有头发｜这个宾馆够档次"。隐含某成分也构成必然关系表达式,例如"0 有结果了"("0"表示空缺的隐含性语义成分,下同),结果与空缺的隐含成分"做某事"构成必然关系。

(三)关联不可否定。恒久的事物联系不能否定。如人与头发、皮肤与弹性。又如"0 取得成绩/地位｜吃出了味道",画线成分间的关系也不能否定。关系的否定也是关系存在的形式,没有情况也是一种情况,没有地位也是一种地位,没有成绩或结果也是一种成绩与结果,没有味道也是一种味道。"0 取得好成绩/进步/较高地位｜吃出了好味道"中成分间的联系可以否定,它们是非必然关系。

(四)事物关联的稳定性、不可否定性,与关联的不可分离性或不可让渡性(inalienable)有区别。前者指关联的恒久性;后者指两事物不可分割的关系,例如"小章－年轻父亲"(小章的年轻父亲)、"山歌－唱"(唱山歌)之间不可分离。这表明它们之间关系的

不可分离性、恒久性,却不表明不可分离的事物一定有恒久性而不可否定,例如小章不一定有"年轻父亲",唱的未必是山歌。因此不可分离的关联是否必然,取决于事物联系有无恒久性,不可还是可以否定。有不可分离的必然关系,如睡觉不能由别人代替,总跟必然的亲历性有关;又如以言行事的言语行为总跟现时相关,""亲自睡觉|我现在发誓"都是必然关系。

2.2.3 必然/非必然关系包含三个义素:[＋主观]、[±稳定]、[±否定]。必然关系的义素为:[＋主观]、[＋稳定]、[－可否定],非必然关系的义素为:[＋主观]、[－稳定]、[＋可否定]。

2.3 与几对近似概念的区别。

2.3.1 与不可让渡(inalienable)/可让渡(alienable)关系的区别。"不可让渡/可让渡"这对语言类型学的概念,常用于领属关系分类。前者指领有者与所属物之间稳固、不可分离、恒久的联系,后者指它们之间可转让、非恒久的关系(Haiman 1985、Chappell ＆ Thompson 1992)。在"恒久性|稳固"或稳定性意义上,这对概念与必然/非必然关系很接近,但对事物联系的稳定性与恒久性的理解,角度不同:前者着眼于事物可否分离,稳固性恒久性强调事物关系不可改变,(看 2.2.2)这对概念由事物关系可否分离,引申到关系成分的概念距离之远近,常用于领属关系成分的概念距离与形式距离的对应分析;事物关联的稳定性,强调包括领属关系在内的各种关系的恒久性,关注由它决定的事物关系蕴含的信息量,用于信息量影响下的关系成分在表层结构中的共现分析。

这两对概念强调点不同。如"小章的母亲"与"小章的年轻母亲"这种亲属关系,从可否分离的角度看,都不可让渡;从二者联系能否否定看,则前者是必然关系,后者是非必然关系。

2.3.2 常态意义与非常态意义接近于必然与非必然。如"他有头发"是常态必然关系;"他有白头发"是非常态的非必然关系。常态关系一般不用表达,非常态关系一般要表达。常态关系多呈现出必然性,但常态不等于必然,如"用盆盛水",盆与盛是常态关系,却不是必然的;必然关系也不等于常态关系,如以言行事的言语行为与即时性的关系(我现在发誓)、亲发性行为与亲发性特征的关系(*亲自睡觉)等,都难以归入通常只适合于解释物质世界关系的常态概念,这些现象跟"他有头发"之类,在两个成分共现的类型与成分意义关系上(都有必然联系)相同。有些关系如"小章有头",一般不表述,但在特定的情况下又可表述(见例1),常态概念不能解释特定条件的出现,但却可用必然关系的信息流量变化来解释。(看4.3)

2.3.3 旧/新信息,指听话人已经知道或尚未知道的信息,大致分别相当于必然、非必然关系所表达的知识。熟知的不需表达,不知的才要表达,这可以解释句法语义搭配合格的两个成分不能共现的现象。但这对概念不能替代必然/非必然关系,用已知信息概念不能解释有些已知事实如"小章有头"。

三 必然/非必然关系的结构表现

表达必然与非必然关系的结构,形式上有受限与自由的对立。这主要表现在以下三方面:(一)对词汇范畴类别的选择差异;(二)句法位置差异;(三)共现类型差异。

3.1 在同样位置上,必然关系成分选择的词的范围远较非必然关系要窄,尤其体现在状心结构和含体词宾语的动宾结构中。一般来说,必然关系成分选择的词都是封闭类;非必然关系成分选择开放类。

3.1.1 必然、非必然关系表达式的体词性宾语有两种。必然关系动宾结构的宾语可以省略,听话人理解时会还原省略的成分。

基本义动词后表示必然关系的名词宾语表示基本范畴事物,比较固定,数量有限。如"演｜饮食｜呼吸",宾语名词分别是"戏/电影｜食物｜空气"。例如:

(16) 他说了几句(话)以后,就走了。

(17) 这块土地上的人们就这样呼吸着空气、饮食着食物、繁殖着后代,一年复一年。

但动词带这类次范畴事物名词宾语,是非必然关系,一般不能省略,否则听话者还原的不会是原来的成分。例如:

(18) 他说了几句粗话以后,就走了。

(19) 这块土地上的人们就这样呼吸着浑浊的空气、饮食着污染了的食物、繁殖着先天性残疾的后代,一年复一年。

非必然关系动宾结构,充任宾语的名词数量较多,如"踢球/人/凳子｜救火/人/命｜看人/电影/戏"。

动词与发生语义偏移的名词宾语是必然关系,非必然关系动宾结构不发生语义偏移。前者如"∅考出了水平｜∅有了身份｜∅取得成绩",其中名词只是一小类。(关于语义偏移格式中的名词语,看 3.3.3.3)

3.1.2 单层次的必然关系状心结构中充任状语的词很有限,即:(一) 修饰只能由自己发出的行为动作的亲自义词语,如"*亲自睡觉｜亲口说的｜亲眼见的｜亲手做的｜亲耳听见的";(二) 表示以言行事行为的现时性关系的时间词,总是"现在",如例(8)A。

3.2 表达必然关系的成分,也可以表示非必然关系;但名词语作谓语,只能表达非必然关系。例如:

(20) A1 *今天日期。　　B1 今天除夕。　　时间—日期
　　　A2 *下一站地方。　B2 下一站石家庄。　地点—地名
　　　A3 *后天天气。　　B3 后天小雪。　　时间—天气
　　　A4 *他身份。　　　B4 他一级教授。　　人物—身份

323

A5 *他籍贯。	B5 他武汉人。	人物—籍贯
A6 *他疾病。	B6 他肝炎。	人物—疾病
A7 *他鼻子。	B7 他大鼻子。	人物—特征
A8 *他这人模样。	B8 他这人长者模样。	人物—特征
A9 *这雪糕形状/味道。	B9 这雪糕椭圆形/草莓味。	物—特征

一般不说"老章胡子",老章未必有胡子,老章与胡子的关系似乎非必然。但胡子是男人第二性征,老章与胡子就有了必然关系。但男人未必有大胡子,大胡子与男人是非必然关系,因此可说"老章大胡子"。

天气类名词作谓语有不对称情况。例如天气预报可说"今天大雨/大雾",一般不说"今天‖雪/风/雷电";可说"今天小雪/小雨",不大说"今天小风/云",但可说"今天大风│多云"。这也是因为每天一般必然与风、小风、云联系,但与"大风│多云"只有非必然关系。

3.3 必然关系一般无须表达,而非必然关系则可以。必然关系通常不表达,指下列情况。

3.3.1 单句一般不能是典型的必然关系,必然关系格式一般不成句。非必然关系格式可以成句。例如:

(21) A1 ?小章有脑袋。　　　　B 11 小章有大脑袋。
　　　　　　　　　　　　　　B 12 小章伤了眼睛/脑袋。
　　 A2 ?小章这人是人。　　　B 2 小章这人是好人。
　　 A3 ?月亮有光。　　　　　B 3 月亮围着地球转。
　　 A4 *他身份。　　　　　　B 4 他一级教授。

一个句法结构,除了领有关系体词性结构,如果没有某些条件,也一般不能表达必然关系。例如:

(22) 小章的手/大脑/脸　　?空气中的树/人们
　　 *他亲自睡觉。　　　　?他用脚踢球
　　 *人们在空气中生活　　?人们呼吸着空气。

324

3.3.2 必然关系表达式或者只是分句,如例(23、24),或者降级为句法成分,如例(25),陈述的必然关系表达式常作为更大单位的背景或前景成分,不成句。

(23) 人有眉毛/手,青蛙没有。　　　　　　　背景
(24) 你有手,就应该靠自己的双手劳动来养活自己。背景
(25) 他竟然不知道人的每只手有五个指头。　　前景

这是必然表达式常出现的情形。必然关系表达式常是黏着的,语义不自足。

在谓词性偏正结构中,如时间词与动词有必然关系,也受约束,即要么出现与时间词相呼应的其他时间词语,如例(26),要么有相应的时体成分,如例(27)。时间词与动词是非必然关系时,不需要有相应的时间词语或时体成分,如例(28)。

(26) 明年他将去北戴河度假。　　(27) 他曾经去过北戴河度假。
(28) 他将去北戴河度假。

3.3.3 表达必然关系的单句或句法结构,语义必定偏移。这时,关系表达式有双重意义,表层是必然关系义,深层是偏移的语用义,两重意义绞在一起,因此必然关系不用单句表达。这说明必然关系表达式,受到了语义限制,不自足。下面讨论语义偏移的几种情形。

3.3.3.1 话语的语用义,话轮中的预设义。必然关系表达式,预设有某个否定性必然关系,真正意义是对否定性必然关系的再否定,如例(29);或者预设问答链中有对必然关系的疑问,回答问点,而不是正面陈述必然关系,如例(30)。例如:

(29) 他没有头发。→ 他有头发。(30) 他有头发吗? → 他有头发。

3.3.3.2 语用推导义,句子由表达必然关系转向由语境决定的会话含义。例如:

(31) 他有手。　可能的真实意思:让他自己动手作

(32) 他有脑袋。 可能的真实意思:让他自己独立思考问题

必然关系表达式如果是规定句(马庆株1998b),规定本来就是最简单、最低限度的要求,因此规定句强调规定所禁止的行为往往被认为越出了道德底线。例如:

(33) <u>不得</u>随地大小便。(《南方周末》载某高职对该校学生行为的规定)

公务员<u>必须</u>按时上班。(同上)

必然关系义的偏正结构一般不出现,出现时一定有语用义。定语的聚焦使之转为表达他意。体词性结构充当文艺作品标题,定语聚焦功能造成新奇、怪异、醒目、含蓄、引人联想的效果很明显。例如:

(34) 《空气中的树》《流动的风》《地上人》《水中鱼》 (文艺作品标题)

必然关系谓词性偏正结构的状语的聚焦作用引起语用义。例如:

(35) 首长还<u>亲自</u>躺了下来体验这款行军床的功能。

狗用<u>嘴</u>咬开了锁。 <u>在水中游来游去的</u>鱼们显得是那样的悠闲,从容。

第一句强调首长对这款行军床的重视,第二句使人注意狗嘴之厉害,第三句则使人逐次扫描空间场景。

3.3.3.3 语法化的语用义。例如:

(36) 现在是<u>时候</u>了。 你坐的不是<u>地方</u>。

他是/变成了个<u>人物</u>。 中国足球老是有"<u>现象</u>"。(《中国青年报》)

她挺有<u>模样</u>的。

(37) 发现<u>情况</u> ∅ 考出<u>成绩</u>

∅ 上<u>档次</u>了 ∅ 有<u>日子/年份</u>了

上例都仍有必然关系义:如例(36)中"现在"必然是某时,"你坐的"必然是某地,他一定是或将是个"人物",任何事物包括"足球界"必定有外现的现象,她有某种"模样";例(37)的必然性关系义,已

在 2.2.2 分析。这些例中,后一个画线的 NP,所指对象一定偏移,它们分别指"恰当的时候｜恰当的地方｜不错的人物"等。邹韶华 1986/1988 将这种偏移义概括为一般往褒义方向偏移,沈家煊 1997 则概括为一般往"正"量上偏移。

意义偏移使画线成分间添加了非必然关系义,例如"现在｜你坐的｜他｜中国足球｜她｜发现｜考出｜上｜有"分别与"恰当时候｜恰当地方｜不错的人物｜引人注意现象｜好模样｜异常情况｜高水平｜较高档次｜较多的日子或年份"有非必然关系,这时必然关系义隐去了。

偏移义的产生,多落在特定格式与部分抽象名词上。(邹韶华 1986/1988)沈家煊 1997 将它表述为"语用法的语法化",因此是一种语言性质的语用义。沈先生认为,形式表达的偏移义,本由语用产生,是形式表达的信息量不足,违背话语合作原则中的适量原则,从遵守话语合作的适量原则出发,经语用推理,产生语义偏移。(沈家煊 1997)邹、沈二位先生的观察是对的,这里补充一点,即语义偏移发生在必然关系表达式中;同一个名词语,在非必然关系表达式中不能发生语义偏移,如例(38)。这与沈先生的观点不矛盾,因为后文将表明,必然关系的信息量较低。例如:

(38)《西游记》中的牛魔王后来变成了一个人物,而不是一块大石头。

她毁了模样。　　　　　中国足球老是有问题。

发现敌情　∅考出了丑态　思考现象　分档次　鉴定年份

上例中,牛魔王未必变成人物,她毁的是某种模样,中国足球未必有问题,"发现｜考出｜思考｜区分｜鉴定"的,分别未必是"敌情｜丑态｜现象｜档次｜年份"。它们之间分别是非必然性关系,画线名词语义不偏移。

穷尽调查一万余条名词[1]中的抽象名词,归纳与它们相应的领有事物或行为有必然关系的名词小类如下,这类名词称为"必然

关系名词":

Ⅰ 与身体相关的事物名词如:

模样 腰身 身段 腰 人样儿 神情 脸色 表情 眼光 眼神 力气 力量 力

Ⅱ 与人相关的心理、感知类事物名词如:

印象 见解 态度 观点 想法 看法 思想 意思 道德 道理 感情 感觉 情感 心情 情绪 体验 感受 (人的)精神

Ⅲ 与实体事物必然相关的形、色、味类属性事物名词如:

味儿 味道 品味 颜色 位置 浓度 高度 长度 弹性 款式 形式 脾气 姿势 样子 形状

Ⅳ 与人们(的行为)相关的时间、方式、结果类事物名词如:

年纪 年龄 岁月 成绩 收成 做法 步骤 方法 方式 做派 经验 结论 结果 答案

Ⅴ 与事物相关的现象类名词如:

情况 现象 景色 景象 故事₂ 事₂ 动静

Ⅵ 与人或事物的社会评价相关的事物名词如:

水平 地位 名誉 声望 面子 脸面 层次 口碑 评价 等级 级别 影响 影响力 人缘儿

3.3.4 特定语域条件(揭示专门知识、表述特定命题及由陈述变为疑问)才可以表达必然关系。例如:

(39)人每只手有五个手指。　　用于幼儿科普介绍,一般场所为"?"
(40)地球是圆的。　　　　　　用于命题表述
(41)人有手吗?

3.3.5 在特定的语音条件下,谓词性结构表达必然关系,例如:

(42)我<u>现在</u>承诺,我们一定办好这个会。

(43)这块土地上的人们就这样<u>呼吸</u>着空气、<u>饮食</u>着食物、<u>繁殖</u>着后<u>代</u>,一年复一年下去。

例(42)中必然关系成分"现在"出现,可以舒缓、加强语气;例(43)

必然关系成分宾语出现,凑成双音节,"唱歌｜说话｜跳舞"也是如此。

3.4 必然关系表达式主要是黏着形式,语义不自足,通常发生语义偏移;非必然关系表达则不是这样。必然关系不能作为单句的表述对象,常作为句子的背景或前景性成分,而与其他成分相依存,或者是必须附随语用义;非必然关系是语义自足的陈述对象,在脱离语境的情况下,可以是小句或词组表达的对象。

四 必然/非必然关系的信息量分析

4.1 信息量大小的体现 语义表达价值的高低

必然/非必然这对语义范畴信息量不同。信息量大小说明表达价值的高低。必然关系,尤其是典型的必然关系,例如他与头的关系(他有头),是已知(given)的,因而表达价值低;非必然关系,已知性较低,如他与笔的关系(他有笔),告诉了对方未必知道的"他有笔",因而有表达价值。

4.2 信息量的决定于已知程度。就必然/非必然这对关系而言,对已知程度的控制主要来自这对关系的语义构成因素——事物间关系的稳定特征。稳定特征对事物关系的已知程度的影响,可以从认知与信息两个层面理解,后者是将感知的关系作为信号,关系的稳定特征对信号的不确定因素有影响。

4.2.1 认知对象的稳定程度对已知性的影响。事物如果以稳定的性状或关系呈现,则其间关系易为人知,已知程度高,信息量小;如果以不稳定的性状或关系呈现,则事物或关系不易为人知,已知性差,信息量就大。必然关系反映了事物间恒久的、比较稳定的联系,具有高已知性(high givenness),信息量小;非必然关系反映事物间暂时的、偶然的、不稳定的联系,具有低已知性(low givenness),信息量大。

4.2.2 认知对象的经验范围,对必然关系的已知性也有影响。认知语言学认为,人们对世界的认知往往是先从对自身与经验的把握开始,并扩展到对其他空间事物的感知,进而到抽象世界。(张敏 1998)因此,在必然关系中,越是靠近根据身体与经验出发感知的事物或关系,人们对它越熟悉,已知程度越高;对物理空间世界的事物及其关系的熟悉先于并高于抽象世界,前者的已知程度高于后者。

由必然到非必然的连续统,成员已知性渐次降低,信息量渐次增大。

4.2.3 下面根据 Shannon(1948:623—656)信息理论讨论这对关系的已知性。从信号处理角度看,已知程度就是信号选择的不确定程度:可选择的信号数量越少越确定,越多越不确定,选出的信号的已知程度就越高或越低。信息量在信号的不确定中,它与可选信号数量成正比,(袁毓林 1999,胡悃 2005)与信号的已知程度成反比。将必然、非必然关系视为信号,它们的基本特征是关系项之间的联系是否稳定。联系的稳定性,决定了两个关系项之间相互选择的确定程度,也就是这对关系的已知程度以及确定程度所决定的信息量:关系项联系越稳定或越不稳定,关系项之间相互可选择性就越小或越大,选择的确定性就越大或越小,信息量也就越小或越大。因此,必然关系的已知程度高,信息量小;联系不稳定的非必然关系的已知程度低,信息量大。

4.3 信息量及其变化对这对关系表达式的影响,是通过这对关系的语义表达价值实现的。

4.3.1 必然关系表达价值低,一般不是独立的表述对象,语义不自足,不大可能出现必然关系单句或词组,如 例(21)A 和(22);非必然关系的表达价值高,能成为独立的表述对象,于是有表达这种关系的自足的单句或词组,如例(21)B。

4.3.2 必然关系的表达价值低,当然能表达,因为任何知识都可表达为命题。但要表达价值低的知识,须提升其表达价值。在价值提升的语言运用动态过程中,必然关系的信息量由小到大,呈现出动态、流性的特征,这信息量是信息流量;在价值提升中,必然关系表达式,表现出结构与语义的各种特征。

提升语义表达价值的手段为以下四种之一:

(一)价值转移。由低价值增到高价值,多转换必然关系的语义角色,即由独立表述对象,转为充当更大结构的成分,比如背景或前景性语义;在角色转换中,它就得到了新的语义角色的高价值。这可解释必然关系表达式的黏着性,(看 3.2.2)只能充当背景或前景性成分,语义不自足。例如:

(44) ?人有手。→ 人有手,还用你说?

(二)价值添加。表达必然关系的句子或词组,发生了语用义偏移,给原来的格式增添了新的表达价值。

(三)选择价值突显框架。特定的知识或命题表述框架,可以陈述荒谬的命题,如"三角形是圆的",它是使语义表达价值得到彰显、提升的框架。低价值的必然关系进入这个框架,必然关系在特定的知识揭示或命题表述场所得到表达。例如:

(45) ?人有手。→ 人有手。　　命题表述

(四)价值不涉及手段。表达必然关系时,不涉及或回避表达价值高低的问题,实际是提升价值的消极手段。这一般是通过不涉及命题的价值判断的疑问句来实现。例如:

(46) ?人有手。→ 人有手吗?

4.3.3 表领有关系的"NP_1 有 NP_2"中,有必然关系时,有的不能说,能说的句义发生了偏移。例如:

(47) 小章有头。　　　　　　小章挺有模样。

必然关系表达式的差异与不同类别事物之间必然关系信息量

不同、语义表达价值不同有关。从必然关系到非必然关系的连续统中,随着成分的信息量增大与语义表达价值的增高,表达式在脱离语境的情况下,从左至右,依次为:一般不能表达 → 可接受性差 → 发生语义偏移 → 整个结构可接受,所表示事物对象不发生变化。例如:

(48)			
??人有手。	人—自身	必然	单独出现时语义肯定偏移
?蚂蚁有脚。	人以外常见实体—常见实体	必然	单独出现时语义肯定偏移
这菜有味道。	常见实体—抽象物	必然	语义偏移
太阳有黑子。	常见实体—不常见实体	接近非必然	语义一般不偏移
发动机有喷嘴。	不常见实体—不常见物	接近非必然	语义不偏移 接受度高
这人有笔。	常见物—常见物	非必然	语义不偏移 接受度很高
这文章有诗味。	抽象物—抽象物	非必然	语义不偏移 接受度很高

4.3.4 谓语对信息量与语义表达价值有要求很高。受限位置选择信息量与语义表达价值高的非必然关系成分,而不是必然关系成分。

4.3.5 在同一句法位置上,必然关系成分选择的词汇量,少于非必然关系成分。这可看作语言表达的信息模拟动因:信息量大、语义表达价值大的概念的词,比信息量小、语义表达价值低的概念的词丰富。

五 结论

(一)语义范畴的形式、语义、表达三位一体。

必然/非必然关系,体现结构、语义、表达的相互对应:必然关系表达式信息量小,表达价值低,语义不自足,很受限制;非必然关系表达式信息量大,是自足的,表达价值高,不依赖其他形式。一定性质的语义,要求一定的形式,这对范畴与语义、表达式一一对应。

一个语义范畴,语法研究既要对其结构、语义、表达三方面分别描写,更要注意揭示三者间的相互制约关系。语法研究最终目的是揭示结构、意义与表达之间的对应关系。

(二)表达必然关系的结构在形式与语义上受到一系列限制,表明它是有标记结构,信息量低;表达非必然关系的结构在形式与语义上相对自由,是无标记结构,信息量高。

(三)非必然语义关系表达式是新信息的主要载体;必然关系表达式可以传达信息,但更重要的功能是产生语用义。

附 注

① 我们重点考察俞士汶等《现代汉语语法信息词典详解》(清华大学出版社 1998)、《普通话(口语和书面语)常用词语表》(包括《汉语水平词汇与汉字等级大纲》)中的名词。

参考文献

陈昌来 2005 《工具的语法地位、类别及其隐现规律》,《汉语语法研究的新拓展》(二),浙江教育出版社。
胡 惮 2005 《信息的理解与语言信息研究述评》,《华中科技大学学报》(社科版)第 6 期。
马庆株 1991 《顺序义对体词语法功能的影响》,《中国语言学报》第 4 期,商务印书馆。
—— 1998a 《结构、语义、表达研究琐议——从相对义、绝对义谈起》,《中国语文》第 3 期。
—— 1998b 《句法结构的语用功能分化》,《修辞语用探索——语言表达与得体性》,天津教育出版社;《忧乐斋文存:马庆株自选集》,南开大学出版社 2004。

沈家煊 1998 《语用法的语法化》,《福建外语》第 2 期。

王 珏 2001 《现代汉语名词研究》,华东师大出版社。

萧国政 2004 《论 21 世纪现代汉语语法研究的内涵构成与发展选择》,《华东师范大学学报》第 3 期。

萧国政 龙涛 2005 《"有 NP"的语义类型研究》,*Proceedings of the International Conference on Chinese Computing* 2005,COLIPS Publications.

袁毓林 1999 《定语顺序的认知解释及其理论蕴涵》,《中国社会科学》第 2 期。

张 敏 1998 《认知语言学与汉语名词短语》,中国社会科学出版社。

邹韶华 1986 〈名词在特定环境中的语义偏移现象〉,《中国语文》第 4 期。

——— 1988 《中性词语义偏移的原因及其对语言结构的影响》,《语法研究和探索》(四),北京大学出版社。

Chappell, H. & Sandra A. Thompson 1992 The semantics and pragmatics of associative de in Mandarin discourse. *LAO* Vol. XXI, No. 2, pp. 199—229.

Haiman, John 1985 *Natural Syntax*. Cambridge: Cambridge University Press.

Shannon, C. E. 1948 A Mathematical Theory of Communication. *Journal of Bell System Tech*, NO. 27, pp. 623—656

Tai, James H.-Y. 1993 Iconicity: motivations in Chinese grammar. *Current Issues in Linguistic Theory: Studies in Honor of Gerald A. Sanders*, Mushira Eid and Gregory Iverson (eds.), Amsterdam: John Benjamins.

语用数[*]

陈振宇　刘承峰

一　问题的由来

1.1　数的层次性

一般认为,数(number)是体词性成分的重要性质,对各种语法现象有重要影响。传统语言学中主要讨论名词和代词的数,如单数(singular)、复数(plural)、双数(dual)、三数(trial)、少量数(paucal)等,也讨论与之搭配的谓词性成分的数特征,如英语中动词的第三人称单数形式。但数不是一个单纯概念,我们认为有词法、句法、语义、语用四个层次。

词法数指一个语言中名词和谓词的一种形态变化类型,而且名词和谓词的形态变化常有"主谓一致性"(agreement with subject)或"谓宾一致性"(agreement with object)的要求。在生成语法中,Chomsky(1995)甚至将 IP 分解为 $Agr_s P$(Agreement$_{subject}$ Phrase)、TP(Tense Phrase)和 $Agr_o P$(Agreement$_{object}$ Phrase)。

句法数指一个语言中通过组合关系来表现的数。每一个语言中总有某些表数单位,它们是独立的词或词组,通过修饰、限定体

---

[*] 本文写作和修改过程中,邵敬敏、尹世超、蒋严、张谊生、王珏、王红旗、张伯江、潘海华、石定栩、袁毓林等先生提出了宝贵的意见,谨致谢意。特别感谢作者的博士生导师戴耀晶教授。另外,陈振宁长期以来一直与本文作者就有关问题进行着全面而深入的讨论,提供了许多宝贵的意见。当然,文中若有错谬之处,一律由作者本人负责。

词性成分而表现出后者的数性质,最典型的是数词及与之相应的表数结构,例如汉语中的"一个、一部、一条、一只……"表明体词性成分是单数,一旦变为二或二以上的数字就是复数。再如"这个/那个、这/那"表单数,"这些/那些、些"以及名/量词的重叠形式"家家、人人、个个、次次"、表示遍指的"每(个/一)、凡是、所有"等都表复数。

语义是符号与对象世界的联系,**语义数**指体词性成分(包括其数量修饰语在内的整个短语)所表现的现实事物或概念的数量特征。词法或句法上的数概念与语义数有时会有矛盾。例如,一个名词可能在词法、句法上是单数,却指示多个实体,例如英语句子 The committee are agreed(委员会意见一致),其中"the committee"貌似单数,实际上却是指委员会中的各个委员,因此在语义上是复数。至少在这一句中,打破了英语"主谓一致性"的要求,谓语部分用了"are",来侧显语义上的复数关系。

1.2 汉语"数"范畴研究及面临的问题

现代汉语中是否有"数"这一语法范畴,数如何确定,数对汉语语法现象的影响如何,历来的研究者有不同的看法,此处不再详述。要言之,句法数和语义数是各种语言都有的普遍现象,词法数就不见得了。研究者指出汉语中表示不计量的复数(群)的后缀"们"缺乏严格的使用规范,"们"也不能同数量短语同现(参看胡裕树1985,张谊生2001),更重要的是汉语中没有"一致性"关系存在。

许多研究者往往把数的确定看成自然而然的事(参看叶南1996,王鑫1998,温宾利、陈宗利2002),但这样容易把各个层次的数概念搞混。张黎(2003)谈到了许多句中成分,可用于指明名词的数,以及通过上下文推理、常识判断等手段确定数。这些手段的性质有的尚不清楚,但也未区分数的层级性。[1]

由于汉语没有严格的形态标记,所以"数"对汉语语法现象的影响主要不在形态与词汇领域,而是在语义和逻辑的层面上。"数"可以解释某些特殊的语法现象:在这些现象中,出于直觉我们感到一定存在某种逻辑上的限制条件,对有关实体的数性质、对数量短语是否必须出现等有特定的要求。如石毓智(2003)考察了数与有定性的关系。不过更常见的是单、复数对某些语法现象的制约作用,例如著名的"总括"问题:

(1) a1. 把这些鸡都吃了

a2. 把这些鸡都杀了

b1. 把这只鸡都吃了——把这只鸡的各个部分都吃了——把这半只鸡都吃了——把这一块都吃了

b2.? 把这只鸡都杀了——*把这只鸡的各个部分都杀了——*把这半只鸡都杀了

现代汉语的"都"既表示"总括",也表示"甚至"。总括当然是对多个实体的总括,指一个集合中每一元素都具有同样的活动、性质或状态。从逻辑上讲,只有表述对象是复数时,才可表示总括。例(1)a1、a2都有多只鸡,所以可用总括"都"。

这样的问题还有许多,如"渐变"问题、"延续"问题、"终结——进行"问题、"集合/整体——元素/部分"问题、分配问题、"选择"问题、"全量否定"问题、"限定/描写"性定语问题、"加合"问题等等。其中有的已做过详细的讨论,有的则仅开了个头。

然而令人感到遗憾的是,使用我们已经相当熟悉的词法、句法、语义上的数概念,在解释这些语法现象时却常常感到似是而非。许多与数有关的论断,在一开始都带来了希望,可是很快这种希望又转为了"失望",因为又发现了反例,使得问题变得更复杂,更难以捉摸,以至于一些研究者怀疑"数"究竟是否在这些语法现象中起着作用。

以"总括"问题为例,许多研究者都指出,有时即使是单数,也可以表示"总括",如例(1)b1"把这只鸡都吃了"。"这只"是典型的单数形式,从语义上来讲,"这只鸡"也是指现实中的某一实体,也是单数,这样看来,"总括"似乎又与单、复数之分没有关系。

1.3 两条研究思路

面对"数"的困惑,研究者有两个选择:

一是坚持现行的数概念,不过我们将不得不在语法的其他地方做出调整。例如王还(1983)从 all 的用法得出一个结论:用于不可数名词时是表示全部,也就是把该事物作为一个整体来对待;用于可数名词多数时,大部分情况是指其中的每一个成员。徐颂列(1993)则提到了由类分子组成的事物类和由部分组成的整体。大多数研究者认为,"都"总括的对象可以是复数,也可以是单数,只要这个单数是可分的就行。这一个办法貌似简单、直接,故而为许多人所采纳。但原来引入数范畴是为了语法的普遍性,而这样做就遮蔽了"数"在这些语法现象中的重要作用,破坏了规则的简明性与普遍性。其次,否定数的影响并未解决问题,如确实存在 b2"*把这只鸡都杀了"这样的例子,单数不能表示总括,因此我们还得另行说明为什么同样是"这只鸡",b1 可切分,而 b2 不可切分。

另一个办法是,坚持原来的规律,以期达成规律上的"简明性",不过我们将不得不改变现行的数概念。也就是说,在这些现象中起关键作用的也许根本就不是词法、句法和语义数,而是一种新的层次上的数。

兰宾汉(1988)在这一方面迈出了十分重要的一步,他针对王还(1983)的观点,在分析"我把馒头都吃了"时,提出"如果是单数事物……这个单数事物在与后面动词发生语义联系时,其使用或存在状态一定是可分割的。"(pp. 47－48)蒋严(1998)也提到过类似的观点。张谊生(2003)比前人又大大前进了一步,他明确提出"范围副词'都'能否使用,不仅取决于 NP 的数值,还涉及相关 VP 的语义性质。"(p393)他尝试使用"VP 与 NP 组合后可否持续或重复"来判断。另外,袁毓林(2004)在解释"那本书他都看完了"时说,"'那本书'在形式上是单数性的成分,但是在语义上是复数性的",因为"对于'读'这种行为来说,它可以有'有多个部分构成的整体'这种解读(partitive reading)"。

这一个办法看似烦琐,但新的数范畴可能在一系列语法现象中都是有效的,如此一来,便可达成更大的"普遍性",从而准确地揭示出数范畴在诸语法现象中到底起着什么作用。这条道路前人尚未认真地走过,所以很有探索的必要。我们认为,这一全新的层面的数就是本文将要讨论的"**语用数**"。

二 语用数理论

2.1 语用数的定义

再看例(1),a 和 b 的动词不同,即"吃"与"杀"的对立。动词表示的是事件,所以"总括"的本质在于**"事件而不是实体本身"**,应从事件的可离散性和实体的可离散性两个方面共同来求取。

事件"杀"可离散为"杀了一次又一次",每一"杀"包括使一个个体从活到死的全过程,而不是指该个体的一个部分,也就是说,其参与实体(受事)的最小单位是一个个体。当"鸡"的数量多于一个个体时,"把所有鸡都杀了"成立;当只有一个个体时,"*把这只鸡都杀了"不成立(因此"都"是表示"甚至");至于"这半只鸡",它比事件"杀"允许的最小单位还小,于是连事件"杀"也无法成立,根本不能说"*把这半只鸡杀了"。

再看事件"吃",它也可离散为"吃了一口又一口",每一"吃"包括吞咽食物到下肚的全过程,因此对应于食物的任意大小的一个部分,只要在吞咽的范围内就行,故而不但可以说吃一只鸡,也可以说吃这只鸡的翅膀、脚爪等。因为任意小是说几乎没有单数,任意一个部分都可继续分解,故都是复数,这样一来,"把所有鸡都吃了"、"把这只鸡都吃了"、"把这半只鸡都吃了",乃至"把这只鸡爪都吃了"等等没有一个是违反"总括对象必是复数"这一原则的。

从这一例子可以给出语用数的定义:

实体集参与事件时,

1)离散事件,确定事件的最小动量。

2)确定参与最小动量事件的实体的物量,称为"**临界量**"。

3)临界量是确定语用数的参照点。当被考察的实体的量小于临界量时,事件根本<u>不能成立</u>;实体的量等于临界量,实体是**语用单数**;实体的量大于临界量,实体是**语用复数**。

有了这一定义就可以把"都"的总括规律修改为"总括对象必是**语用复数**"。例(1)a1、b1 中"这些鸡"、"这只鸡"乃至"这一块"对事件"吃"而言都是语用复数,而 b2 中"这只鸡"对事件"杀"而言是语用单数,故前者可用总括"都",后者不行。

2.2 语用数的实质

2.2.1 数与量的区别

虽然有数范畴和量范畴,然而研究者往往没有严格区别它们,例如在英语语法中二者都可称为 number。汉语量范畴的研究比较发达,可是所说的"量"过于宽泛,包括许多数方面的现象(参看李宇明 2000)。反过来看也一样,例如张黎(2003)讲的"数"很多其实是量。这就造成了一种奇怪的现象:一方面双方互不提及,好像风马牛不相干;另一方面,在实际的研究中,双方又互相"侵入"对方的领地。也有人把数仅仅理解为"数字"或"数量短语"。(参看杨素英、黄月圆、曹秀玲 2004)

我们认为,事物有数与量的本质区别:

量是事物自身某一性质的数量,而**数**是对事物的量进行"测度"(measure)的结果。

每一个测度都需要一个参照系,其中至关重要的是测度的单位。所谓**单位**,是我们主观上认定具有同质性的量,反映到语言中,汉语的数量结构(除了"一点(儿)、一些"等)最典型地反映了这一本质:数词反映测度结果,即数,而量词反映测度所参照的单位,整个数量结构合在一起反映事物的量。采用不同的单位所得到的数不同,例如"1.62米"和"一百六十二厘米"指相同的量,但单位不同(米≠厘米),数也不同(1.62≠一百六十二)。

2.2.2 语义数与语用数的区别

数既然相对于某一参照点而成立,那么有哪些参照点?

一种是**实体参照点**,即用另一个实体的量为单位,对对象实体进行测量。例如"米、个、小时"等,它们自身也作为一个实体而存在。这就是语义数。

另一种则是**事件参照点**,即以一个事件所涉及实体的最小的量为单位,对所考察的该种实体进行测量。这就是语用数。

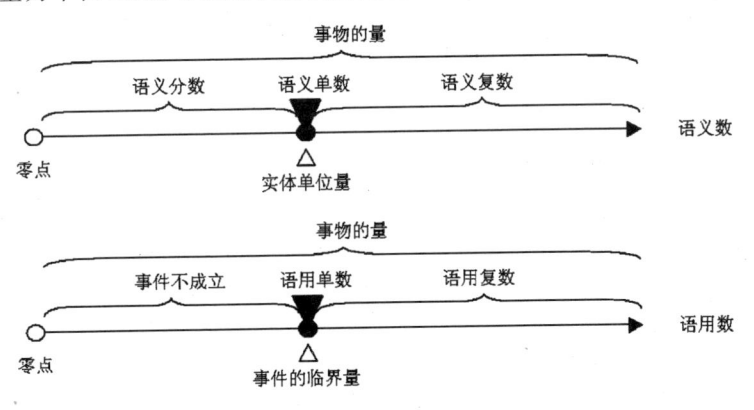

图(1):"语义数"和"语用数"的区别是测量的参照点不同

341

2.2.3 为什么说是"语用"的?

词法数是一个体词性单位的形态变化;句法数指一个体词性单位与表量成分的搭配,两者有本质上的一致性,叶南(1996)就称后者为表达"数"的"广义形态";语义数是通过计算对象世界中实体的数量而获得,它是前两者的深层次动因;三者都是限制在体词性单位自身的范围内讨论的。而语用数则打破这一限制,它研究体词性单位所示对象在事件中的参与方式。

在与本文作者的讨论中,有一些研究者有不同的观点:他们认为既然仍是在句子内部确定数,那就仍然是语义的,只有比句子更大的语境才是语用的。有人提议把语义数一分为二,我们似乎可以分别称之为实体语义数和事件语义数。

也有研究者支持本文的"语用数"这一提法。当代认知语用学认为,语用渗透到语言的各个层面,因此句子不完全是语义的,包含了语用因素。如果一个信息由符号自身带来,就是语义信息,例如"这只鸡"中"这"和"只"清楚地表明在任何语境中,其所表示的都是一个实体,因此是语义上的单数;如果一个信息不是由符号自身带来的,而是必须综合多个符号的信息,并采用推理规则进行推理才能得到,那就是语用信息,例如"这只鸡都吃了"中,语用复数意义既不由"这只鸡"承载,也不由"吃了"承载,而是综合"这只鸡"和"吃了"的语义,再通过本文所说的临界量推理而得。从这一观点看,显然是语用的。

其次,语用往往必须调用"百科知识"进行推理,而语义仅需词汇信息。语用数的确定恰恰少不了"百科知识"。例如事件图式的不同也会导致语用数的不同:

(2) 老师们<u>不是六点到</u>,<u>就是七点到</u>。

这是"选择"问题,本例有歧义:

事件图式一:大家各自去,陆续到达,所以对事件"到"而言,每一"到"只要有一个老师就可以了,临界量为一个老师,于是"老师们"是语用复数。所以可能有的老师六点到,有的七点到。

事件图式二:这是一种要求高度纪律性的活动,大家集合后一齐前去,于是对事件"到"而言,"到"则所有老师都到,临界量为参加活动的全体老师,于是"老师们"是语用单数,此时,或者是都六点到,或者都七点到,二者只居其一。

再如有过生活经验的人都知道,"卖肉"和"卖画"是两种不同的卖法,一般来讲,卖画是将整幅画出卖,而卖肉则是将羊肉一部分一部分地卖,所以虽然句法、语义上"一只羊"和"一幅画"都是单数。但对卖画而言,"一幅画"是语用单数,一旦卖了,就不能再剩下什么,而"牡丹雉鸡图"由于可以表示具有同一样式的多幅画,才能是语用复数。对卖肉而言,临界量极小,故"一只羊"是语用复数,卖了一部分还可以剩一部分。可见,最终起决定作用的还是百科知识。

(3) a. 上个月送来的那只羊卖了,但还有点儿没卖完。(卖肉)
   b. *上个月送来的那幅画卖了,但还有点儿没卖完。(卖画)
   c. 上个月送来的牡丹雉鸡图卖了,但还有点儿没卖完。

2.3 语用数的种类

语用数并不是一个简单的概念,可从不同的方面把它进一步分为诸种类型。

2.3.1 必要数和充分数

1) 必要数:临界量=最小动量的事件中**必须具有**的实体数量。
2) 充分数:临界量=最小动量的事件中**实际参与**的实体数量。

例如"看书",在正常的情况下,每次看书必须拿着一整本书看,而且一般一个人在看一本书,他便临时地占有了这一整本书,别人便无法再看,这就是说,对"看书"而言,必要临界量为"一本书";但每次看书,可以只看其中一个部分,这是实际有效的一个部分,其大小可以十分地小,因此对"看书"而言,充分临界量趋近于零。于是同样是"一本书",对事件"看书"而言,在必要方面是语用单数,在充分方面则是语用复数。例如:

(4) a1. 这本书我都看了一遍。
　　a2. *这本书我都在看(,恐怕不能借给你)。
　　a3. 这套书我都在看(,恐怕不能借给你)。
　　b1. 昨天买的那本书现在在哪儿?
　　　——不是爸在看,就是妈在看,你自个儿去找吧。
　　b2. 昨天买的那套书现在在哪儿?
　　　——不是爸在看,就是妈在看,你自个儿去找吧。

例(4)a1是完成体,涉及的是事件实际施行的那一部分,因此与之相关的是充分数,"这本书"在充分方面是语用复数,符合"都"的要求。而a2是进行体,涉及的是正在实施的事件,正在实施即这些量全部被这一事件所"占用",故是必要数,而"这本书"在必要方面是语用单数,不符合总括"都"的要求,至于a3,"这套书"不论充分还是必要,都是语用复数,所以可用总括"都"。

b都是持续体,因此都是必要数。"那本书"在必要方面是语用单数,或者"爸在看",或者"妈在看",二者只有一个成立。而"那套书"才是语用复数,才可能二者都成立。

2.3.2 空间分割、时间分割和功能分割

2.3.2.1 空间分割

事件涉及实体的空间量,例如"吃"是吃鸡的空间的一部分,"看"是看书的空间的一部分,"卖"是卖东西的空间的一部分等等。前面的例子都是空间分割。

2.3.2.2 时间分割

事件涉及实体的时间量,即临界量是最小动量事件占用的时间,与之比较的"实体的量"包括两个方面:该实体的存在时间,或该实体被关注的时间(也称时间范围)。例如:

(5) a1.（这段时间）我都吃面条。

a2.（每次）他都做些吃力不讨好的事。

b1.（坐火车）他都带方便面。

b2.（出了事）他都来找我。

实体被关注的时间（时间范围）可以隐含在上下文中，当它们需要表示出来时，往往是由名词性时间状语来表示，如"这段时间、每次"等，也可以由事件表达式来担任，如"坐火车、出了事"等，可以认为前面隐含了"每次"。而实体的存在时间是包含在实体名词的语义中的，由百科知识赋予。

例中的事件都有其固定的时间，每次做这些事的时间就是所考察的临界量，它们都小于实体"我、他"的存在时间，也小于被关注的时间，按照定义，实体与被关注的时间都是时间分割的语用复数，满足"总括"的要求。

2.3.2.3 功能分割

当同一实体参与不同的多个事件时，涉及了该实体的功能量，此时临界量是事件所占用的实体的某一部分功能，与之比较的"实体的量"是该实体的全部功能。其判别方法是：如果该实体可以**同时**参与两个或多个事件，则每一事件只涉及该实体的部分功能，该实体是语用复数；如果该实体在同一时间里只能参与一个事件，则这一事件占用了该实体的全部功能，该实体是语用单数。例如：

(6) a1. 他们都在吃花生。

a2. 他们都在骑自行车。

a3. 他们都在看演出。

b1. *他们都在吃那颗花生。

b2. 他们都在骑那辆自行车。

b3. 他们都在看那场演出。

一般讨论"总括"问题时，主要关心总括对象，如例中的"他们"。但实际上与事件有关的其他实体也会对句子的成立与否产生影响,如宾语"花生、自行车、演出"。

这是三个不同的事件图式:一场演出可以同时由许多人看,所以是功能复数;一辆自行车一个时间只能由一人骑,故是功能单数,但只要他们在时间上错开就行,所以又是时间复数;而一颗花生原则上则只能由一个人吃,所以是功能单数,又一颗花生吃了不能再吃,所以是时间单数,一个人一次一般至少吃一颗花生,所以又是空间单数。因此 b3 可以指"他们"同时看同一场演出,b2 可以指"他们"轮流骑同一辆车,而 b1 却无法成立。反过来看,a1 若要成立,就只能是很多颗花生,即必须是空间复数。

2.3.3 多动量事件

同一事件在不同的句子里可能涉及的最小动量不同,如"吃面",下面例 a 中指某一次吃面,故最小动量是"一口",这涉及实体任意小的一部分,故"这碗面"是空间复数。但 b 中指多次吃面,故最小动量是"一次",根据常识,一次至少吃一碗面,故"这碗面"成了空间单数,另外和例(6)b1 一样,它也是功能、时间单数,于是句子无法成立。

(7) a. 把这碗面都吃了
　　b. *每次去餐厅都吃这碗面

2.4 语用数的判定

首先要确定有哪些实体和事件。要注意的是如"他们都是好人"之类的句子,"是好人"是对"他们"进行属性或归属判断,其中的"好人"并不是实体。

然后采用"过筛子"的办法,用第 1)条考察功能分割,第 2)、2')和 2'')条考察时间分割,第 3)和 3')条考察空间分割。

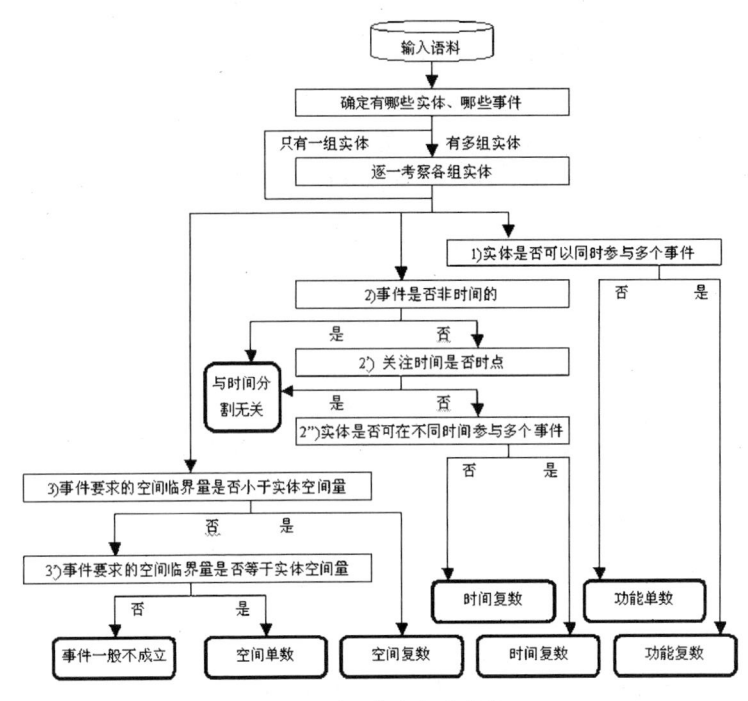

图(2)：语用数考察流程②

三 基于语用数的语法解释

一个语法现象往往是许多个语法维度共同作用的结果，"数"只是其中之一，它可以达到一定的解释，进一步的解释则须考虑其他方面的因素。各种语法现象大致可分为：1)要求语用复数；2)要求语用单数。另外，有些问题与两者都有关系。

3.1 要求语用复数

"总括"即是这一类，除此以外还有：

"渐变"现象，其规则是"只有当主语是空间复数或时间复数时，才能受逐渐类副词修饰"。例如：

（8）a. <u>这些心中的话</u>渐渐的由大家的口中说出来,然后慢慢的表现

347

在行动上。(空间复数)

  b. <u>他爸爸</u>自此后身体逐渐恢复。 （时间复数）
  c. <u>他</u>逐渐<u>适应</u>了那儿的环境。 （时间复数）

  史金生(2002)提到过这一现象。因为"说出来"不能再划分为多个阶段,每一说至少有一句话,所以一定有多次说,对应多句话,故"话"必须是空间复数。而"恢复、适应"都可以划分为多个阶段,每个阶段所占时间小于"自此后、他"的时间,故是时间复数。

  再如"延续问题",其规则是"只有当主语是空间复数或时间复数时,才能表延续的格式搭配"。例如:

  (9) a1. 让<u>他</u>看下去吧   （时间复数）
   a2. (<u>某人</u>)红了十年还想继续红下去 （时间复数）
   b1. <u>养鸡场的鸡</u>不知得了什么病,每天死三、四只,如不赶紧想办法,每天这样<u>死下去</u>,鸡场就完了。 （空间复数）集合——元素
   b2. 地质状况不好,塌方不断发生,继续<u>塌下去</u>的话,<u>这隧道</u>就要报废了。(空间复数)整体——部分

  卢英顺(2002)问,一般认为表示"延续"的"下去"要求动词具有[＋持续]语义,瞬间动词不能在这个位置上出现,但 b1、b2 中的"死、塌"都是瞬间动词,为什么它们又可以与表延续的"下去"搭配?现在我们知道,"看、红"过程可以再划分为多个阶段,所以"他、某人"是时间复数。而瞬间事件不能再划分为多个阶段,但可以反复进行,"鸡、隧道"是空间复数,不过二者又有所不同,每一"死"至少有一只鸡,但每一"塌"仅需隧道的一部分,所以前者需许多只鸡,而后者可以是一条隧道。

  再如"终结——进行"问题,其规则是"只有当对象是空间复数或时间复数时,才能表示终结事件的进行"。例如:

  (10) a1. 这些反思和挑战已经和正在改变着<u>人类学的著述方式</u>……(时间/空间复数)[③]
   a2. 我们领导他们发动了斗争,<u>消灭了和正在消灭着新区的封建剥削制度和老区半老区的封建剥削制度的残余</u>。(时间/空间复数)

b1. **炮弹**在河对岸<u>落着</u>,留下一条不间断的光带。(空间复数)
　　b2. <u>他正在床上跳</u>。(时间复数)

谢英(2001)说例 a1、a2 是表示由动作多次反复进行所构成的一个过程的连续。

从"渐变"、"延续"、"终结——进行"问题可以看出,过程切分为多个阶段,和同一过程反复进行,是导致它们需要语用复数的根本原因。

再如"集合/整体——元素/部分"问题,其规则为:"只有表述对象是空间复数时,才可使用表示一部分的格式。"例如:

　　(11) a1. **书房里的书**我看了<u>一些</u>。　(空间复数)　整体——部分
　　　　 a2. **书房里的书**我搬走了<u>一些</u>。(空间复数)　集合——元素
　　　　 b1. **这本书**我看了<u>一些</u>,没看完。(空间复数)整体——部分
　　　　 b2. ***这本书**我搬走了<u>一些</u>,没搬完。 (语用单数)

b2 为语用单数,所以不能用"<u>一些</u>"。另外,"(一)些、(一)点(儿)、一部分、一二"等表示"某一整体的一部分",或"某一集合的一部分元素",这两对逻辑范畴究竟有无区别,在哲学、逻辑和语言学史上一直争论不休。现在我们知道:可以把它们用同一原理来处理,因为都是空间分割问题;但当临界点是一个个体时是"集合——元素"关系,当临界点是个体的一部分时是"整体——部分"关系。例(9)b1、b2 等也体现这一区别。

在讨论语用复数时,有一个至关重要的分配规则:"一旦事件的某组实体为语用复数,那么该事件的其他各组实体也必须是语用复数。"例如:

　　(12) a. (现在)同学们正在猜**小王刚出的那个谜语**。(功能/时间复数)
　　　　 b. (现在)同学们正在骑**小王刚买的那辆自行车**。(时间复数)

由于"同学们"是语用复数,所以该事件的另一组实体"谜语、自行车"也必须是语用复数。

总括对象必须是语用复数,再加上分配规则可得:"总括事件

349

的各组实体都必须是语用复数。"如前面例(6)b1、(7)b便是因为违反这一规则所以不成立。再如：

(13) a1. <u>我</u> 把 <u>这些学生</u> 都表扬了一番。
　　　时间/功能复数　　空间复数

　a2. <u>每次</u>　<u>小王</u>　都买　<u>呢子的衣服</u>。
　　　时间复数　时间复数　　　　空间复数

　a3. <u>每次</u>　<u>小王</u>　都看　<u>这本书</u>。
　　　时间复数　时间复数　　　时间/空间复数

　b1. <u>夏天里</u>(由于阳光太强)，<u>菌子</u>　都长在阴暗的一面。
　　　时间复数　　　　　　　　空间复数

　b2. <u>这几十年，农场的猪</u> 都未产崽。
　　　时间复数　空间复数

　c. <u>她</u>　都去过<u>北大、清华和人大等等</u>。
　　　时间复数　　　空间复数

再如那些与切分阶段或反复进行有关的，也证实了这一点：

(14) a. 三年来　<u>齐三</u> 把<u>齐家的大货船</u>逐渐卖光
　　　时间复数　空间复数

　b. *三年来　<u>齐三</u> 把 <u>这艘船</u> 逐渐卖光
　　　时间复数　语用单数

除非是一次只卖船的一部分，而不是一次卖一艘船，例b才成立。

3.2 要求语用单数

"不是A，就是B"格式表示选择关系，又可细分为：1)"选择"：二者必居其一，二者只居其一；2)"列举"：二者都成立。王弘宇(1995)、刘颂浩(1996)等对表述对象或话题的数量与该格式的语法意义有没有关系进行过辩论。陈振宇、刘承峰(2006)中给出了其语用规则："只要考察对象是<u>语用复数</u>，格式便既可是选择，也可是列举；而当在功能、时间和空间三个方面都是<u>语用单数</u>时，只可能是选择。"例如：

(15) a1. <u>这些书</u>不是送小张了，就是送小王了。　　　(空间复数)

a2. <u>他们</u>每天不是学习,就是站岗巡逻。　　（空间复数）
b1. <u>这本书</u>不是送小张了,就是送小王了。　　（语用单数）
b2. <u>他</u>每天不是学习,就是站岗巡逻。　　（时间复数）
c1. 看来<u>宁宁那辆黑色的跑车</u>不是卖了,就是当了。（语用单数）
c2. 看来<u>宁宁那辆黑色的跑车</u>不是她自己开,就是她男朋友开。（时间复数）

典型的如 c1、c2,虽都是"宁宁那辆跑车",但一辆车卖了就不能再当,也不能同时又卖又当,故 c1 在三个分割上都是语用单数。而开车则可以轮着开,是时间复数。

再如"限定"和"描写"性定语。所谓"限定",是在一个多元素的集合中,把符合要求的元素与其他元素区别开来,所以其规则为:"若中心语为<u>语用单数</u>,则不可能存在限定关系,只能是描写关系;只要中心语是<u>空间复数</u>或<u>时间复数</u>,就既可能是限定关系,也可能是描写关系。"例如:

(16) a1. 善写杂文的<u>鲁迅</u>　　（语用单数）
　　 a2. 善写杂文的<u>人</u>　　（空间复数）
　　 b1. 在三味书屋读书的<u>鲁迅</u>也许想不到他后来会成为一个作家。（时间复数）
　　 b2. 在三味书屋读书的<u>人</u>也许想不到鲁迅后来会成为一个作家。（时间/空间复数）

"善写杂文",既是一个单一事件,又是一个非时间的性质,所以没有功能和时间问题。但事件"在三味书屋读书",是一个在时间中进行的事件,是一个更大的事件集合{在浙江嘉兴出生、在三味书屋读书、留学日本、担任大学教授……}的子项,只涉及"鲁迅"生命中的一段时间,故"鲁迅"是时间复数。

再如"全量否定"问题,其规则为:"否定了空间单数,也就是全量否定。"例如:

(17) a1. <u>这些</u>书没有<u>一本</u>是小张送的。　　（否定空间单数）
　　 a2. <u>这些</u>书没有<u>一本</u>是相同的。　　（否定空间单数）

351

b1. *这些书没有**两本**是小张送的。　（否定空间复数）
b2. 这些书没有**两本**是相同的。　（否定空间单数）

"相同"的临界量为"两本书",故"一本"低于临界量,而"两本"才是语用单数,b2 正是否定语用单数,根据规则正是全量否定;而 a2 之所以成立,是因为它可以看作"没有一本和别的书是相同的"省略了"别的书"。

3.3　其他问题

这里看一个"加合"问题。加合事件要求实体必须是多个,它与单/复数都有关系。例(17)a2、b2 是语用单数的例子,现在看语用复数的例子。王还(1988)、徐颂列(1993)、张爱民(2000)等都谈到一种"总括"现象,例如:

(18) a. ***老王和老赵**都是夫妻(语用单数)——**他们**都是夫妻(空间复数)

　　　b. **哥哥和姐姐**都是教师　（空间复数）

再如:

(19) a. **这本小说**全卖了。　　　　　　　（空间复数）

　　　b. ***这本小说**全是 1999 年出版的。　（语用单数）

　　　c. **这批小说**全是 1999 年出版的。　（空间复数）

事件"出版"与"卖"不同,一般来讲,一批同一内容、名称的小说都是一次出版的,所以"出版"的临界量包括它们全部,是加合事件,即使"这本小说"指同一内容名称的小说,也只是语用单数,所以不能用"全"。而对"这批小说"来说,要用"全",一定要指一些不同内容名称的小说。

还有一类著名的加合事件:"相互"事件,如由"相"和"互"构成的"交互动词","相逢、相见、相识、相会、相知、相连、互助、互访、互派、互为"等,要求其主语为复数,"相互/互相＋VP"句也要求其主语为复数,参看蒋平(2000)。例如:

(17) a. 出了问题,他们互相安慰。——*出了问题,他互相安慰。

b. 有了成绩,他们互相欣赏。——*有了成绩,他互相欣赏。

　　表面上看这是语义数,但更深入一点思考可以发现,原因是这些事件要求至少有两个个体,这说明临界量是两个个体,一旦只有一个个体,便低于临界量,事件便不成立。

附　注

① 不过张文中写道,数在印欧语言中是语法范畴,在汉语中属语用范畴,这是他的卓见,本文深受启发。

② 这一流程并未包括"必要数"和"充分数"的辨析,这是在另一维度上同时进行的。

③ "/"表示"或者"。

参考文献

陈振宇　刘承峰　2006　《"不是…就/便是…"与语用数》,《世界汉语教学》第4期。

胡裕树　1985　《从"们"字谈到汉语语法的特点》,《语文园地》第12期。

蒋　严　1998　《语用推理与"都"的句法/语义特征》,《现代外语》第1期。

兰宾汉　1988　《副词"都"的语义及其对后面动词的限制作用》,《语言教学与研究》第2期。

李宇明　2000　《汉语量范畴研究》,华中师范大学出版社。

刘颂浩　1996　《也谈"不是A,就是B"格式》,《世界汉语教学》第1期。

卢英顺　2002　《"下去"句法、语义特点探析》,《语法研究和探索》(十一),商务印书馆。

吕叔湘主编　2003　《现代汉语八百词》增订本,商务印书馆。

石毓智　2003　《汉语的"数"范畴与"有定"范畴之关系》,《语言研究》第2期。

史金生　2002　《"逐渐"类副词语动词的类》,《语法研究和探索》(十一),商务印书馆。

王弘宇　1995　《数量因素对"不是A,就是B"格式意义的制约作用》,《世界汉语教学》第2期。

——　1996　《细说"不是A,就是B"格式》,《世界汉语教学》第4期。

王　还　1983　《"All"与"都"》,《语言教学与研究》第4期。

——— 1988 《再谈谈"都"》,《世界汉语教学》第 2 期。

王　鑫 1998 《现代汉语的数与数系统的表达策略》,《安徽师大学报》第 1 期。

温宾利　陈宗利 2002 《汉语名词的可数性特征及句法实现》,《现代汉语》第 2 期。

谢　英 2001 《析"已经××了和(或)正在××着"句式》,《泉州师范学院学报》第 1 期。

徐颂列 1993 《表总括的"都"的语义分析》,《语言教学与研究》第 4 期。

杨素英　黄月圆　曹秀玲 2004 《现代汉语数量表达问题研究》,《语言文字应用》第 2 期。

叶　南 1996 《汉语名词的"数"与重叠量词》,《西南民族学院学报》第 5 期。

袁毓林 2004 《"都"的语义功能和关联方向新解》,《中国语文》第 2 期。

张爱民 2000 《加合判断与表人名词的称谓类型》,《语法研究和探索》(十),商务印书馆。

张　黎 2003 《汉语名词数范畴的表现方式》,《汉语学习》第 5 期。

张谊生 2001 《"N+们"的选择限制与"N 们"的表义功用》,《中国语文》第 3 期。

——— 2003 《范围副词"都"的选择限制》,《中国语文》第 5 期。

Chomsky, Noam 1995 *The Minimalist Program*. Cambridge, Mass: MIT Press.

Greville G. Corbett 2005 *Number*. 影印本,北京大学出版社。

Huang 1996 *Quantification and Predication in Mandarin Chines : a Case Study of Dou*. Ph. D. dissertation, University of Pensylvania.

Lee, Thomas(李行德) 1986 *Studies on Quantification in Chinese*. Ph. D. dissertation, UCLA.

附　录

第十四次现代汉语语法学术讨论会论文目录
（按作者姓氏音序排列）

蔡维天　重温"为什么问怎么样，怎么样问为什么"
曹秀玲　汉语古今全称数量表达系统的更替
陈玉洁　再论量词的定语标记作用
陈振宇　陈振宇　事件的终结类型及其判断
陈振宇　刘承峰　"不是…就/便是"与语用数
陈　莉　潘海华　现代汉语"不"和"没"的体貌选择
崔玉珍　汉语时态的句法结构
邓思颖　复合词的题元关系和句法结构
丁加勇　方所赋元、动词赋元和句式赋元——以"被"字句主语位置上的处所角色为例
樊友新　吴顺俐　《身见录》词汇、语法特点管窥
方　梅　书面语的两种背景化手段
高增霞　主谓之间有篇章关系的一种句子
郭　锐　李　新　副词"还"的语义分析
郭昭军　必要与必然——必要类助动词的两种模态类型及其选择因素
韩　蕾　汉语有话题焦点吗？——兼论汉语一类特殊同位结构的焦点问题
胡　勇　语气副词"并"的语法功能与否定

胡德明	反问句的生成机制	
胡范铸	白丽娜	试论空间存在对汉语语法合法性的影响
胡建华	A—不—A疑问算子与量化副词的辖域	
黄锦章	"把"字句的句式意义——从历时的角度看	
黄瓒辉	"都"的逻辑语义功能及"都"字句的信息结构和句法结构	
柯　航	从连读变调看句法结构的松紧度	
雷淑娟	图式及宏观结构理论语篇理解的认知分析	
李　杰	试谈"发生句"——对隐现句和领主属宾句的句式意义的重新审视	
李宝伦	Focus association in Chinese: with focus or focus phrases?	
李劲荣	"宾语指向"状语句的功能透视	
李宇凤	"一律"与"一概"的认知视点差异	
铃木庆夏	对举形式的句法语义特点及其教学	
刘　君	"吃 X"的焦点结构浅析	
刘　平	"挺 A 一个 N"及相关格式探析	
刘　焱	话语标记"别说"	
刘承峰	陈振宇	现代汉语"语用数"范畴及其解释举例
刘大为	从句法结构到修辞结构	
刘丹青	并列结构的句法限制及其初步解释	
刘街生	曹　雪	所谓表层非宾格现象句的信息状态考察
刘探宙	多重强式焦点共现句式	
刘慧娟	张庆文	汉语分裂句的焦点结构及其语义解释
陆丙甫	论助动词的核心地位问题	
龙　涛	马庆株	"必然性/非必然性"语义关系与"信息流量"
潘海华	胡建华	现代汉语话题的语义—语用接口研究
彭　睿	操控关系和现代汉语兼语句	

邱　斌	安福话的句末语气词"唓"——一个表示自言自语的功能词
任　鹰	动词词义在结构中的游移与实现——兼议动宾结构的语义关系问题
邵敬敏	"V一把"的历时与共时动态考察
沈　阳	结果补语小句分析和小句的内部结构
沈家煊	"粉丝"和"海龟"
施春宏	句式研究中的派生分析
石定栩	"的"的句法地位与DeP
石毓智	新语法格式产生的机制——来自当代处置式发展的启示
宋文辉　罗政静　于景超	现代汉语被动句施事显现情况的计量分析
唐正大	汉语"主句现象"进入关系从句的后果及限制初探
宛新政	信息结构与"说V就V"格式的语法化
汪如东	海安方言的代词
王　健	说"别说"
王　珏	数范畴与名词附"们"
王　伟	"就"字句和"才"字句中"了"的隐现问题
王灿龙	试论"在"字方所短语的句法分布
王功平	副词"倒"与"却"的语义比较研究
王红斌	有界和无界与动词后趋向补语和数量/指量名宾语的位置
王玲玲	汉语述宾/偏正结构的意义优选和歧义度考察
王一平	从HSK(初、中等)主考手册的"指令"看——汉语指令行为的句法表现和语用效果
吴为善	同形异构的"V双＋N单"的复合化及其整合效应
项开喜	"把"字句与"让"字句语义上的平行现象

萧国政	句子信息的构成及其结构提取
邢　欣	语篇衔接语的关联功能及语法化
熊仲儒	无定主语的允准条件
杨海明	名词的生命度与有字句的信息结构
杨霁楚	语气副词"偏/偏偏"的语法语义考察
杨凯荣	"个个"、"一个个"、"一个一个"的语义功能及认知上的差异
杨　宁	附着词构词后缀"们"形式和语义分析
姚小鹏	"本人"的演化与"人"的词缀化倾向
董丽梅　尹世超	非买类动词的购买义用法
应晨锦	准二元心理感受形容词研究
余光武	汉语中间结构的界定——兼论"NP＋V－起来＋AP"句式的分化
余志鸿	马来西亚汉语学习面对的问题
袁明军	关于词类功能转移的几点思考
张伯江	动词及物性的语用变化——对两组涉手动词的考察
张谊生	从"A/V 了许多"看汉语概量化程度补语的演化动因、格式鉴别及其互补关系
张豫峰	试析"使"字句中的"使"
赵　军	"最"类极性程度副词的形成和发展
赵春利	状位名形组合中名词的语义特征及其受限机制
周　红	"给"字句的认知语义分类及其历时考察
周　静	反递句式的信息结构
周　韧	信息量原则与汉语定中组合的韵律模式
朱庆祥　陈振宇	制约特指判断句的语义、语用原则
祝东平	"走人"与"来人"的语义不对称及相关问题
宗守云	"数＋形＋量"格式的语义分化
左思民	普通话动词的"动相"结构与体标记的焦点选择

后 记

2006年10月21日至23日,由中国社会科学院语言研究所句法语义研究室和《中国语文》编辑部、北京语言大学、商务印书馆、上海财经大学国际文化交流学院联合主办的"第十四次现代汉语语法学术讨论会"在上海财经大学举行。来自全国各地,包括香港、台湾地区,以及海外的共100余位学者和研究生出席了会议。

这次讨论会的中心议题有两个:信息结构与句法结构,语法的理论探索与教学实践。现将部分会议论文集录成书,所收论文都是首次发表。另有一些论文已经刊登在《中国语文》上。为反映会议全貌,与会所有论文题目以附录形式存此。

本书的编辑和出版得到了商务印书馆的大力支持,谨致谢忱。

本集由方梅、刘丹青、张伯江、王冬梅、唐正大、隋晨光编辑。

编　者

2007年4月